小故事 大历史

一本书读完

人类一战的历史

崔佳◎编著

中华工商联合出版社

图书在版编目（CIP）数据

　　一本书读完人类一战的历史 / 崔佳编著. — 北京：
中华工商联合出版社，2014.11
　　（小故事，大历史）
　　ISBN 978 - 7 - 5158 - 1136 - 9

　　Ⅰ．①一… Ⅱ．①崔… Ⅲ．①第一次世界大战 - 历史 - 通
俗读物 Ⅳ．①K143 - 49

　　中国版本图书馆 CIP 数据核字（2014）第 246469 号

一本书读完人类一战的历史

作　　者：崔　佳
责任编辑：于建廷　臧赞杰
封面设计：映象视觉
责任印制：迈致红
出版发行：中华工商联合出版社有限责任公司
印　　刷：天津市天玺印务有限公司
版　　次：2014 年 12 月第 1 版
印　　次：2024 年 2 月第 2 次印刷
开　　本：710mm×1000mm　1/16
字　　数：500 千字
印　　张：18.5
书　　号：ISBN 978 - 7 - 5158 - 1136 - 9
定　　价：98.00 元

服务热线：010—58301130
销售热线：010—58302813
地址邮编：北京市西城区西环广场 A 座
　　　　　19—20 层，100044
http：//www. chgslcbs. cn
E - mail：cicapl202@ sina. com（营销中心）
E - mail：gslzbs@ sina. com（总编室）

序 言

第一次世界大战是人类历史上第一次大规模战役，是近代战争与现代战争的分水岭。在"一战"中，爆发了许多著名的战役，涌现出了许多著名的军事人物，它们都永恒地镌刻在人类战争历史上。

阅读这本《一本书读完人类一战的历史》，将带你回到100年前"刀光剑影"的战争中。

1914年夏季，"一战"爆发，德国随即入侵中立国卢森堡，未经宣战，即进攻比利时。但德军在企图攻占比利时列日炮台时，遭到比利时守军的顽强抵抗。在付出伤亡万人的代价后，德国侵占了比利时全境，并把在比利时参战的法军驱逐回法国境内。然后，德军分五路向法国北部进攻，德法双方的军队此后一直在法国凡尔登地区呈对峙态势，由此形成西线战场。

在西线战场发生的战役中，凡尔登战役是典型的阵地战、消耗战，双方伤亡近100万人。由于伤亡惨重，凡尔登战场被称为"绞肉机"。

索姆河战役是西线战场上规模最大的一次会战，在此次战役中，英法两国为突破德军防御，在索姆河区域与德军艰苦作战，双方阵亡共130万人，此次战役是"一战"中最惨烈的阵地战。

如果在西线战场找出具有决定性意义的会战，发生在亚眠以东的亚眠会战首当其冲。这场战役是"一战"中最大的坦克战，英法联军以4万多人的代价，歼灭和俘虏德军7万多人，给予德军沉重打击，使德军的整个防线动荡，德军士气低落。

在第一次世界大战中，东线战场是仅次于西线战场的另一个主要战场，主要是沙俄军队和德国、奥匈帝国联军在作战。

东线战场总体上说比较沉闷，但不乏经典战役。坦能堡会战就是爆发在东线战场上的著名的战役。这场战役最终以德军压倒性战胜俄军而结束。德国在这场战役中，采用的军事艺术可圈可点，其特点是：战略上以内线作战攻其要害，战术上采取击溃两翼再合围中央主力。

布鲁西洛夫攻势也是东线战场上发生的一次重要战役，此役开始于1916年6月4日，8月初结束。这是俄国发动的，针对东线上的同盟国德国和奥匈帝国联军的战役。布鲁西洛夫攻势开创了"全面推进，重点突破"的军事战术，这在人类战争史上还是第一次。

在"一战"的其他战线，还发生了很多著名的战役。

在巴尔干，爆发了罗马尼亚战役。这段短暂的战争，给世人一个可以引以为鉴的教训，即军队的数量不如组织人员的素质重要，优秀的组织工作加上能干的指挥官，就会降低对方"数量优势"的价值。

在中东，爆发了达达尼尔海峡之战，这是英法联军依据英国海军大臣丘吉尔提出的达达尼尔计划而发动的战役，旨在夺取土耳其达达尼尔海峡控制权。在这次战役中，土耳其在德国顾问指导下，以老旧的武器，成功地阻挡住了英国的坚船利炮。水雷在这次海战中大放异彩，英法联合舰队的很多战舰都被土耳其布下的水雷所击沉，最后只得仓皇撤退。此次战役让英法联军损伤惨重，但在1917年，艾伦比指挥巴格达的英国部队为英法联军报了一箭之仇。

那是1917年的夺取耶路撒冷之战，英国毫不费力地打败了土耳其军队，夺取了千年古城耶路撒冷，大大提高了英军的士气，并成功地将土耳其从中欧强国俱乐部中踢走。

"一战"中发生了多次海战，但真正称得上大规模的主力舰队决战的，当数"日德兰大海战"。海战中最值得一提是，在1917年年初，德国恢复了无限制潜艇战对付英国，此后德国潜艇多次击伤、击沉美国的海上运输船，导致德美关系恶化，德国由此引火上身，最终使美国做出对德宣战的决定。

空战方面，"一战"初期，飞机虽参与了作战，但都不能称为空军，直到英国空军对德国飞艇的猎杀，才是严格意义上的空中作战的开始，后来发展起来的空战格斗，使战争从平面走向立体。由此之后的战斗中，交战双方都出现了空战英雄。

1918年，随着协约国节节胜利，德国由于内外交因，不得不提出"结束战争"的建议。最终，交战双方签订《贡比涅森林停战协定》，德国投降。战后双方又签订了《凡尔赛和约》，这又埋下了第二次世界大战的种子。

当时的法国元帅斐迪南并没有被胜利冲昏头脑，他针对《凡尔赛和约》说出了一句令人深思的话："这不是和平，这只是20年的休战。"果然在20多年后，第二次世界大战爆发，斐迪南的话被最终应验了。

目录

第一篇 "一战"拉开序幕

第二篇 西线战场

线，以击退俄罗斯的军队。为了达成这项目标，德军必须借道比利时，而在德军向比利时推进的路线上，发生了列日要塞激战与马恩河激战。

比利时小镇伊普尔的化学战／25

伊普尔是比利时境内弗兰德斯省的一座风景优美的城镇，一年四季，城镇内都鲜花弥漫，香气四溢，然而在第一次世界大战期间的 1915 年 4 月 22 日，伊普尔作为西线战场的一道防线，却被德军施放的氯气所笼罩。这就是震惊世界的伊普尔之雾在这里弥漫，无数联军士兵在不知不觉中命丧黄泉。伊普尔没有因为它的美丽景色而闻名于世，却因为在这里爆发了人类历史上最早的化学战而留名于军事史。从伊普尔化学战开始，生物武器正式登上了人类战争的舞台，从此以后，化学武器开始在世界各大战场如幽灵一样游荡，夺去无数人的生命，给世界人民留下阴森可怕的回忆。

凡尔登决战，残酷的"绞肉机"／37

1916 年德意志帝国决定把进攻重点再次转向西线打败法国，德军统帅部选择法国的凡尔登要塞作为进攻目标，凡尔登"一战"是典型的阵地战、消耗战，双方伤亡近 100 万人。由于伤亡惨重，凡尔登战场被称为"绞肉机"、"屠场"和"地狱"。此战让法国受到重创，而德军的动脉也被割断了。

索姆河战役与阿拉斯攻势／41

索姆河战役是"一战"中双方伤亡都十分惨重的堑壕战。双方所投入的兵力、兵器，都是本次大战中最多的。在此战中协约国在西南战线的胜利，使得战局的主导权逐渐从德国移向协约国。值得一提的是，此战中坦克首次登场，显示了其巨大的威力。

尼韦尔攻势，法军的大灾难／55

法国将领尼韦尔在担任元帅之前，曾志得意满地宣告："我的战法已经经过检验。我可以向你们保证，我一定胜利。"可尼韦尔攻势进行到最后，连尼韦尔也认识到，那是一场大灾难。战后，他企图推卸责任，但遭到无情的拒绝。

帕斯尚尔战役，胜得很惨烈／61

帕斯尚尔战役，又称为第三次伊普雷战役，从 1917 年 7 月 15 日开始，一直持续到 11 月 6 日结束。这次战役是指英军统帅率领部队攻占比利时的帕斯尚尔，以摧毁德军在该地的潜水艇基地的战役。这是一场残酷的拉锯战，伤亡人数惊人，联军共有 32.5 万人伤亡，德军则有 26 万人伤亡，战役最后以英军和加拿大军队攻占帕斯尚尔而宣告结束。

康布雷战役：坦克部队的出现／71

康布雷战役是 1917 年 11 月 20 日至 12 月 6 日期间，英军和德军在康布雷地域进行的一次交战。

此役是大规模使用坦克的第一个范例，对于军事学术的发展有重大影响。步兵与坦克协同动作原则和对坦克防御原则的形成，均与这次战役有着密切的联系。

鲁登道夫破产的"米夏埃尔"攻势／75

1917年底，德国速胜速决的愿望被打破，彻底陷入了"一战"的泥潭中，兵源枯竭，经济萧条，政治混乱，危机四伏。1918年，德军副参谋长鲁登道夫上任伊始，就计划将发动了一场大的攻势，准备在西线集中德国所能动用的全部兵力，一举将协约国彻底击溃，这次行动代号为"米夏埃尔"攻势。

亚眠之战，德军的"黑日"来临／81

1918年8月8日，协约国英国、法国、加拿大和澳大利亚联军组织20多个师、500多辆坦克，对德军的"亚眠防线"发动了大规模的奇袭战，史称亚眠战役。此战也是第一次世界大战中最大规模的坦克战。

默兹－阿戈讷战役／87

在德国投降前的9、10月，60万美军进入默兹－阿戈讷作战，迫使德军将领鲁道夫动用他的27个最精良的后备师，以增援其摇摇欲坠的默兹－阿戈讷战线。美军成功吸引了这些德军部队，因此大大地减轻了其他防区的英法联军的负担。

圣米耶勒战役：美军首次单独作战／91

1918年9月12日，在西线战场上，美国远征军发动了收复圣米耶勒突出部之战。这次战役是"一战"期间美军第一次单独组织实施的大规模进攻战役。此次战役从9月12日开始，到9月15日结束，美国远征军重创了德军。

第三篇　东线战场

坦能堡会战，俄国的噩梦／95

坦能堡会战开始于1914年8月17日，结束于9月2日，最终的结果是德军以压倒性优势战胜俄军。从军事角度而言，坦能堡战役在战略上采取了以内线作战攻其一路的打法，在战术上采取了击溃两翼再合围中央主力的打法。

布鲁西洛夫攻势，同盟国覆灭开始／109

布鲁西洛夫攻势开始于1916年6月4日，在8月初结束。这是俄国发动的，针对第一次世界大战东线上的同盟国德国和奥匈帝国联军的战役。布鲁西洛夫攻势的交战地点是乌克兰的伦伯格、哥佛尔及陆斯克等城镇。此次攻势由俄军西南战线主帅布罗鲁洛夫指挥。

第四篇 其他战线

意大利"背叛",卡波雷托灾难／145

"一战"前,意大利与德国、奥匈帝国组成"三国同盟",但意大利在"一战"中却加入了协约国,并在 1915 年 5 月 22 日对奥匈帝国开战,根据德国与奥匈帝国的同盟国关系,也就意味着意大利要对德国开战。但意大利财政枯竭,而且惧怕德国,决定暂不对德国宣战。直到 1916 年 8 月 28 日,当意大利认为国家安全得到了保障,不再惧怕德军报复,这才对德宣战。德国鄙夷意大利,视意大利这种行为为背叛。奥匈帝国的康拉德将军称意大利为"背信弃义的意大利"。

青岛战役,日军打败德军／151

青岛战役,是第一次世界大战期间,日本和英国共同攻占当时由德国控制的中国青岛的一场帝国主义之间的非正义战役。战役于 1914 年 10 月 31 日开始,至 11 月 7 日结束。日本在这场战役中获胜,占领青岛。这是"一战"期间,日本首次与德国正面交锋,同时也是日本首次与英国联合参战。

达达尼尔海峡之战／153

在第一次世界大战时期,英国的海军大臣丘吉尔提出一个作战计划,即达达尼尔计划,要求英国皇家海军发动达达尼尔海峡战役,一举攻下奥斯曼土耳其的达达尼尔海峡,进而占领当时的奥斯曼土耳其首都伊斯坦布尔。从战略上看,这是一个伟大的设想,如果英军在此战中获胜,就可以切断土耳其欧洲部分和亚洲部分的联系,让奥斯曼土耳其受到重创,逼其退出"一战"。其次,上述的联系被切断,那么德国通过土耳其运输石油的通道也相应被切断了,德国的飞机大炮军舰都有可能因为没有石油而无法开动,德国的战斗力会因此下降。再次,英军控制达达尼尔海峡后,英国的船只可以顺利通过这个海峡对盟国俄国进行海运补给,让在困境中的俄国迅速恢复活力,好投入更多的兵力在东线牵制德军,这样就可以减轻英法在西线对德作战的压力。

耶路撒冷之战,英国唯一大胜／177

1917 年是英军受挫和伤亡人数剧增的一年,在这年里,夺取耶路撒冷是英军唯一的重大胜利。艾伦比的这一击,如英国首相说,提高了英军的士气,并使土耳其从中欧强国俱乐部中被踢走。这使巴格达的英国部队,毫不费力地打败了土耳其军队。

艾比伦的美吉多战役／183

在人类战争史上,美吉多战役是决出胜负最为迅速的一场战役。几天之内,英军就通过周密的计划、英勇的战斗,让巴勒斯坦的奥斯曼土耳其军完全战败。在 38 天里,英军顺利推进 350 英里,将整个巴勒斯坦、黎巴嫩和叙利亚纳入囊中。此期间,英军战果丰硕,歼灭了奥斯曼土耳其军队 3 个集团军,俘获了奥斯曼土耳其军人 7.5 万人,而英军的伤亡却不到 5000 人。

第五篇 海战与空战

发警告，而任意击沉任何开往英国水域的商船，其目的是对英国进行封锁。德国在1914年战争开始后，就对协约国实施潜艇战，给英国商船和战舰以重大打击。德国希望6个月打垮英国，但由于英国使用了当年西班牙对付英国海盗发明的护航体制，成功地保住了运输线。后随着美国的参战，协约国为打击德国的潜艇战，共动员舰艇和辅助舰船5000艘、飞机3000架，终于击败了德国的"无限制潜艇战"。

"一战"时，航母参加的两次海战／247

现如今的海上霸主，当之无愧是航空母舰，追溯航母的历史，最早的航母参战是在"一战"期间。当时的航母不像现在这样不可一世，初出茅庐的航母面对训练有素地方舰队，并不能发挥其海上飞行平台的巨大作用，留下了很多遗憾。

空中作战，开始改变战争面貌／253

"一战"，这在当时是一种令人无法预料的新型战争：庞大的军队、密集的士兵、彼此相隔数千米，对峙几个月甚至几年的战线。战前人们谁也不会料到飞机会在这次战争中得到突飞猛进的发展，事实证明：后来空中作战的许多样式，是在这场战争中播下了种子，而空中作战思想，开始在军人脑海中出现，"一战"空战的出现，改变了整个战争的面貌。

空战格斗，战争从平面到立体／261

"一战"中，飞行员们把欧洲中世纪的骑士豪侠风度带上了蓝天。从此，勇敢而残忍的决斗走向了蓝天这个新的舞台。这些空中骑士们用青春、勇敢和智慧，用汗水、鲜血和生命促进了军用飞机的发展，战争模式也从平面走向立体。

第六篇　大幕落下

战争最后结束的日子／273

11月11日凌晨5时，在贡比涅森林中的一节火车车厢里，德国代表满含泪水，在苛刻的停战协定上签字，第一次世界大战结束了。停火的消息传到前线，一位战前是作家的战士写道："解下绷带，写一首颂扬和平的诗。"一位英国军官说："炮火终于停止了，战争结束了，人们又可以规划未来了。"一位记者写下了这样一段话："可怕的战火熄灭了，我作为战地记者写好了最后一条新闻，感谢上帝！"

凡尔赛体系，埋下仇恨的种子／279

"一战"结束后，战胜国召开了巴黎和会，在全球范围内建立起帝国主义重新瓜分世界、维护战胜国利益和维护战后和平的新秩序，即凡尔赛体系。

第一篇 "一战"拉开序幕

　　普法战争结束后,普鲁士完成了德意志的统一,这使法国在欧洲的霸主地位得以动摇,于是,欧洲进入了多个强国角力的混乱时代。

　　由于新兴资本主义工业强国——德国兴起,这就与英、法老牌资本主义强国的矛盾日益加深,并难以调和,由此形成了两大军事集团:一方是老牌资本主义强国,另一方是新兴起的以德国为首的国家,双方都疯狂地扩军备战,最终使一场世界性的大战不可避免地到来。

普法战争埋下"一战"的种子

　　普法战争使普鲁士完成了德意志的统一,结束了之前法国在欧洲的霸主地位,改变了欧洲各国关系的态势,世界从此进入了强国角力的时代。

普法战争

　　在19世纪上半叶,德意志只是一个松散的号称德意志邦联的政治结构。1864年,普鲁士有"铁血宰相"之称的俾斯麦上台后,联合奥地利发动了对丹麦王国的战争,丹麦战败,普鲁士得到了石勒苏益格,奥地利也得到了荷尔斯泰因。

　　随后普奥之间的关系开始迅速恶化,因为俾斯麦要建立一个统一的德意志国家,奥地利就成了他下一个要对付的目标。

　　1866年6月,普奥战争爆发,普军在萨多瓦大败奥军,这是关键的一仗,战败的奥地利只得承认了"没有奥地利帝国参加的新德意志组织",同意普鲁士在美因河以北成立一个德意志国家联邦。

▲俾斯麦

　　1867年,在普鲁士主导下北方德意志联邦正式成立,这是德国统一的前奏。

　　值得一提的是,在普奥战争中,俾斯麦一举击溃奥军,本可乘胜侵占奥地利领土,但他估计到法俄两国那时定会出面干预。再从长远考虑,于是他拒绝了攻下奥地利首都的建议,而是和奥地利签订了宽松条约,以求以后与法国争斗时,奥地利不会成为自己的敌人。

　　在早期,四分五裂的普鲁士对欧洲其他国家并没有构成太大的威胁,它与英国、俄国甚至结成联盟,共同击败了拿破仑统治的法国。但是,如果普鲁士统一德国之后,一切都不一样了。统一后的德国,人口和工业潜力非常巨大,发展战略非常明确,就是要成为欧洲大陆上最强大的国家。它的迅速强大,使其可以压倒周边的任何国家,其中包括法国。

　　在俾斯麦对付奥地利时,为了让欧洲霸主法国保

▲威廉一世

持中立,曾许诺了很多好处给法国,法国也乐得坐山观虎斗,坐收渔人之利。但随着普鲁士的迅速取胜和迅猛崛起,开始对法国的霸权构成威胁,法国这时才突然惊觉普鲁士已不再是以前的弱小邦国了。

俾斯麦

俾斯麦(1815-1898),劳恩堡公爵,普鲁士王国首相(1862-1890),德意志帝国首任宰相,人称"铁血宰相"、"德国的建筑师"及"德国的领航员"。他是19世纪德国最卓越的政治家,担任普鲁士首相期间通过一系列铁血战争统一德意志,并成为德意志帝国第一任宰相。俾斯麦是保守派,维护专制主义,镇压了19世纪80年代的社会民主主义运动;但他通过立法,建立了世界上最早的工人养老金、健康和医疗保险制度及社会保险。俾斯麦在外交上纵横捭阖,成为19世纪下半叶欧洲政治舞台上的风云人物,1890年3月被威廉二世解职。俾斯麦下台时被封为劳恩堡公爵,此后他长住汉堡附近的弗里德里希斯鲁庄园,著有回忆录《思考与回忆》。

法国此时便竭力阻止普鲁士统一德国。而对普鲁士来说,对法作战就成为统一德意志的最后关键"一战",俾斯麦在等待着有利的时机。

俾斯麦利用南部德意志诸邦对法国的恐惧心理和两者之间的矛盾,以此促进南北德意志双方的民族感情。1870年,时机到来。这一年7月,普鲁士国王威廉一世的亲属——霍亨索伦家族的利奥波德亲王,应西班牙政府之邀同意继承西班牙王位。法国因担心普西联合反法而极力反对,要求普王书面保证永远不赞成霍亨索伦家族的亲王登上西班牙王位。普王虽感屈辱,仍表示将在柏林继续讨论这一问题,并将有关情况电告了俾斯麦。

俾斯麦毫不犹豫,以普鲁士国王的名义拒绝了法国大使的要求。消息传到法国,引起了法国人的愤怒,这就迫使法国于7月19日首先向普鲁士宣战。

法军制定了作战计划:集中兵力先行出击,越过莱茵河向法兰克福推进,迫使南德意志各邦保持中立,而后联合奥地利取道耶拿直取柏林,最终击败普鲁士。

然而,路易·波拿巴的如意算盘无一不在俾斯麦的意料之中。

1867年8月2日,法军开始进攻普鲁士,然而巴黎政府内部的不和谐严重影响了法军的士气和决策。而普军则在统帅老毛奇的率领下,连续大败法军。就在这一年的8月31日,法国沙隆军团被普军第三、第四军团围困在色当。在9月1日的色当之战中,法军几次突围,均被击退。次日,不得已的拿破仑三世率军9万余人向普鲁士投降。

▲ 老毛奇

法军在色当战役中战败,拿破仑三世连同在色当的法国官兵全部成了俘房的消息传到巴黎后,巴黎广大人民对拿破仑三世统治不满的情绪立刻像火山一样爆发了。工人和小资产阶级纷纷冲入波旁宫立法团会议厅,要求废除帝制,恢复共和。共和派议员在市政厅正式宣布成立共和国,建立临时政府,法兰西第二帝国就此垮台,随即法兰西第三共和国建立。

▲被俘的拿破仑三世(左)与俾斯麦在交谈

然而,拿破仑三世的投降并没让俾斯麦满意,获胜的普军长驱直入,包围了巴黎。1871年1月底巴黎失陷,两国签订了停战协定。为了镇压巴黎群众的革命运动,法国政府与德国签署的《法兰克福条约》规定:法国赔款50亿法郎、割让阿尔萨斯全部和洛林大部地区。法国以此换取德国从法国撤军和释放战争中被俘的10万名法国战俘,用于镇压巴黎公社运动。

这次战争使普鲁士完成了德意志统一,结束了法国在欧洲的霸权地位。进入巴黎的普鲁士国王威廉一世在凡尔赛宫加冕为皇帝,德意志帝国宣告成立。这种形势的出现,改变了整个欧洲的态势,欧洲从此进入了多个强国角逐的时代。直到第一次世界大战爆发,这种态势才发生了变化。

两大军事集团的形成

德国统一后,国力迅速增强,扩张之势强劲。

在此过程中,德国与周边国家存在诸多矛盾。德国与法国由于阿尔萨斯和洛林等领土问题积怨已久,德国和俄国的关系也由于长期的贸易摩擦而恶化。与此同时,奥匈帝国因与俄国争夺巴尔干地区而冲突不断,这给了德国一个机会。

为了防范法俄结成反德集团,德国决定加强与奥匈帝国的关系。1879年10月,德奥首先缔结了针对俄国的秘密军事同盟条约《德奥同盟条约》。条约规定:如果缔约国一方遭到俄国进攻,另一方有义务以其全部军事力量实行互助;如果缔约国一方遭到另一国家进攻,缔约国另一方应对其盟国采取善意中立,但是如果进攻的国家得到俄国的支持,缔约国双方应共同作战直至共同议和。

不久德国又利用法国和意大利争夺突尼斯的矛盾,拉拢意大利,以共同对付法国。

1882年5月,德、奥、意签订《德奥意三

▲威廉一世在凡尔赛宫加冕

▲普法战争形势图

国同盟条约》。条约规定:如果法国进攻意大利,德、奥给予意大利军事援助;如果法国进攻德国,奥、意负有同样义务;如果三个盟国中任何一方受到两个或两个以上的强国攻击,其他两国保证给予援助。这个军事同盟集团以德国为主,奥匈帝国是依附于德国的伙伴,意大利则是一个随时待价而沽的不可靠的盟友。

1883 年,罗马尼亚与奥匈帝国签订秘密条约,成为这个军事集团的附庸。

为了与这三国同盟对抗,法国和俄国也进一步接洽。1892 年,法俄签订了《法俄军事协定》,结成法俄军事同盟。条约规定:若德国、意大利进攻法国,俄国出兵协助;若德国、奥匈帝国进攻俄国,法国出兵协助;若三国同盟同时出兵进攻法俄任何一方,双方须共同作战。截至 1894 年,两国还签订了一系列政治和军事协定,逐步建立起同盟关系。

在欧洲大陆国家初步形成这两个相互对峙的军事集团时,英国尚置身于集团之外,坚持其"光辉孤立"和对欧洲的均势政策。但英国对来自德国经济的强烈竞争,及德国要求重新瓜分殖民地的咄咄逼人的进攻态势深感恐惧。当德国为了贯彻其称霸世界的政策而着手建立一支强大海军时,英德两国展开了直接对抗。英国因此认定德国故意奉行反对英国的政策,英德矛盾逐渐上升为列强之间的主要矛盾。

为了战胜德国,英国调整外交战略,采取了积极的结盟政策。1902 年,英国与日本结成同盟,以遏制俄国和德国在远东的扩张。1904 年,英法缔结协约,协调了两国在殖民地方面的矛盾,协约规定英国承认法国在摩洛哥的利益,法国不妨碍英国在埃及的行动。1907 年,英俄缔结协约,划分了两国在波斯的势力范围,俄国承认英国在阿富汗的利益。法俄同盟与英法协约、英俄协约一起,构成了三国协约。

至此,"三国同盟"和"三国协约"也称"同盟国"和"协约国"这两大军事集团在欧洲形成了对峙局面。"一战"爆发前,国际政治舞台上发生的所有重大事件,几乎都是这两大军事集团对抗与冲突的体现。就这样,普法战争后一系列的世界格局的变化,为人类第一次世界大战埋下了种子。

▲德军宣告普法战争的胜利

动荡的巴尔干,欧洲的火药桶

1914 年,由于拼凑而成的国家之间形成了不安定的疆界,使巴尔干半岛成为欧洲极特别的地方。在这里,各个地区的人说着自己的语言,而语言是认同感的主要支柱,且每个地区都拥有自己的风俗习惯和宗教信仰,这就更加加深了彼此间的矛盾。19 世纪以来,巴尔干半岛就是各种势力相互角逐最激烈的地区,这一地区被称为欧洲的火药桶。

第一次巴尔干战争

位于欧洲东南部的巴尔干半岛,处在欧、亚、非三大洲的汇合处,既控制着通往印度洋的航路,也控制着地中海和黑海的门户,并且有着丰富的自然资源,因此战略地位非常重要。自 14 世纪以来,这一地区一直处于奥斯曼土耳其的殖民统治和奴役之下。

在奥斯曼帝国长达四五百年的残酷统治下,巴尔干各地的人民进行了英勇的斗争,于 19 世纪先后走上独立发展的道路,巴尔干半岛各省一个接一个地宣称民族自治,或者干脆脱离土耳其独立。

1817 年塞尔维亚取得自治权,1829 年瓦拉几亚与摩尔达维亚也争取到地方自治的权力,1832 年希腊独立,1878 年塞尔维亚完全独立,而瓦拉几亚和摩尔达维亚也在同一年独立,保加利亚则于 1878 年取得地方自治权,并于 1908 年独立。

尽管如此,在 20 世纪初,包括阿尔巴尼亚、马其顿、色雷斯、克里特、爱琴海诸岛屿等地区在内,巴尔干地区仍有很大一部分领土处于奥斯曼土耳其的统治下。随着奥斯曼土耳其帝国的日益衰落,就像草原上倒下的一头大象,吸引了一大群嗜血的狮子、鬣狗和秃鹫。奥斯曼土耳其帝国统治下的巴尔干半岛,成为各强国瓜分的重要目标。

巴尔干半岛的两个邻近帝国——奥匈帝国和沙俄帝国,都希望能在瓦解的奥斯曼土耳其帝国那里获得新的领土,这使得它们之间经常爆发冲突,互不相让,在巴尔干半岛展开了长达 40 年的暗中争斗。

以德国为首的其他列强,则利用"利益均沾"的方式卷入这场地区争夺。面对着奥斯曼土耳其帝国的大片土地,意大利首先发难,它对位于地中海南岸的土属的黎波里早有野心,于是在 1911 年发动了对奥斯曼土耳其的战争。

奥斯曼帝国对意大利的挑战显得无可奈何,战争进行了一年,也没能打败意大利,这充分暴露了奥斯曼帝国在军事上的软弱无力。

▲奥斯曼帝国的军队

但这场战争也让巴尔干周边的国家认识到又多了一个竞争者意大利,要分割奥斯曼帝国在巴尔干的领地,于是,它们开始寻求结盟。这时俄国也担心巴尔干地区被别的列强抢占,便竭力说服和促使巴尔干地区的斯拉夫国家与俄国结盟。

奥斯曼帝国

奥斯曼帝国即奥斯曼土耳其帝国,创立者为奥斯曼一世。奥斯曼人初居中亚,后迁至小亚细亚,日渐兴盛。极盛时势力达欧、亚、非三大洲,有南欧、巴尔干半岛、中东及北非之大部分领土,西达直布罗陀海峡,东抵里海与波斯湾,北及今之奥地利和斯洛文尼亚,南及今之北苏丹与也门。自消灭东罗马帝国后,定都于君士坦丁堡,改名伊斯坦布尔,且以东罗马帝国的继承人自居。奥斯曼帝国的君主苏丹视自己为天下之主,继承了东罗马帝国的文化及伊斯兰文化,因而东西文明得以融合。奥斯曼帝国位处东西文明交汇处,并掌控东西文明的陆上交通线达6个世纪之久。

20世纪初的欧洲大陆,战争阴霾密布,已是山雨欲来,各列强之间以及列强与殖民地之间的矛盾不断加深,斗争愈演愈烈。巴尔干地区已经成为这些矛盾的交会点,1912年终于爆发了以保加利亚、塞尔维亚、希腊、黑山等国所组成的"巴尔干同盟",反对奥斯曼土耳其帝国的战争,第一次巴尔干战争爆发。由于各列强在巴尔干地区有着重大利益之争,所以这些交战国的身后都有大国插手和较量。

战争进行中,巴尔干同盟国把重点兵力指向各自预先想夺取的地区:黑山军队进入阿尔巴尼亚北部,保加利亚军队攻打东色雷斯,塞尔维亚军队出击马其顿北部,希腊军队开赴马其顿南部。巴尔干同盟军情绪激昂,乘胜前进,均达到了预期的目标,而奥斯曼帝国军队则丢城弃地,节节败退。

巴尔干同盟军一连串的军事胜利,并不符合那些大国的利益,俄国在支援巴尔干国家的同时,又担心保加利亚军队进抵伊斯坦布尔而不利于自己解决黑海海峡问题,德国和奥匈帝国则认为塞尔维亚和希腊是站在协约国一方的,因此不希望它们强大,却把土耳其看作自己潜在的盟邦,因此竭力防止奥斯曼帝国覆灭。

在各大国的压力下,1912年底,奥斯曼帝国与保加利亚、塞尔维亚签订了停战协定。1913年5月30日,交战各国在伦敦召开和会,原属奥斯曼土耳其的马其顿被塞尔维亚、保加利亚及希腊瓜分,塞萨洛尼基则被并入希腊。随后奥匈帝国加入和会,奥匈帝国恐怕塞尔维亚得到自己西南面的阿尔巴尼亚后变得更加强大,坚持阿尔巴尼亚必须独立。奥匈帝国的动议却与塞尔维亚的梦想相违背,塞尔维亚一直希望通过夺取土耳其在欧洲的领土,建立一个包含塞尔维亚、黑山、波斯尼亚、黑塞哥维那及阿尔巴尼亚的"大塞尔维亚"。

在这几个月里,第一次巴尔干战争的胜利者们,因为战果的瓜分问题而争吵不休。5月30日,经过交战双方讨价还价和大国间的背后交易,土耳其与巴尔干同盟四国签订了《伦敦条约》,第一次巴尔干战争结束。根据这项条约,奥斯曼帝国几乎丧失了它在欧洲的全部领土,巴尔干各国人民摆脱奥斯曼帝国压迫的愿望得以实现。

《伦敦条约》的签订,虽然结束了第一次巴尔干战争,却加深了巴尔干同盟国家之间的矛盾,参战各国几乎都不满足,认为自己从奥斯曼帝国那里得来的不够多,从而为第二次巴尔干战争埋下了火种。

▲ "一战"前的巴尔干半岛地图

第二次巴尔干战争

《伦敦条约》的墨迹未干,仅过了一个月,"巴尔干同盟"内部就起了纷争,1913 年 6 月至 8 月间,第二次巴尔干战争又爆发了。这次敌对的双方不同了,一方是塞尔维亚、希腊、罗马尼亚、黑山和奥斯曼帝国,一方是保加利亚。

保加利亚号称"东方的普鲁士",在巴尔干同盟四国中它的战斗力也是最强的。保加利亚认为,在第一次巴尔干战争中,自己出力最大,应分得更多更好的领土,应占有马其顿中部的斯科普里城,以及萨洛尼卡等地,甚至独霸马其顿。为此,它决定动用武力,驱赶希塞等盟国军队。而塞尔维亚一心想得到马其顿的亚得里亚海出海口,希腊也希望牺牲保加利亚以扩大自己的领土,罗马尼亚则向保加利亚提出对多布罗加的领土要求。

战利品的分配不公,使得"巴尔干同盟"中的三个国家都对保加利亚有意见。为了共同对付保加利亚,希腊和塞尔维亚经过秘密谈判,于 1913 年 6 月 1 日缔结了共同对付保加利亚同盟条约。

正当这些巴尔干国家为分享战利品争得难分难解时,几个帝国主义大国又插了进来。在奥匈帝国和德国的唆使下,保加利亚于 1913 年 6 月 29 日夜间,对在马其顿的塞尔维亚军队与希腊军队采取军事行动,此时协约国集团则公开站在希腊和塞尔维亚一边。

对于保加利亚先发制人的进攻,塞尔维亚、希腊和黑山三国早有预料和准备,所以并不感到突然。它们很快便组成了 60 万人的军队,全力应战。保加利亚错误地估计了形势,它原以为几天之内便可以打败对手,但事实恰恰相反,奥匈帝国,又名双元帝国,保加利亚军队的进攻一开始就遇到了有力的抵抗,它的各集团军前进受阻,被迫转入防御。紧接着罗马尼亚利用保加利亚的困难处境,趁机向保加利亚宣战,奥斯曼帝国也卷土重来,出兵保加利亚的东色雷斯。结果,在短短一个月时间里,保加利亚腹背受敌,危在旦夕,陷入了四面楚歌的困境,首都索非亚告急。保加利亚只好被迫求和,签订了割地赔款的和约,重新划定巴

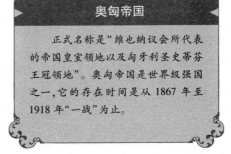

奥匈帝国

正式名称是"维也纳议会所代表的帝国皇室领地以及匈牙利圣史蒂芬王冠领地"。奥匈帝国是世界级强国之一,它的存在时间是从 1867 年至 1918 年"一战"为止。

▲巴尔干战争中的保加利亚军队

尔干各国的边界。保加利亚不仅失去了它在第一次巴尔干战争中获得的大部分土地，而且还失掉了一部分自己原有的领土。

第二次巴尔干战争的结果，是巴尔干半岛的力量重新组合：罗马尼亚脱离了三国同盟，而与协约国靠近；因失去许多领土而被大大削弱了的保加利亚则加入德、奥同盟；以俄国为后台的塞尔维亚几乎把领土扩大了一倍，成了扎进奥匈帝国身边的一根刺。奥匈帝国统治者下定决心，不能再让塞尔维亚赢得进一步的利益。

两次巴尔干战争，不仅没有满足巴尔干各国的领土欲望，反而加深了它们之间的矛盾，同时也加剧了业已形成的两大帝国主义集团对该地区的争夺和角逐。这个欧洲的火药桶，随时会被一场新的战争引爆。

战争序幕拉开

1914 年 6 月 28 日,是塞尔维亚的国庆日,奥匈帝国皇位继承人斐迪南大公夫妇被塞尔维亚族青年普林西普枪杀。此次刺杀行为点燃了"一战"的导火索,造成了人类社会的巨大灾难。

萨拉热窝事件

1914 年 6 月 28 日清晨,弗朗茨·斐迪南大公夫妇正在对奥匈帝国领土最南端波斯尼亚省的萨拉热窝市进行官方访问。

斐迪南大公是哈布斯堡王朝皇帝弗朗茨·约瑟夫的大侄子。皇帝的独生子自杀身亡后,斐迪南大公便成了奥匈帝国皇位的合法继承人。他这次是以奥匈帝国军队总检察官的身份访问萨拉热窝的,此行的任务是担任当地夏季军事演习的观察员。妻子索菲也同他在一起,周末是他俩结婚 14 周年庆。

▲雷电常常在自然界引起森林大火

可是就在那天,在车队途经的人群中,却隐藏了 6 个年轻刺客,他们中的 5 个是波斯尼亚的塞尔维亚人,年龄均是十几岁,他们在波斯尼亚生长,但祖籍是塞尔维亚。他们都是波斯尼亚青年会的成员,这是一个激进的爱国组织,资助这个波斯尼亚青年会的是另一个极为秘密的塞尔维亚民族主义者组织,该组织的正式名称是"统一或死亡会",内部成员自称是"黑手会"。黑手会的目的就是要扩大塞尔维亚王国。当时的塞尔维亚王国毗邻波斯尼亚,虽说国土不大,但黑手会野心勃勃,希望把巴尔干半岛上的所有塞尔维亚人都团结起来,建立大塞尔维亚王国,而波斯尼亚将成为新王国的一部分。

斐迪兰大公及其妻子的敞篷轿车驶向市政厅时,忽然,一枚黑色的炸弹飞向大公夫妇的车子,司机立刻加速,炸弹在大公夫妇车子后不远处爆炸,炸坏了后面的一辆轿车,炸伤了几个人,但大公夫妇毫发无损。

萨拉热窝

萨拉热窝位于萨拉热窝河谷之中,被狄那里克山脉所环绕。今日的萨拉热窝城市始建于 15 世纪奥斯曼土耳其帝国统治时期,城市中心至今还保存着土耳其时代的旧建筑。萨拉热窝曾多次成为国际关注的热点,最著名的一次是 1914 年发生的奥地利王储被暗杀事件,被称为萨拉热窝暗杀事件。这起事件直接成为第一次世界大战爆发的导火线。

斐迪南大公的车队迅速抵达市政厅,市长举行欢迎仪式。此后,斐迪南大公宣布要调整访问路线,因为他坚持要去医院看望一下刚被炸伤的人。这是哈布斯堡家族的传统,借此显示一下君主对臣民的爱护。

▲斐迪南大公夫妇被刺情景

刺杀小组的第一名成员普林西普埋伏在路边,他拔出左轮手枪,瞄准前往医院的斐迪南大公夫妇连开了两枪,大公夫妇中枪。此刻,普林西普企图举枪自杀,却被人群阻止了。随后,普林西普成功吞下一小瓶氰化物,但是氰化物已经过期,只能引起呕吐,毒不死人。普林西普随即被捕。几分钟后,斐迪南大公和妻子被宣布去世。

斐迪南大公遇刺的消息引起了巨大轰动,各国高层反应不一。83岁高龄的奥匈帝国皇帝弗朗茨·约瑟夫在维也纳听到这个消息后,竟然有一点儿幸灾乐祸。他一直讨厌斐迪南大公,因为他有许多进步想法,如斐迪南大公想给予哈布斯堡王朝的斯拉夫臣民以管理帝国的话语权,受惠者就包括波斯尼亚境内的塞尔维亚人。如今斐迪南大公被塞尔维亚人刺杀,实在具有讽刺意义。

德国皇帝威廉二世在听到这个刺杀消息后,立刻结束在挪威的航海度假,返回国内。他这样做,更多的是因为斐迪南大公是他的好朋友,而不是他预见到了什么紧急情况。

沙皇尼古拉二世在他的游艇"史丹达号"上宣布为期3周的哀悼,此举是为了向被杀的大公表示敬意。

这一刺杀消息却没有引起英国和法国的兴趣。这两个国家都在集中精力对付其他问题,这些问题要比刺杀事件重要得多。

▲奥匈帝国皇帝弗兰茨·约瑟夫(左)

对大西洋对岸的美国人来说,斐迪南大公不过是一位没有听说过的人,他在一个没有听说过的地点被刺杀的新闻,对美国根本没有重要意义。

但是,奥匈帝国王储斐迪南大公在萨拉热窝被刺杀事件,却被企图发起战争的军事集团所利用。奥匈帝国的高层都认为,"解决塞尔维亚问题"的时机到了,要求立即进行军事动员,对塞尔维亚宣战。但他们担心俄国会干预,于是请求威廉二世帮助。

德国也一直在寻找战机。这一年发生的

两件事促使德国力求与法俄两国速战：一是 4 月份英国开始同俄国进行海军谈判，小毛奇获知此事后，大为不安；二是 6 月间德国完成了基尔运河的加宽工程，使其新造的"无畏舰"能从北海通过运河直接驶入波罗的海，这就加速了军队调动的灵活性。

1914 年 6 月 1 日，小毛奇对曾出使英国多年的埃克哈德施泰因说："我们已准备就绪，战争对我们是愈快愈好。"因为德国深知，如果战争拖至 1917 年，俄法两国新的扩军计划完成，实力对比就会发生变化，对自己不利。

6 月 28 日星期日下午，威廉二世像下了赌注的赌徒一样不停地狂叫："1914 年是千载难逢的机会！"

7 月 5 日，奥匈驻德大使卓基夷奉命把弗兰茨·约瑟夫皇帝的亲笔信呈交给威廉二世。信上说，奥皇储遇刺"是俄国和塞尔维亚大斯拉夫主义者直接鼓动的结果，他们唯一的目的就是要削弱三国同盟，分裂我的帝国……如果我们容许这种情况继续下去，就意味着我的朝廷和我的领土将长期遭受危险……最近在波斯

塞尔维亚

塞尔维亚是位于欧洲东南部、巴尔干半岛中部的内陆国，面积 8.8 万平方千米，与黑山、波斯尼亚和黑塞哥维那、克罗地亚、匈牙利、罗马尼亚、保加利亚、马其顿及阿尔巴尼亚接壤。自 20 世纪初起，塞尔维亚便成为南斯拉夫联邦的一部分。其首都贝尔格莱德地处巴尔干半岛核心位置，坐落在多瑙河与萨瓦河的交会处，北接多瑙河中游平原即伏伊伏丁那平原，南接老山山脉的延伸舒马迪亚丘陵，是多瑙河和巴尔干半岛的水陆交通要道，是欧洲和近东的重要联络点，有很重要的战略意义，被称为巴尔干之钥。

尼亚发生的可怕事件，你一定也认为奥塞之间的敌对状态要想求得友好的解决已是不可能的了，只要贝尔格莱德这种罪恶的煽动根源不受到惩罚，则所有欧洲君主国家的和平政策将受到威胁"。信中所谓惩罚塞尔维亚，就是指发动侵略战争。弗兰茨·约瑟夫恳求威廉二世表态支持他的战争行动。

威廉二世当场表示，奥匈帝国"可以肯定地指望德国作为一个盟国和友邦为它的后盾"、"德国全力支持"奥匈对塞尔维亚"采取军事行动"，并且认为，"如果我们放过这次如此有利的机会，将是可惜的"。

1914 年 7 月 5 日和 7 月 6 日，威廉二世接连召集高级将领和政府大臣，在波茨坦宫举行会议，把可能发动战争的事告诉自己的宠臣。将军们回答皇帝说，一切战争准备已经就绪，就这样，德国作出发动战争的决策。

德总参谋长于 7 月 5 日谒见奥皇，转达了德国的答复。这位 82 岁的奥匈老皇帝喃喃地说："1914 年我们不能再回头了，将要有一场可怕的战争。"奥匈帝国立即着手准备发动战争。

在德奥准备发动战争的同时，俄法两国也开始积极备战。7 月 20 日，法国总统彭加勒和总理维维安尼访问俄国。两国相互保证，一旦对德国开战，两国一定履行自己作为盟国的义务。

英国也已经做好战争准备，并且认为迟打不如早打，再拖延下去，将对自己的国家不

▲ 威廉二世

利。因为英国看到德国的生产能力日益强大,在海军造舰竞赛中会很快赶上来,其必须在1914年还保持海军优势的情况下,通过战争击败危险的对手。不过在萨拉热窝事件后,英国并没有参战的意向,英国议会和内阁中有12名内阁成员不赞成参战,整个民众和大部分自由党人也反对参战。

所以,当时在声势浩大的和平运动的压力下,英国外交大臣格雷向德国驻英大使说,英国同俄法两国没有任何同盟关系,不受任何义务的约束,并一再申明英国的态度是"尽一切可能防止大国之间发生战争"。

七月最后通牒,"一战"爆发

奥匈帝国政府终于在1914年7月23日,向塞尔维亚发出了最后通牒。

在最后通牒中,奥匈要求塞尔维亚政府采取以下行动:

(1)查封任何引起对奥地利皇室憎恨和藐视的刊物;

(2)马上取缔民族自卫组织,并取缔其他反奥匈宣传的组织;

(3)即刻从教育团体及教学方法中,删除任何会或可能会煽动反奥匈之宣传的教学内容;

(4)革除军部或行政部门中被指进行反奥匈宣传的官员,而此等官员的名单由奥匈政府提供;

(5)接受与奥匈政府有关部门的合作,在塞尔维亚镇压企图颠覆奥匈帝国领土完整的活动;

(6)在奥国政府指定的有关部门之协助与指示下,采取法律行动以惩罚策划和执行6月28日刺杀事件且现在还在塞尔维亚领土内的人士;

(7)即刻逮捕奥匈初步调查所认定的两名刺杀人士;

(8)保持合作,以有效措施遏制其境内的军火走私;

(9)向奥匈解释对其怀有敌意、在塞尔维亚境内或境外的塞尔维亚高级官员之言论;

(10)马上采取以上措施,并告知奥匈帝国。

这份所谓的最后通牒,实际上是奥匈帝国惩罚塞尔维亚的开战理由。奥匈帝国在最后通牒中开出的10个条件,塞尔维亚只接受其中8个,不接受第5条和第6条。

因此,奥匈帝国在7月28日向塞尔维亚宣战。最终,"一战"全面爆发。

在奥匈帝国发出最后通牒后,俄国通知奥匈帝国,攻击塞尔维亚会引起俄国战争总动员,并表示俄国不容许奥匈帝国打垮塞尔维亚,而成为巴尔干半岛的霸主。

于是,奥塞战争爆发后,俄法两国出于对自身利益的考虑,站在了塞尔维亚一边,它们立即进行了战争总动员。

7月31日,德国向俄国和法国发出最后通牒,要求它们立即停止总动员,但遭到俄法两国的严词拒绝,于是德国一怒之下于7月31日向俄国宣战,8月3日对法国宣战。

8月2日,德国总参谋部为了实行施利芬计划,向比利时送交最后通牒,要求允许德军借道比利时对法军作战,并限其在24小时内答复。700万人口的比利时勇敢地拒绝了德国的无理要求。

8月4日,德国悍然破坏1839年保证比利时永久中立的条约,发动四路德军侵入比利时。英国获知德国有入侵比利时的意图后,于8月

威廉二世

威廉二世1859年出生于柏林,是威廉一世的长孙,腓特烈三世和维多利亚皇后的长子。由于出生时发生臀位生产,他患上了臂丛神经产伤,以致左臂萎缩。为弥补这一生理缺陷,威廉自幼接受严格的军事训练,尤其擅长于马术。1877年,他以皇长孙的身份进入著名学府波恩大学,专攻法律与国家学。1881年获学士学位。1888年3月9日威廉一世逝世后,他父亲被加冕为腓特烈三世皇帝,但99天后死于咽喉癌,同年6月威廉继位成为皇帝。

4日向德国发出最后通牒,要求德国无条件尊重比利时中立。但德国宰相贝特曼对英国驻德大使声称:"国际条约不过是一张废纸。"

这样一来,英国就以德国破坏比利时的中立地位为由,对德宣战。于是在短短一周之内,在一片战争叫嚣声中,欧洲两大军事集团纷纷亮相,卷入到一场为期四年的世界大战中。

第二篇　西线战场

　　1914年夏季，德国入侵中立国卢森堡，未经宣战进攻比利时。但德军在企图攻占比利时列日炮台时，遭到比利时守军的顽强抵抗。在付出伤亡万人的代价后，德国侵占了比利时全境，并把在比利时参战的法军驱回法国境内。然后，德军分五路向法国北部进攻，德法双方的军队此后一直在法国凡尔登地区呈对峙态势，由此形成西线战场。

激战列日要塞与马恩河

在西线战场,德意志帝国担心面对法国和俄罗斯的夹击会陷入漫长的两面作战,因此德国的施利芬计划被设计成一场闪电战,通过借道比利时,以雷霆之势一举击败法国,然后再转移西线大军到东线,以击退俄罗斯的军队。为了达成这项目标,德军必须借道比利时,而在德军向比利时推进的路线上,发生了列日要塞激战与马恩河激战。

列日要塞固若金汤

比利时位于法德之间,德国向法国宣战后,就冲入中立国比利时境内,准备借道比利时攻占法国。比利时军队面对强大的德军,毫不畏惧,与德军展开了一场血战。

德军前锋兵力 10 万余人,大炮 200 门,他们在德军西线司令官艾米赫的率领下,于1914 年 8 月 4 日来到比利时境内的马斯河天险。如果德军冲过马斯河,比利时首都布鲁塞

▲列日要塞

尔的门户就敞开了,比利时就离灭亡不远了。比利时全民动员,斥巨资在马斯河边修建了以列日城为核心的要塞防御体系。

列日要塞建在马斯河西岸的一个陡坡上,高出河岸 100 米,这样一来,马斯河就成了列日要塞的护城河。比利时还在每座炮台周围挖了防护壕,并设置大量带刺铁丝网及障碍物。

整个列日要塞的防御体系,可谓一夫当关,万夫莫开,被认为是欧洲最坚固的要塞。

德军被列日要塞拦住

列日城扼守比利时境内的铁路交通枢纽,德军必须从列日城通过才能南下法国。冲到马斯河边的德军发现桥梁被破坏,无法立即过河,就架舟桥渡河。就是从这一刻起,比利时列日各炮台开始了炮火残杀德军的序幕。

比利时的大炮和机枪猛烈开火,德军正忙于渡河,猝不及防,纷纷落水,无数德军就这样命丧黄泉。艾米赫没想到会从列日炮台射出如此猛烈的炮火,他命令

▲小毛奇

德军继续进攻,并且使出撒手锏,调来200门德军大炮,对准列日要塞的各炮台猛烈轰击。

小毛奇

路德维希·冯·毛奇(1848 - 1916),俗称小毛奇,德国大将老毛奇之侄,出生于一个典型的普鲁士贵族家庭。1880年任老毛奇的副官,1891年起先后任德皇威廉二世侍从武官、王牌师师长、德军军需总监等职,1906年任德军总参谋长。他声称自己一生的工作都是为了准备发动世界性的战争。他主持"一战"初期的施利芬计划,计划失败后被解除职务,后默默无闻地死去。

比利时列日要塞果然坚固,炮台顶盖顽强地顶住了德军炮弹的袭击,且毫发无损。比利时炮台守军对德军所在位置,特别是德军的野战阵地早就进行了精密测量,在列日要塞对德军阵地进行了精确炮火射击,德军损失惨重。

德军和比利时军一直从太阳东升打到日落西山,德军牺牲惨重,也未能攻克列日要塞。为了攻克列日要塞,德军进行了更加猛烈的炮击,但列日要塞依旧安然无恙。

无奈之下,德军司令艾米赫决定另辟蹊径,在夜间偷袭,企图给列日要塞的比利时守军一个措手不及。恰好当天夜里下起大雨,更给了德军更多的掩护。于是乎,数万德军利用夜幕和风雨的掩护,悄无声息地向列日要塞的各个炮台摸去。突然间,列日要塞的各个炮台射出了耀眼的探照灯光束,黑夜顿时变成了白昼,正在旷野行军的德军一下子就暴露在比利时军人的眼皮底下。

瞬间,比利时炮台万炮齐轰,德军人仰马翻,死伤无数,就算侥幸没被炮火炸死,也会被炮台上的轻重机枪的扫射杀伤。可怜的德军士兵无处逃跑,只能被动挨打。剩下的德军士兵又受到旷野上机动驻守的比利时步兵的攻击,死伤无数,只好撤出战斗。

德军司令艾米赫再次改变策略,决定利用猛烈炮火集中攻克马斯河东岸的4座比利时炮台,然后再攻克别的炮台。于是乎,德军集中炮火,炮弹像雨一样对4座炮台倾泻下来,比利时炮台被德军炮火完全笼罩住了。德军趁着这个空当发起冲锋。

只是比利时的炮台实在太坚固了,德军的大炮只能压制住比利时的炮火,却无法炸毁炮台,比利时守军奋不顾身,再次将大炮对准德军开火。满怀信心进攻的德军又一次被比利时的炮火炸得死伤遍地。

▲在齐伯林式飞艇下,德军炮兵的演习

艾米赫这次不再撤退,命令德军用血肉之躯去对付比利时的炮火。德军前仆后继,不顾伤亡地连续攻击,虽然死伤无数,但有些德军终于跑到了比利时炮台的死角处。比利时的炮火覆盖不到他们,他们暂时安全了,继而可以扩展战果夺取比利时炮台。

岂不知,比利时在修建炮台的时候,就预留了对付死角地带的轻重机枪射击孔,这时,无数挺轻重机枪通过射击孔对准德军开火,德军一片片地倒下。德军虽然勇敢,奋不顾身地冲锋,但无异于飞蛾扑火,尸体像小山一样堆在了阵地上。整整一天的战斗,变成了比利时守军对德军的屠杀游戏。

可艾米赫不知悔改,夜间再次命令德军偷袭。只可惜偷袭的德军除了再次充当比利时守军的靶子外,没有获得任何战果。

德军就这样,连续进攻列日三天三夜,损兵无数,却毫无战果。

▲轰开列日要塞的巨炮

德军的巨型攻城利器

德军参谋总长小毛奇见列日要塞久攻不下,命令德军第 2 集团军副参谋长鲁登道夫上校率军增援,并将德军的撒手锏——巨型攻城武器运往列日。

这个巨型攻城武器是一种巨型臼炮,名叫“大贝尔塔”。“大贝尔塔”是一门巨炮,重达几百吨,长几十米,口径有 420 毫米。“大贝尔塔”每颗炮弹的重量达到 1 吨,再坚硬的钢筋混凝土建筑也能穿透,正好使用此巨炮对付列日要塞的炮台。

“大贝尔塔”首先炮击列日要塞最坚固的弗莱龙炮台。一声震天动地的巨响后,“大贝尔塔”的巨型炮弹先是冲上 3000 米高空,然后落下,落在弗莱龙炮台前方。炮弹虽然未打中,但炮弹落下的地面被炸出了一个几十米见方的大坑。“大贝尔塔”的巨大威力,不仅令比利时守军心惊胆战,连德军也咂舌。

> #### 鲁登道夫
>
> 埃里希·冯·鲁登道夫(1865 – 1937),1908 年任陆军总参谋部处长,在总参谋长小毛奇领导下曾对修改施利芬计划起到重要作用。该计划的核心是:不惜破坏比利时的中立立场,从侧翼包抄法国,并一举击溃之。1913 年调任步兵团团长,1914 年“一战”爆发后调往东线任第 8 集团军参谋长,从此成为兴登堡将军的得力副手。他参与的主要战役有:列日之战(1914),坦能堡战役(1914),第一次马祖里湖之战(1914),罗斯之战(1914),戈尔利采·塔尔诺夫之战(1915),第二次索姆河之战(1918),利斯河攻势(1918),埃讷河攻势(1918),等等。德军虽然在对俄作战中取得巨大胜利,但在西线马恩地区却遭到失败,从而表明他参与修订的施利芬计划的破产。

“大贝尔塔”在空中飞艇上的德军观察员的校正后,终于打中了弗莱龙炮台的顶盖。炮弹不负众望,穿透顶盖进入炮台内部爆炸,炮台内的比利时守军被炸得血肉横飞。

德军再接再厉,让其他 3 门“大贝尔塔”继续发射,弗莱龙炮台被炸得粉碎。德军在炮火攻击成功后,冲上弗莱龙炮台,但无法抓到一名俘虏,因为比利时守军无一幸存。

接着“大贝尔塔”又继续摧毁了比利时守军的另外 2 座炮台。

但比利时守军非常顽强,他们利用其余的炮台继续抵抗,就是不投降。鲁登道夫将

▲德军攻破列日要塞

"大贝尔塔"分成 2 组,分别炮击残余的比利时炮台。在巨炮震天的巨响中,比利时各个炮台都被炸得粉碎。

最后只剩下比利时守将李曼据守的隆森炮台了,鲁登道夫再次劝其投降,李曼依然拒绝。于是,4 门"大贝尔塔"齐射,隆森炮台燃起了熊熊大火,引燃了炮台里的弹药库导致爆炸,整个炮台完全被摧毁。德军冲进去的时候,只见遍地是尸体,情景惨不忍睹。只是李曼本人完好无损,只是被炸晕了。

随后,上百万的德军通过比利时来到法国边境,著名的马恩河大战自此拉开了序幕。

右翼德军在 1914 年 8 月 20 日才占领布鲁塞尔,近 5 个集团军的近百万人马,从比利时斜插入法国。8 月 24 日,右翼德军的主力克卢克指挥的第 1 集团军,约 30 万人向巴黎进军。8 月 25 日,德军攻占那慕尔,离巴黎不远了。法军参谋长霞飞急了,赶紧从格林战场调集兵力组成第 6 集团军,由毛老里指挥,星夜行军,赶来阻滞这支右翼德军。

只是德军克卢克集团军进军的速度太快,先头部队在 9 月 2 日已挺进巴黎郊外,距离巴黎只有 24 千米了。顿时,巴黎人心惶惶,法国政府也迁往波尔多。第 6 集团军阻滞德军的计划泡汤了。

德军高歌猛进,露出缺口

克卢克并没有带领德军杀向巴黎,而是向东转,配合比罗指挥的德军第 2 集团军,以

▲施利芬

图将法军第 5 集团军围歼。这时候,法军第 6 集团军已经赶到了巴黎附近。这样一来,德军的侧翼要从巴黎的附近经过,就必须横越法军第 6 集团军的前方。

巴黎卫戍司令加利埃尼将军看清楚了这一战机,开心地说:"他们把侧翼送上门来了!德国人怎么这样蠢!我不敢相信有这样的事,太好了。"他命令毛老里赶紧率法军第 6 集团军进攻德军的右翼,但法军参谋长霞飞没有批准这个建议,而是让法军第 6 集团军后撤。加利埃尼将军又找到英军远征军司令部,希望他们支持攻击德军右翼,但英军对此也不感兴趣。

9 月 3 日晚,克卢克率德军第 1 集团军追赶法军第 5 集团军和其外侧的英国远征军来到了马恩河,法军第 5 集团军和其外侧的英国远征军一片混乱,仓促退却,虽然渡过了马恩河,但没来得及炸毁桥梁。克卢克来

到马恩河附近时，因追击法军第5集团军心切，不顾应与比罗的德军第2集团军相配合的命令，准备第二天凌晨立即渡河。

此时的柏林一片喜悦，上至德皇，下到普通百姓，都认为德军即将彻底消灭法军，德国的胜利即将到来。

这时候，加利埃尼又看到了战机，即克卢克率领的德军第1集团军向冒险挺进，使其殿后的部队成了孤军，成为毛老里的法军第6集团军进攻的目标。

9月4日，加利埃尼让毛老里准备好战斗，然后向法军总参谋长霞飞请示作战命令，但霞飞不知道怎么想的，还是没有同意。

其实霞飞也不是一味的逃跑主义者，他也在计划反攻，为了稳妥，希望再等一天时间，好让增援部队赶到，并让一直撤退的法军第5集团军作好部署，并且争取到英军的配合。而且，霞飞的计划中有一环节是攻占德军的右翼，即克卢克的德军第1集团军冒进的部队。

> **施利芬**
>
> 阿尔弗雷德·冯·施利芬（1833－1913），德国军事家，陆军元帅。曾参加普奥战争和普法战争。1863年起在总参谋部任职。1891－1905年任总参谋长。1911年晋升为陆军元帅。经多年酝酿制定了德国东西两线作战的完整战争计划"施利芬计划"。他是毛奇军事思想的继承者。其作战思想对两次世界大战交战双方均有影响，对德国军事界的影响尤为深远。著有《坎尼战》《统帅》和《现代战争》等军事著作。

但加利埃尼没耐性等了，在9月4日下午，又给霞飞打电话请示攻打德军第1集团军的命令。霞飞终于同意，命令毛老里的第6集团军从马恩河北岸对德军第1集团军发动进攻。当晚10点钟，霞飞下令，法军的其他部队也停止后撤，准备在第二天即9月6日发动全面反攻。

可是霞飞请求英军配合反攻的计划却遭到了英军的拒绝。霞飞不得不亲自去说服英军司令弗伦奇爵士。最终，弗伦奇表示将"竭尽全力"参加法军反攻德军的战斗。

当晚，霞飞在司令部向部队发布命令："我们马上就要参加一个会战，这是关系我们国家命运的一战。撤退的阶段已经结束，现在我们应全力以赴进攻敌人并把他们逐回，部队倘若不能再前进，那就不惜一切代价守住阵地，宁肯战死而绝不后退。在当前情况下，任何示弱的行动都是不能容忍的。"

9月5日，克卢克的第1集团军的右后方侧翼受到了法军第6集团军的反击。克卢克为了对付法军第6集团军，就命令德军第1集团军的第3和第9军去对付法军。本来这两个军是掩护德军第2集团军的右翼的，他们得去对付尖军了，德军第1集团军和第2集团军之间就产生了一个32千米的大缺口。

按说，克卢克作为一个军事指挥者，不会不知道这

▲1914年马恩河战役纪念碑

▲惨烈的"一战"西线战场

个缺口被法军突进后,他将面临全军覆没的危险。克卢克走的是一步险棋,认为能够快速突入这个缺口的英军部队已经撤退。

对于克卢克来说,必须在法军主力支援毛老里的法军第6集团军以及英军突入德军第1集团军和第2集团军之间的缺口之前,将毛老里的法军第6集团军消灭。

巴黎出租车建功马恩河

德军的作战能力的确了得,打得法军第6集团军快顶不住了,法军统帅只得请求巴黎卫戍区司令加利埃尼增援。那时候并没有全机械化部队,要在巴黎迅速驰援毛老里,谈何容易。

加利埃尼不愧是一名精干的法军名将,毛老里"这一要求启发了加利埃尼,他组织了战史上第一支摩托化纵队,即马恩出租汽车队。加利埃尼令巴黎警察征集了大约600辆出租汽车,将1个师的兵力输送到战场,使毛老里最终没被克卢克打垮"。

9月6日凌晨,法军按照计划对德军发起全线反攻。毛老里的法军第6集团军继续与克卢克的德军第1集团军在奥尔奎河上激战;法军第5集团军不再逃跑,掉转头进攻德军第1集团军,并与德军第2集团军的右翼部队交战;法军第4集团军和第9集团军则截住增援的德军第3集团军和第4集团军。这样一来,德军第1、第2集团军就在法国境内陷入孤立。

9月8日,英军统帅弗伦奇看到了德军第1集团军和第2集团军之间的缺口,率领英军的3个军秘密进入德军第1集团军和第2集团军之间的缺口,德国第1集团军与第2集团军就这样被隔开,德军两个集团军面临着被分割包围的危险。

▲反映马恩河战役的油画

9月9日,比罗为了保存实力,带领第2集团军撤退。而一直高歌猛进的克卢克的第1集团军,虽如愿以偿地击败毛老里,但他的那着险棋却成了臭棋,他陷入了更加孤立的境地,不得不向后撤退。

9月11日,德军所有的集团军全部后撤完毕。至此,马恩河会战结束。

比利时小镇伊普尔的化学战

伊普尔是比利时境内弗兰德斯省的一座风景优美的城镇,一年四季,城镇内都鲜花弥漫,香气四溢,然而在第一次世界大战期间的1915年4月22日,伊普尔作为西线战场的一道防线,却被德军施放的氯气所笼罩。这就是震惊世界的伊普尔之雾在这里弥漫,无数联军士兵在不知不觉中命丧黄泉。伊普尔没有因为它的美丽景色而闻名于世,却因为在这里爆发了人类历史上最早的化学战而留名于军事史。从伊普尔化学战开始,生物武器正式登上

▲今日伊普尔

了人类战争的舞台,从此以后,化学武器开始在世界各大战场如幽灵一样游荡,夺去无数人的生命,给世界人民留下阴森可怕的回忆。

绿黄色烟雾

1915年4月22日17点整,比利时小城伊普尔还处在一片宁静之中,突然间,炮声划破天际,炮弹在伊普尔城内以及附近的小村落里落下来了。人们还没有在惊慌中缓过劲来,就发现一股致命的香气开始弥漫在空气中,而且越来越浓。

大家都对这股香味感到很奇怪,却不知道危险已经发生。其实,不仅仅伊普尔的市民不了解这股香味,就连在伊普尔防线驻扎的英法联军,也无法判断这股弥漫在空气中的香味,到底意味着什么。

伊普尔防线北方战壕的英法联军对这股有香味的烟雾观察得很仔细,他们发现,两股如鬼魅般的绿黄色烟雾从炮弹落下的地点慢慢向前飘去,然后逐渐弥漫开来,烟雾越来越淡,铺展的范围却越来越广,然后在飘的过程中合并成为一股烟雾,继续向四周慢慢地飘浮,最后变成一片蓝白色的浓雾。这股蓝白色的烟雾像一片云彩,悬挂在法军阿尔及利亚师和本土防卫师防线的上空。法军的这两个师是来配合英军作战的,英军为体现对法军的信任,将最关键的伊

伊普尔

伊普尔,一座古老的城市,位于比利时境内的西佛兰德省部,其历史十分久远,可以远溯到古罗马帝国时期。在欧洲中世纪时,伊普尔因为交通便利,商业发展,已经成为一个繁荣的商业城市。1241年,伊普尔爆发了一场大火,古老的城市几乎全部燃烧殆尽。此后的一段相当长的时期内,伊普尔的发展走入了低谷,处于各场战争的旋涡中。在第一次世界大战期间,伊普尔因为战略地位重要,成为德法战争的重要战场。这次,伊普尔成为世界上第一次被使用化学武器的地方。

普尔突出部守卫任务交给了法军，法军据守在伊普尔突出部的左方。没有多长时间，那股烟雾就飘到了法国阿尔及利亚师的防线上空。

▲伊普尔毒气战

这时，伊普尔运河桥梁附近的英军后方军官惊愕地发现，一些非洲面孔的士兵跑了过来，一个个表情痛苦，还不断地咳嗽，反复地揉搓喉咙。显然，这些士兵来自法国阿尔及利亚师，他们在逃往空气新鲜的地方，他们似乎是吸了这股古怪的蓝白色雾气，才导致了咳嗽和不舒服的。

紧接着，一马车一马车的法国士兵从他们据守的伊普尔突出部拼命地往后撤退，试图要躲过那股蓝白色的"妖气"。吸进"妖气"的法国士兵都和阿尔及利亚师士兵一样，不停地咳嗽，满脸痛苦，有些士兵已经口吐白沫，不省人事了。

这股蓝白色的"妖气"是毒气，这是德军最新研制的。那些划破天际的炮弹就是毒气弹。毒气弹填充的是氯气，这种气体比空气重1.5倍，一旦这种气体进入人体，人就会窒息而死。

在伊普尔前线，特别是伊普尔突出部，还有很多英法联军士兵吸进去了德军毒气弹释放的氯气，这些联军士兵纷纷倒下，头晕目眩，呼吸紧张，紧接着便口角流血，四肢抽搐起来。

英法联军被毒气折磨后便一溃千里，使得正面防线上的伊普尔突出部的北侧出现了一条宽6千米的缺口，缺口中间到处都是法军的死尸，还有那些被毒气侵袭，尚未死去，正在挣扎着的痛苦的法军士兵。法军的两个师，除去逃出去的小部分外，几乎全部毒死在这里。德军因此毫无妨碍地推进到突出部的北侧，利用德军擅长的渗透战术，不费吹灰之力就将北侧的其他英法联军消灭。突出部的协约国联军只剩下部署在突出部正面和南侧的运河防线的加拿大师和英军的第20师、第27师，这些部队原来都隶属于普默尔担任司令的第5军，现如今分别由奥尔德森、布尔芬和斯诺率军指挥，他们面对强大德军的进攻，只得向上级长官普摩尔报告。普摩尔这时却接到了负责包括伊普尔防线在内的弗兰德斯地区法军和法军、英军、比利时军三军协同作战的总指挥福煦将军的命令，必须固守伊普尔防线。

这3个师的联军没有被批准撤退，只得固守，但面对优势兵力的德军，他们能否据守，也成疑问。甚至于他们3个师的士兵生命，在德军的强大火力面前，都变得十分脆弱和危险。

德军只需再向南推进6千米，就能到达这3个师驻防的运河防线。而且，从德军突破口到运河防线之间的这6千米道路中，只有英法联军的一些小据点，而且这些小据点数量少,相互之间没有人员联系,相隔的距离也很远。换句话说,德军完全可以不费吹灰之力,就可以秋风扫落叶之势,推进到英法联军的3个师面前,将其一举歼灭。

▲中毒的法国士兵

这时,天已经黑了。这个夜晚对于英法联军3个师的士兵来说,无疑是一个难熬的时刻。但是,当联军3个师的士兵抱着必死的决心,准备与德国同归于尽时,他们却发现了戏剧性的一幕。德军在当天夜晚并没有快速攻击这3个师,而是缓慢地推进了2公里,就停下来不再前进了。

或许是德军认为夜晚行军不够安全,在天亮之后,再对3个联军师进攻,也会唾手可得。但是,在天亮之后,德军仍然没有向前推进的意思。一直到5月1日为止,德军只再继续向前推进了一点距离而已。

需要指出的是,4月22日的深夜,就在德军停止了扩大战果的步伐时,据守在6千米内的加拿大军为了填补法军因毒气而失守的这个缺口,在那里疯狂地工作着,他们把火炮拉进阵地,做好了与德军决一死战的准备。尽管上空有氯气的余迹,但加拿大军还是不顾危险,把他们的左侧翼延伸到法国防区,形成了一条防线,虽然这条防线很薄弱。

加拿大军中的一等兵弗雷德里克·费希尔在抵抗德军的短暂进攻时,建立了巨大的功绩。他带了一挺机枪一步步地冲到德国人的跟前,以一己之力阻住德军。或许,德军也因为很多费希尔这样士兵的坚决抵抗,再加上对前方联军的情况不知情,从而不得不暂时从缺口处停下进军的步伐。费希尔也因此获得了英国最高奖赏维多利亚十字勋章。

费里将军事先的预警

这是人类历史上第一次毒气战,但毒气的发明当时却是世人所皆知的事儿。为什么德军实施毒气战使英法比联军损失这么大?难道他们事先没有预防,没有获得德军即将实施毒气战的情报?

实际上,早在3月底的时候,伊普尔突出部的联军就捕获过德军俘虏,这个俘虏在接受审讯时,就已经供出了德军在战壕里储藏了大量毒气的全部细节,而且这名战俘还供出了德军即将要释放毒气的作战方法。

▲战壕里的法国士兵

对待德军俘虏的口供,审讯他的法军军官却没有针对性地采取行动,或许是因为他这批法军即将换防，是不需要对毒气战做针对性的防护工作了。但是奇怪的是，关于德军即将实施毒气战的细节，在伊普尔化学战爆发前的 3 月 30 日，竟然公布在伊普尔防线南边的法军第 10 军团的公告栏上，所有法军士兵都可以看得到这块公告栏。

在德军实施毒气战前 9 天，法军第 11 师接受了一名德军逃兵。这名逃兵为法军带来了关于德军毒气的更加完备的信息。德军逃兵还警告法军说德军在前线战壕内放置了"20 罐装有能令人窒息的毒气的圆筒，而且德军沿着战壕，每隔 40 米就放置一罐毒气，做好了释放毒气的最后准备工作"。而且这名逃兵还交代了德军释放毒气的命令方式，"德军如果要释放毒气，将准备 3 支红色火箭作为预定的信号，然后炮兵一发射火箭，毒气筒就会立即打开。"因为是第一次释放毒气，德军配备了观察风向的气象专家，"确保德军释放毒气时站在上风口，到时候，毒气就会顺着风向飘到法军的战壕——德军为了确保己方士兵不被弥漫在空气中的毒气侵入，还给每位德国士兵都发放了防毒面具。"为了证明自己的说法是真实可靠的，这名德军逃兵还提供一个德军发放的简陋防毒面具。

▲法军阿尔及利亚师士兵

法军费里将军知道后，大吃一惊，他对情报很重视，立即对临近的左侧的法军第 87 师，右侧英军第 28 师，以及加拿大第一师发出了预警，提醒他们立即做好防范毒气战的准备。特别是法军第 1 师和法军的阿尔及利亚师，他们即将与费里将军所辖的师换防，费里将军更是叮嘱万分。而且，费里将军将此情报报告了他的军长巴尔富里耶将军，甚至于费里将军在报告巴尔富里耶将军的同时，还将这个情报报告了来看望巴尔富里耶将军的法军总司令霞飞的联络副官。

在费里将军的预警下，按说英法比联军都会对德军即将发动的毒气战警觉起来，但是费里将军的军长巴尔富里耶将军却不这么认为，他一贯看不起费里将军，认为费里是一个轻信谣言的傻瓜，他根本没有把费里的预警放在心上。而法军总司令霞飞的联络副官却是一个坚持原则的人，他认为费里违背了霞飞总司令定下的原则，跳过法军总司令部，直接向英军发出警告。如果英军因为这次所谓的预警而撤离了前线的兵力，那对法军形成的压力就更大，费里应该承担此次违反纪律的责任，最好给予其撤职处分。为此，他本人给了费里最严厉的警告。至于费里所说的德军释放毒气的情报，他也和巴尔富里耶军长一样，认为是谣言。

费里将军本来在预警之后，还针对性地提出了一个对付德军毒气战的建议，现如今也因此而夭折腹中了。费里将军的建议是，联军用炮轰德军放置在前沿战壕的毒气筒，以期将其彻底毁灭。但是，这样做的后果也很严重，德军毒气筒摧毁后，毒气会释放出

来,随风飘移,也有可能飘到距离德军战壕不
远的英法比联军的阵地,对联军造成伤害。不
过费里认为炮击是最快的办法,最起码比德军
释放毒气对联军士兵的伤害要小一些。

▲ 英军用飞机侦察敌情

费里将军的预警却为他带来了处分,他只
能带着自己的部队灰溜溜地离开,并没有机会
与他换防的普摩尔将军接触。就这样,普摩尔
带着法军第一师和阿尔及利亚师从巴尔富里
耶军长手里接下了突出部北部的防守任务。

普摩尔将军虽然知道费里将军的预警,而
且在4月16日,也就是德军实施毒气战的4天前,接到过比利时军新发出的毒气预警,
但是,普摩尔也不太相信这个情报。普摩尔在与第2军团的联络官闲聊时,随口说起德
军即将要实施毒气战的事情,是带着讽刺的口吻说的。可见普摩尔是不会为德军的毒气
战采取一些必要的预防措施的,他甚至决定没必要将这个预警传达给他的部队官兵。所
以,这些法军遭遇德军的毒气后,只能被动地吸入这些毒气,全身窒息、抽搐而死了。

倒是英军接到费里的预警后,十分重视,而且信誓旦旦地派出了飞机前往德军战壕
的上空侦查。当时英军的飞机上的侦察员并没有发现德军藏在战壕里的毒气筒,而且他
们也没有发现德军不正常举动,认为德军没有释放毒气的迹象。慢慢地,英军对费里的
预警也不再重视了。

但英军还是例行公事地向师长们发布了预防德国发动毒气战的警讯,但这只是个警
讯,英军并没有向这些师长提出任何预防毒气的建议。但是,费里那个炮击德军战壕里
的毒气筒的建议,英国人是采纳的,但英国人也未必敢实施,因为炮击毒气筒,也会造成
己方士兵伤亡,没有哪个司令员敢下这样的命令。

英国人之所以不相信德国人发动毒气战的另一个原因,是英国人不相信正直的德国
人会使用这种惨无人道的武器,这有悖欧洲贵族的道德标准。

就在英国人将毒气预警忘得一干二净时,
在4月17日,德国人发布了一番"舆论攻势",
似乎是在为德国人即将实施的毒气战进行舆
论造势,从德国人公布的《政府公告》上看,德
国人是"恶人先告状",无中生有地指责英国
人:"昨天在伊普尔东方的英军对德军动用了
窒息性的毒气炸弹和炮弹",德国人这么做,
其意思是说,德国人发动毒气战完全是为了报
复英国人的毒气战。换句话说,这场毒气战是
英国人挑起的,谁都知道毒气战是不道德的,

▲战壕里的英军士兵

▲哈伯

德国人如此颠倒黑白地发动舆论战，是为了他们即将发动毒气战占领道德上的制高点。

英国人与德国人打过很多次交道，他们看到德国人的这番舆论攻势，就已经开始怀疑其中的不祥意义了。英军司令部开始研判德国是否要发动进攻。

这时英国人侦查发现，德国人的前沿战壕里的士兵数量不多，不具备发动大规模攻势的条件。如果德国人发动毒气战，却无兵力占领英法比联军的阵地。所以，他们依据这个情况，否定了德国人以毒气战为先导大规模攻击的猜测。

其实英国人的结论是正确的，德国人的确为了消除英法联军的怀疑，在发动攻势之前，故意低调，隐去兵力，以期达到突然袭击的效果。然而正是兵力稀少，德国人虽然利用毒气发动了奇袭性的攻击，却不得不放弃了乘机扩大战果的机会。

德军未能及时扩大战果

德国毒气战中所使用的毒气是科学家哈伯负责开发的。哈伯是一个民族沙文主义者，他疯狂地研制这种惨无人道的武器，甚至妻子以死相逼，他都不改初衷。他将毒气——氯气生产出来后，却找不到装填的设备，德国军方给他提供的毒气装填设备也非常少，不得已，他只能用圆筒装氯气。

圆筒装的氯气有一个缺点，就是无法使用到毒气炸弹上。换句话说，释放圆筒装的氯气只能依赖有利的风向，在上风口释放毒气。而在伊普尔地区，德军的战壕经常处在下风口，所以德军对这种毒气的释放十分谨慎，总害怕毒气刚刚释放，风向一转，对德军自身造成伤害。这种担心，直到可以取代毒气圆筒的毒气弹大规模生产出来后，才在德军中得以装备。

▲工业合成氨法生产的氮肥

德军原本计划，这次毒气战为先导的攻势由德军第15军发起，任务主要是针对伊普尔突出部的南部释放毒气。在3月10日，毒气就运到了第15军的战区，一切都准备就绪后，却因为风向不对，第15军无法立即使用毒气，德军攻势也不得不一而再地拖延。就这样，一直到3月底，德军都没等到适合使用毒气的风向，不得已，德军只好调整毒气战的攻击方向，准备对伊普尔突出部的北面使用毒气。

因为此次攻击方向的调整，德军又重新准

备了一个星期,攻击行动的发起者由第15军调整为第16后备军的两个师,为弥补这两个师兵力的不足,德军再命令第23后备军的一个师作为支援力量,在第16后备军的右方进行攻击。第23后备军的另一个师担任助攻,在毒气战打响后,这个师负责攻击英法比联军占据的斯丁斯屈特。斯丁斯屈特是伊普尔突出部的交通枢纽,战略地位十分重要,法军和比利时军的接壤点也在斯丁斯屈特。

▲德军防毒面具

其实,德军在伊普尔防线的兵员调配情况一直捉襟见肘,此次毒气战,连主攻任务都是由德军的后备力量来执行,而且德军将可用的预备兵力全部动用了,最后一个师,本应该调配给第26后备军,但第23后备军前方的英法比联军阵地正好有一个开阔的缺口,对于德军的攻势来说,是千载难逢的突破地点,可第23后备军兵力不足,而且每个师的任务都非常沉重,所以,德军总指挥只好将这个师调配给第23后备军,希望第23后备军得到补充后,在突破缺口时,不至于力量单薄,将战果尽可能地扩大一点。

所以说,德军此次以毒气战为先导的攻势,最欠缺的是预备兵力,而且没有任何配合毒气战的战术。一种新式武器诞生后,与之相关的战术也要随之改变。譬如坦克在"一战"战场上出现后,关于坦克战的战术就很滞后,直到第二次世界大战才正式形成了有效的坦克战术,从而使得纳粹德军利用"闪电战"战术,开着坦克横扫欧洲大陆。这一次德军第一次使用毒气,自然不会形成相关的战术,而且德军也没有对参与毒气战的全部士兵进行有效的训练。

德军的这次毒气战没有取得更大的战果,还有一个更大的原因,也是更直接的原因,那就是德国部队深知毒气的厉害,害怕被己方使用的毒气所害。虽然德军士兵都配发了防毒面具,但这些防毒面具太过于简陋,德军士兵普遍

哈伯获1918年诺贝尔奖

1918年12月,瑞典皇家科学院把诺贝尔奖授予一个战犯,瑞典皇家科学院宣布,"一战"中德国毒气战的科学负责人德国人弗里茨·哈伯是当年诺贝尔化学奖的获得者。

瑞典皇家科学院认为哈伯获奖当之无愧。理由是科学就是科学,不能因为战争罪行抹杀了哈伯在科学上的贡献。哈伯发明的工业化合成氨法,使促进粮食增收的氮肥不再需要天然获取了。

此时,距离第一次世界大战结束仅一个月,协约国还在处理战后事宜,他们刚刚将这位利用毒气毒害协约国士兵的"恶魔"哈伯列入战犯名单。哈伯听到自己获得诺贝尔奖的时候,他还为了躲避协约国的审判,藏在瑞士的乡下。哈伯很清楚在第一次世界大战中,自己犯下了滔天的罪行。

哈伯获得诺贝尔奖的消息,犹如一颗重磅炸弹,世界科学界都为之震动,科学家们议论纷纷。特别是深受德国毒气战危害的英法两国的科学家,他们认为哈伯是个彻头彻尾的战争魔鬼,他们对瑞典皇家科学院的做法表示不满和愤慨。

不太相信面具的防毒效果。尤其是德军士兵在己方释放毒气，英法比联军溃败之后，冲到英法比联军的阵地时，见到战壕里满是痛苦呻吟的士兵，他们对于毒气的恐惧就更加严重了。德军的战斗积极性也大大降低，他们只是想着完成上级命令，完成规定的任务即可。所以当这些德军冲到伊普尔突出部的协约国联军阵地前6千米时，他们不是立即冲过去消灭他们，而是就地掘壕，寻求保护自己。

另外，德军攻到联军阵地前时，已经是夜晚，当时光线不清楚，德军对于6千米外联军的防守情况也不知情，更不知道在6千米的路程中，负责阻击他们的加拿大士兵的虚实。

第二天，德军依旧采取谨慎的态度，不贸然前进，只是充当炮兵的跟班，小心翼翼地进入到被己方炮弹和毒气肃清的地域，不越雷池一步。

英军也受到重创

这时的福熙将军，作为霞飞的副手，专门负责伊普尔地区的法军并协调英法比三国军队的协同作战。他接到德军使用毒气战的方式突破伊普尔防线的消息后，非常震惊，没来得及了解具体的战况，就立即下令据守伊普尔的法军固守自己的阵地，即运河防线。福熙将军立即回到司令部，谋划通过反攻来收复失地。

▲加拿大军队

福熙不知道此时的法军炮兵已经被歼灭，失去了作战的能力。但幸运的是比利时军队及时击退了德军第23后备军的一个师，使得斯丁斯屈特这个伊普尔突出部的交通枢纽没有被德军占领。可法国军队在缺乏炮兵的情况下，却向英军通报他们将要在午夜时分进行反攻的打算，并且请求英军方面派遣两个加拿大营协助法军的午夜大反攻。英军和加拿大军队接到友军的请求后，立即集结部队。他们按照计划从德国突破伊普尔防线后建立起的防线中穿过，占据了基钦纳林地，只等待法军出现，然后一同进行反击。可是午夜时分过去了，却没见到法军出现的迹象。英军和加拿大军不得不撤退了事。

第二天白天，英军决定再一次小规模反击，将德军从突破口赶走。但是，英军开始攻击时，法军和炮兵没有及时伸出援手，导致英军惨败。

到23日黄昏，在伊普尔和英军后方的阵地上，到处都是德军部队。英军受到重创，只剩下包括12个营加拿大部队在内的21个半营的士兵了。而德军却有42个营的士兵，还有5∶1的炮火优势。

德军又发动毒气战

24 日凌晨 3 点,德军在进攻比利时军队的交接点斯丁斯屈特,结果遭遇到比利时军队的顽强抵抗,德军大败而归。这时,德军单凭步兵是无法穿越运河防线向纵深发展了。德军只得于凌晨 4 点,再次发动猛烈的毒气攻势。这次遭受毒气战的是守卫缺口的加拿大的军队。

面对铺天盖地飘来的毒气,没有配发防毒面具的加拿大军只得利用起手帕、毛巾和子弹袋,再用战壕中能找到的水来浸湿这些东西,然后捂住口鼻以保护自己。如此简陋的防护,对于加拿大军队来说,效果非常差,很多加拿大士兵都中毒了,他们开始窒息,许多人倒下去,脸色十分痛苦,喘不过气来。他们的眼睛、鼻子和喉咙都感到烫痛,好像是被酸性物质烧灼了似的。

▲加拿大士兵的简易防毒面具

虽然加拿大军队拼死抵抗,但无奈毒气太厉害,很多加拿大士兵死在了战壕里。他们都没有放下手中的枪,保持了一名军人的气节。最终,加拿大军队建立起的薄弱防线被德军突破了。

英军的防线也面临德军毒气的袭击,最开始,英军还能坚持下来,但最终,英军因为伤亡过大,被德军突破了一个缺口,渐渐地,这个缺口变宽了。到了下午时分,德军突破了英军的防线。

德军一直向前推进,英军和加拿大军也一直退后集结,准备反击德军。德军穿越圣于连之后,他们发现面临的形势一下子变得危急起来。原来,英军的两个营在加拿大炮兵的炮火掩护下,突然间向德军发起了猛烈的反击,德军被打得猝不及防,伤亡惨重,不得不原路返回,返回圣于连。加拿大炮兵在这次反击中非常及时,他们为了配合英军的行动,连瞄准器都没来得及戴就开始发射炮弹。

德军的这次败退虽然规模小,但对德军的军心打击是很大了,熄灭了他们进一步向纵深推进,扩大战果的企图。

此刻的英法比联军的情况也不好,反击得力的英军指挥官因为不知道战局的整体情况,因为他们与德军在伊普尔防线的道路互相交叉,所以英军经常与德军进行遭遇,发生小规模交火。而英法比联军的各师团旅,其中包括加拿大军、英国正规军、本土防卫军,甚至法军阿尔及利亚旅,这些部队混杂在一起,却无法接收上级的指示,只能拥挤在伊普尔防线。简而言之,英法比联军伊普尔防线乱成一锅粥。而德军却利用其强大的军事优势挤压着这些联军,把伊普尔防线挤压成一条只有 5 千米宽、10 千米长的长舌形地形。联军并没有溃逃,他们虽然挤压在一起,但不忘坚守阵地。只是部队如此集中,更容易被德军炮火袭击。就这样,联军在德军的炮火中,死伤无数,血流成河。

联军只有大规模地撤退,或许是避免伤亡的最好选择。但伊普尔防线对法国人非常重要,法军是不希望联军从伊普尔防线撤退的。

法军的福熙开始许诺,他们已经新成立了两个法国师,这两个法国师很快就会开到伊普尔防线收复失土。为了使联军相信,他们还做了保证,鼓励联军一定要坚守伊普尔防线,等待法军前来增援。

法军的一个新的正规旅的确在25日的早晨从南线调到了伊普尔防线上来,但是,这支法军部队不了解战场情况,来到圣于连附近地区后,在不了解对面德军情况下,盲目攻击,结果遭到驻守在圣于连德军机关枪的大面积扫射,这支法军部队2400人就这样被机关枪射中阵亡。而剩下的法军士兵一下子丧失了战争的勇气,纷纷投降。法军俘虏的人数众多。

▲加拿大军队作战勇敢

当天晚上,坚守伊普尔防线的加拿大军队遭到德国人的进攻,又失去了5000人,他们最后不得不撤退,并最终转为了预备队。这些阵亡的加拿大勇士都是英雄,他们手持步枪,勇敢地对抗德军的毒气侵害。

伊普尔的战事又进行了一个月,这期间德军丢掉了很多扩大战果的机会,只是中规中矩地步步紧逼,而英军面对德军的毒气战也一筹莫展,只能毫无章法地还击。

4月26日,英军将领史密斯·多林率领英军第2军团,再一次对德军发动了反击,但作战没有什么成效,却伤亡惨重,印度拉合尔师与落森伯兰本土旅的4000名士兵就这样白白地牺牲掉了。史密斯·多林这才发现,他们这种消极的打法,是非常徒劳的,而且是无法获得胜利。反击失败后的第二天,也就是27日,史密斯·多林向参谋总长罗伯逊写信,要求上级长官要了解伊普尔防线的真实情况,他在信中说:"为法军收复失地,英军牺牲如此多的士兵,我怀疑这是否值得,除非法军能取得一次大捷,让我们也能看到他们的努力。"同时,他建议联军从伊普尔防线撤退,放手德军占领伊普尔地区,而且他认为联军只需撤退到伊普尔防线附近的平直的防线上即可。但是参谋总长罗伯逊没有同意史密斯·多林的建议,只给了史密斯·多林一通电话,在电话里,罗伯逊不认为伊普尔防线的形势像史密斯·多林信中说得那么糟糕,实际上,史密斯·多林在信中只是保守地描述伊普尔防线的糟糕形势,伊普尔防线真实情况更加糟糕。

史密斯·多林却因为这封信给自己招来了"打击"。罗伯逊给他发了一封"慰问电",在这份没有加密的电报里,罗伯逊一通慰问之后,就下达了命令,让史密斯·多林将伊普尔战区的所有英军的指挥权全部交给普摩尔将军,而且还将史密斯·多林的直属上司弗伦奇的参谋长米尔恩将军派来协助普摩尔。史密斯·多林就这样被夺权了。

史密斯·多林认为这是直属上司弗伦奇的阴谋，因为弗伦奇对他很有看法。在1914年8月，史密斯·多林就在勒卡陶为了救援法军，严重了违背弗伦奇的命令，从而被弗伦奇记恨在心。从那时起，弗伦奇就认为史密斯·多林是一个品行不好的将军，史密斯·多林也不愿意与弗伦奇结交，但两人的关系就一直很紧张。这次，弗伦奇就公开拒绝史密斯·多林在信中的建议。

▲弗伦奇

史密斯·多林也在弗伦奇的阴谋下被剥夺了指挥权，他满肚子委屈，却无处发泄，只好对弗伦奇暗示说，让他辞职，如果是上级的意思，他愿意服从，弗伦奇巴不得史密斯·多林马上辞职，于是告诉史密斯·多林说，是上级让他辞职，而且命令他马上交出伊普尔防线的英军指挥权，立即离开伊普尔地区。

还是执行了多林的撤退计划

史密斯·多林辞职了，但是接过他指挥权的普摩尔得到弗伦奇的第一个命令，竟然是依据史密斯·多林的计划，从伊普尔防线撤军。史密斯·多林已经不在伊普尔防线了，虽然很恼火，他也没有地方去申诉了。

弗伦奇找到法军的司令福熙，通报了英军的撤退计划，福熙对此计划表示了坚决的反对，这次福熙不再提法军部队前来救援伊普尔防线的计划，而是告诉弗伦奇，伊普尔防线现有的兵力就可以反击德军，并且收复失地。为此，福熙告诉弗伦奇，法军即将发动反攻，他拜托弗伦奇："从29日中午开始，率领所有的英军不计任何代价，支援法军破釜沉舟，以全部兵力进行的收回朗许马克地区的攻击行动。"弗伦奇被福熙将军说动了，他同意了福熙将军的建议，同意英军为法军的反攻提供援助。

弗伦奇因为轻信，导致了伊普尔前线出现了"后方闹剧、前方悲剧"的情况，此时弗伦奇每天收到的情报都是德军的进攻计划中自己士兵的伤亡报告，但他苦苦等待的法军反攻行动却迟迟不见踪影。于是，他对法军失望了，决定全体英军即刻撤退。但是福熙又一次找到弗伦奇，还是不停地许诺，保证法军的反攻马上开始，并且恳求弗伦奇不要命令英军撤退。福熙为了达到目的，甚至不惜恭维和讨好弗伦奇。

对福熙的恭维，弗伦奇无法拒接，只好再次相信福熙的话，以英军不停地伤亡的代价，做好支援法军的一切准备，等待福熙口中所说的法军的反攻行动。

弗伦奇和英军部队一直等到了5月1日，也没有等到法军的反攻行动，而英军却为法军苦苦支撑，伤亡不断，最终弗伦奇再也无法忍受，找到福熙，提出他马上要撤退英军，不能再将英军耗在伊普尔防线了。福熙无奈，只得同意了弗伦奇的撤退计划。在弗伦奇

▲被毒气伤到眼睛的英军

的苦苦相逼下，福熙这才承认，他的上级霞飞将军既没有派兵增援伊普尔防线的计划，也没有发动现有法军反攻德军、收复失地的计划，而且霞飞将军还准备将伊普尔地区的法军撤走，调往阿拉斯加地区，用以加强即将发动的新的攻势。而福熙之所以苦求英军坚守伊普尔防线，无非是想用英军的消耗，为法军的撤退提供掩护罢了。

弗伦奇听完福熙的坦白之后，非常气愤，他当即下达了拖延许久的撤退命令，英军于是连夜撤退，但弗伦奇率领英军没有彻底从伊普尔防线撤走，而是撤到了伊普尔附近的新防线上，这条防线距离伊普尔防线只有 6 千米的距离。

弗伦奇的这次撤退行动，虽然解决了英军被挤压在伊普尔防线的长舌形地区而形成的拥挤和混乱的局面，但从军事上看，却是一次失败的撤退行动。英军撤退到这个新防线，比原来的伊普尔突出部防线的地理位置更为不利，更加难以防守德军的进攻。因为新防线的头部在所有方向上都暴露在德军的视野里，而且伊普尔地区的英军控制区却变成了英军的补给和交通咽喉。英军部队既要守住新防线，还要保证伊普尔这片狭窄的"咽喉"的安全，面临的危机十分明显。

英军忍受着德军的炮击，每天都死伤无数，直到德军把储存的炮弹全部打完，这时已经是 5 月的第 4 个星期了。

在这期间，法军在运河西岸进行了军事行动，为了配合法军这个不怎么成功的军事行动，弗伦奇命令英军在伊普尔东面拼命阻挡德军。为了把阻拦法军进攻的德军死死地拦在这里，英军甚至与德军开始了刺刀肉搏战。即使如此，英军也没有阻挡住德军，白白地牺牲了 6 万名士兵的生命。从这以后，弗伦奇还是倔强地将英军留在伊普尔附近的这片土地上与德军鏖战，而且足足待了两年。期间，无数的英军将士在德军的炮火和毒气攻击下，永远地躺在了异国他乡的土地上。

凡尔登决战，残酷的"绞肉机"

　　1916 年德意志帝国决定把进攻重点再次转向西线打败法国，德军统帅部选择法国的凡尔登要塞作为进攻目标，凡尔登一战是典型的阵地战、消耗战，双方伤亡近 100 万人。由于伤亡惨重，凡尔登战场被称为"绞肉机"、"屠场"和"地狱"。此战让法国受到重创，而德军的动脉也被割断了。

法金汉的小算盘

　　马恩河战役受挫之后，施利芬计划也随之流产。德国参谋总长法金汉主持调整了新的作战方针，东线主要是防御，而西线重点则是突击进攻。

　　法金汉认为，法国的贝尔福与凡尔登将是德法决定胜负的地方。

　　凡尔登对德军而言并不陌生，它位于法国东北部，与德国接壤，居住着 1.4 万人，被大规模的堡垒团团围住，地势险要。法军的凡尔登要塞靠山而造，周围环绕着严谨精密的炮台，防御工事极其坚固复杂。它居高

▲ 法金汉

临下，对进入法国北部的德军侧翼形成极其严重的威胁，素有"法国东方门户"、"巴黎钥匙"之称。

　　凡尔登是通向巴黎西北入口的大门，如果能攻破这里，进入巴黎也就畅通无阻了。论如何，凡尔登都有着非同一般的重要性，德军必须不惜代价尽快拿下！

　　为了首先保证占据压倒性优势，法金汉收集了所有散落在俄国、巴尔干半岛以及工厂里的大炮，将其整整齐齐摆放到凡尔登战场周围，仅 12 千米长的战线上紧紧排列着千余门大炮，严阵以待。在人员上，德军先锋部队有 10 个师共 27 万人，比法国守军的两倍还多。法金汉对这样的实力对比感到满意，给即将发生的这次战役取了个"处决地"的行动代号。

　　1916 年 2 月 21 日，德军的炮声拉开了大战的序幕，沿着 10 千米长的战线，隐蔽在部队后方的德国炮群伴随着闪光耀目的信号弹一起

凡尔登

　　凡尔登是法国东北部洛林大区的一座小城市。该城多次参与了欧洲历史的演进，是欧洲要塞，有巴黎钥匙之称。843 年，查理曼大帝的三个孙子在此签订《凡尔登条约》，将加洛林帝国一分为三，形成西法兰克王国、中王国、东法兰克王国三国，成为后来法国、意大利、德国的雏形。1916 年发生于此的著名的凡尔登战役，是决定性战役，也是第一次世界大战的转折点，德意志帝国从此逐步走向最后的失败。

▲躲在战壕中的士兵

▲凡尔登战役纪念邮票

轰响。这种高速度的炮弹以每小时十万发的密集程度展开轰炸,将凡尔登防御阵地轰成一片火海,法军的前沿战壕全部炸平。

一次接一次的炮火攻击,使得凡尔登周边狭小的三角地带被完全摧毁,森林也陷入了一片火海,高耸的山头在炮弹的威力下遭到破坏,隐藏在高地后面的法军无处可逃,赤裸裸地暴露在德军炮火下。

侥幸逃生的法军突然听见一阵喊杀声,只见浩浩荡荡的六个德军步兵师正挥刀向法军防线砍来。这些来自阿尔及利亚的法国轻步兵,习惯了炎热殖民地的生活,天气的严寒让他们饱受折磨,而今强敌压境,眼看凡尔登就要失守,这些坚强的战士们咬紧了已经被冻得麻木的双唇,与德军展开殊死搏斗!他们面对德国强大的攻势丝毫没有畏惧,斗志高昂,在已成灰烬的战场上与敌人徒手近身搏斗。尽管德军一次次冲锋上来,但都被他们用手中的刺刀、身躯给挡了回去。

两天激战已过,寡不敌众的法军凡尔登前线防御阵地完全被德军控制。第二天,德军以锐不可当之势突破了法军主要防线,一举俘获一万名法国俘虏,缴获大炮、机枪无数,德军所到之处全被碾平。

巨大的"绞肉机"

法国元帅贝当心急如焚地来到还没被全部攻占的凡尔登,察看被摧残得所剩无几的防御系统。看到前沿阵地腥风阵阵,暗色血液流在脚下,贝当心头一阵发紧,情况比他想象的还要危急,凡尔登正面临着被全线包围的危险。

▲贝当将军

贝当面对为数不多瑟瑟发抖的士兵,沉默地在地上划出一条督战线,然后威严地下了死令:出了这条线,就不允许回来,如果有敢退阵的人,一律处死!贝当立刻召开了军事会议,找出保证援军到达和补充供给的通畅路线。

仅仅过了两天,一条被法国人称为"圣路"的公路,源源不断地通过了 6000 辆汽车，19 万援军火速运来，2 万多吨物资堆积如山，这次补充行动完成得相当迅速和出色。于是战场上法军的士气大涨，军力恢复，如此迅速的支援让德军大吃一惊。

▲凡尔登战场上的士兵

3月5日，大规模的战斗全面展开。德军炮火依旧凶猛，吞吐着令人胆寒的火焰，德国步兵在此掩护下，形成 30 千米战线，一举向法军发起冲锋。

法国这边的大炮也发出了复仇的怒吼！炮声隆隆，无数炮弹遮天蔽日地射到德军阵地，法军阵地用各种炮火阻击德国步兵的攻势！

这一次冲锋，德军死伤严重，肉身毕竟抵不过子弹，盲目冲锋只会带来更加惨重的后果。法金汉改变了作战策略，不再要求全面进攻，而是把兵力聚集到一侧，进行侧翼突击。这次稳扎稳打的进攻使得德军冲上了沃堡垒，但密集的法军使得他们仅仅推进了不到两千米。

4月天气回暖，气候潮湿，此时德军已经和法军战斗了 70 个昼夜。法军防线没有被突破，德军攻势也没有削减，这样惨烈的拼杀一直持续到了 7 月，残酷的拉锯战使得双方都承受着恐怖的生命损失的代价，每天密集的高爆炮弹炸开的时候，不仅大地颤动，人体碎肢和被炸坏的武器以及石块也被抛到空中。

爆炸带来的热浪甚至融化了底层积雪，许多被安置在此的伤病员因此被淹死。惨不忍睹的景象无法用文字来描述，到处是双眼失明或者断手断脚、血肉模糊的士兵，他们四处摸索，却找不到一处安全的地方。

凡尔登战役犹如一架巨大的绞肉机，把士兵成群结队地塞进去，最后连骨头都呈碎渣状被抛掷在战场上！

如果就此继续拉锯下去，只会导致无休无止的牺牲和伤亡，此时，形势的扭转是一枚歪打正着的炮弹造成的。

原来，德军隐藏了大量弹药在荒无人烟、幽深僻静、树木葱葱的斯潘库尔森林里，这个秘密兵工厂装载着四十五万颗大口径炮弹。

这部分弹药被德军当作有备无患的最后武器，也是他们敢于一直开展高火力枪炮战的底气。法国一个炮手发射时不小心瞄准出现偏差，将炮弹射向了这个弹药库，而德军也不小心

贝当

亨利·菲利浦·贝当（1856—1951），法国元帅、维希法国元首，一生经历颇为坎坷，集民族英雄与国家叛徒于一身。1878 年毕业于圣西尔军校，"一战"期间因领导凡尔登保卫战而出名，成为当时的英雄。法军在索姆河惨败后，他在最黑暗的时候重振了法军的士气。法国二战战败后，贝当出任维希政府总理，1940 年 6 月 22 日与德国签订了《贡比涅森林停战协定》。1940 年 7 月至 1944 年 8 月任维希政府元首，成为纳粹德国的傀儡。1945 年 4 月被捕，同年 8 月因叛国罪被最高法院判处死刑，后改判终身监禁。

▲凡尔登"绞肉机"

在弹药库里留了个引信。于是轰的一声，火光冲天而起，这次爆炸比任何一次都猛烈，两军士兵都惊慌万分。地动山摇、草飞木拔的景象使所有人感觉恍若末日。

确实有一个人感觉末日到了，那就是德军统帅法金汉。他知道那不是天灾，那是他赖以进攻的弹药库爆炸了。

从此因为缺乏炮弹，德军的许多大口径大炮只能被废置，德军很快就被法国炮兵摧毁，实力一下减了大半。

5月1日，力挽狂澜的贝当离开凡尔登前往中央集团军群指挥，接替他的是意志坚决的罗贝尔将军，这位将军也是个只进不退的家伙。"让他们无法通过！"这句口号响彻法军阵营，每当开战时便有成千上万的法国士兵怒吼这句话。

10月24日，法国看准德军难以两头兼顾，动用17万士兵，700多尊大炮以及150架飞机，进行了开战以来第一次大规模的正面反攻，杜奥蒙炮台再度回到了法军手中。从此刻开始，德军被一步步打了回去。

这次战役，法军伤亡人数达55万人以上，德军也受到了几乎跟法国一样的重创。法金汉的战术不仅流光了法国人的血，也把德国的动脉给割断了。这位瞬间苍老数年的主帅颤颤巍巍，没做任何辩解，回国之后立即辞职。尽管他的职位有人接替，但是此时的德意志帝国已失去了强劲的进攻势头。

凡尔登战役使得德国从兴盛走向衰败，因为伤亡人数惨重，战况惨不忍睹，此次战役被后人称为"绞肉机"、"屠宰场"、"地狱"和"死地"。

▲凡尔登战役纪念馆

▲"一战"的士兵在行进中

索姆河战役与阿拉斯攻势

索姆河战役是"一战"中双方伤亡都十分惨重的堑壕战。双方所投入的兵力、兵器，都是本次大战中最多的。在此战中协约国在西南战线的胜利，使得战局的主导权逐渐从德国移向协约国。值得一提的是，此战中坦克首次登场，显示了其巨大的威力。

霞飞与黑格计划

有人说，法国的凡尔登是被索姆河战役拯救的。这种说法是有一定的道理。因为在凡尔登城下的浴血厮杀进入白热化之时，巴黎西北的索姆河两岸又燃起战火，英法军队向德军发动了大规模进攻，这就是持续4个月之久、惨烈程度甚于凡尔登决战的索姆河战役。

在索姆河发动大规模的攻势，是协约国集团预定的1916年战略进攻计划的一部分。

1915年12月，法军总司令约瑟夫·霞飞和英军总司令道格拉斯·黑格在巴黎北面的小镇尚蒂伊会面，双方决定在索姆河地区发起战役。

打开法国地图，人们便会看到，索姆河位于巴黎北方，河水由东向西流经阿曼斯、阿布维尔等城市，最后注入英吉利海峡，全长241千米。从形状上看，连绵蜿蜒的索姆河就像一张大弓，连同康布雷、凡尔登等军事重镇一起，构成了守卫法国北大门的一道防御屏障。

到1916年2月初，计划已初步拟就。约瑟夫·霞飞与道格拉斯·黑格商定，由法国的3个集团军和英国的2个集团军在索姆河两岸实施大规模的战略进攻，其目标是彻底突破德军的防线，取得在西线的决定性胜利。

道格拉斯·黑格

道格拉斯·黑格(1861－1928)生于苏格兰爱丁堡，1884年进入桑赫斯特皇家军事学院。1905年，晋升为少将，1909－1912年，担任印度军队的总参谋长，于1910年晋升中将。"一战"中参加过的战役主要有：蒙斯之战(1914)、马恩河战役(1914)；"奔向大海"之战(1914)；新夏佩勒之战(1915)；洛斯之战(1915)；索姆河之战(1916)；帕斯尚代尔之战(1917)；索姆河和利斯河攻势(1918)；亚眠之战(1918)；斐迪南·福煦的最后攻势(1918)等等。道格拉斯·黑格所取得的成就主要是成功地在大型的陆上战役中组织、训练和供应了一支上百万的军队。但他也是"一战"中最受争议的将领，因为他的作战几乎总是伴随着双方的大量人员伤亡。道格拉斯·黑格甚至因此获得了"屠夫"的外号。

▲奔赴索姆河战场的英国士兵

▲ 道格拉斯·黑格

但约瑟夫·霞飞和道格拉斯·黑格没有料到,德军也有突破法英防线的企图,而且动作更快,所不同的是德军将突破点选在了凡尔登,这就是上节所述的凡尔登战役。

德军突如其来的进攻,打乱了英法军队的部署,惨重的伤亡和德军一天比一天强烈的进攻,使法军疲于奔命,根本无法进行索姆河战役的准备。

1916年5月26日,约瑟夫·霞飞再次约见道格拉斯·黑格,要求英军承担索姆河战役的主攻任务。

他们最终确定的进攻阵容是:英军方面第3、第4集团军,共25个步兵师,法军方面第6集团军共14个步兵师。

战役的主要突击力量也由法军改为英军第4集团军担任,英军第4集团军所辖的5个兵团成一线展开,主要任务是突破德军在索姆河以北的德军第4、第6集团军的防御,预备队由英军的2个步兵师和3个骑兵师组成。这样,在将要发起的索姆河战役中唱主角的将是英国远征军及其所属的加拿大远征军。

英法协约国方面之所以没有放弃索姆河战役作战计划,一方面是想通过这次战役打破西线的僵局,更主要的是,德军在凡尔登方向的进攻给法军造成了相当大的压力,法国已在凡尔登倾注了几乎全部的力量。因此,他们英法联军必须在其他方向打出去,以进攻来牵制德军,才能减轻凡尔登方面的压力,转危为安。

但是,把反攻的地点选在索姆河,如同德国的法金汉把凡尔登选为突破点一样,都没有充分估计到敌方防御的强度,最终使索姆河战役也变成了一场无法达到预期目的、空前规模的消耗战。

德军的防御战线

德军布置在索姆河防线最前沿的是第2集团军。

自西线凡尔登决战陷入堑壕战僵局以来,在这里没有爆发过大规模的战斗,因此德军有充裕的时间加强防御,精心选择地形,构筑了一整套比较完整的防御体系。

德军构筑了深达12米的地下坑道网,其地下工事的出入口都隐蔽在村庄和附近的树林中,难以被英法联军发现。另外德军的阵地修筑在山坡上,对英法军队的行动一览无余。

但在德军防御阵地对面,英法军队秘密进行了5个多月的准备。他们的阵地虽然也非常坚固,但与德军相比,阵地地形不利,尤其不利于进攻。

英法军队为保证战役的胜利,以及在突破地带对德军形成绝对优势,部署步兵超过德军3.6倍,炮兵为1.7倍,航空兵将近2倍。在进攻开始前半个月,英法军队进攻的准备就已就绪,任务按3个阶段作了严格划分,规定了协同行动的严格体系。

约瑟夫·霞飞在检查了战役准备工作后,认为凭借这样的兵力和兵器,英法军一定能一举突破德军的防御阵地,顺利完成整个战役任务。

协约国进行的战役准备,没有逃过德国人的眼睛。德军甚至准确预测了英法军队进攻的日子,并迅速做好了应战的准备。但是,德国人低估了英法联军实施大规模进攻的实力。

1916年6月24日,索姆河两岸惊天动地的炮声打破了清晨的宁静,英法联军隐蔽的炮兵群对德军阵地开始了战争以来最大规模的炮击。

空前猛烈的炮火使德军阵地顿时陷入一片硝烟火海之中,地动山摇,不时有德军的掩体和障碍物被炸飞。在德军阵地上空,英法联军的侦查飞机不停地盘旋,给地面炮兵指示目标,纠正弹着点,同时不时地向德军阵地扔下炸弹,接着又俯冲扫射。

▲索姆河战役

德军表面阵地上早已空无一人,因为在这样猛烈的炮击下,没有人能够幸免,即使没有被密如雨织的炮弹直接炸死,也早已被此起彼伏的剧烈爆炸震死。炮击持续了整整一周。在这期间,英法联军还向德军阵地不定期地发射化学炮弹。在6天的炮击里,英法联军共发射了炮弹150万发。有人形容,这是"钢铁熔炉中的7天7夜"。

6月30日夜晚,炮击到了最后阶段,也达到了最高潮,准备投入进攻的英法士兵都爬出堑壕,观看着战争史上的奇景,德军阵地上炮弹爆炸的闪光,与夜空中的星星连成一体。炮击早已把德军阵地上的铁丝网炸得七零八落,大部分掩体已不复存在,堑壕和阵地的交通壕被夷为平地,德军第2集团军的观察和通信系统被摧毁,许多炮兵失去了战斗力。

后来法金汉承认,在德集团军地带内"前面的障碍物全部消失,大部分掩体被夷为平地,只有极少数特别牢固的防御工事经受住了猛烈的炮击"。

7月1日早晨7时30分,英军的阵地上突然响起了刺耳的军号声,担任主攻的10万名英军士兵爬出战壕,一个个平端步枪,开始向德军阵地前进。

英军大部分都是新兵,他们刚刚从国内调到前线,第一次参战,毫无经验,而且训练和装备都不足。但他们却很天真乐观,以为只要他们爬出堑壕向前进攻,就可以一口气冲到柏林了。

在步兵开始发起冲击的同时,英法联军的炮兵又开始了最猛烈的炮火掩护,德军阵地立刻又被弹雨所覆盖。

开阔地上,一望无际的黑压压的英军纵队迈着整齐的步伐,缓慢地向前推进,像一只硕大无比的碾盘,携带着死亡的气息,向德军压过去。

德军已从潜望镜中发现英法联军的动向,士兵们全都蹲在坑道口,准备冲上表面阵地。德军士兵早已钻入深深的地下工事,安全地躲避着倾泻而下的炮弹。担负侦察和监视的德军则利用潜望镜在工事里观察英法联军的动向。原来,英法联军并未对德军造成太大损失,英法联军的炮火一停止,德军就立即从地下工事中倾巢而出,他们把沉重的机枪全都搬上了阵地,迅速挖好掩体,把黑洞洞的枪口指向阵地前的开阔地带,居高临下地准备射击。

▲索姆河战役的战壕战

值得一提的是,在双方战壕里,有许多后来名扬四海的著名人物。在英法联军的战壕里,有蒙哥马利少校,他在以后的第二次世界大战中成为名震四海的元帅。在德国的堑壕里,有一位名叫希特勒的下士,这位下士声称,在即将开始的地面战斗中,"我毫不羞愧地承认,我被热情所陶醉,我承认我跪了下来,衷心地感谢上帝,使我能活到这时候"。

战场上的紧张空气令人窒息,满目疮痍的德军阵地上一片寂静。

英军的士兵越来越近了。他们在军官率领下,分几个波次前进,每个波次的士兵几乎都是肩并肩排成整齐的队列,斜举着步枪,步履缓慢地向德军阵地推进。

按照约瑟夫·霞飞和道格拉斯·黑格的推断,德军在大炮的连续轰击下,应该是伤亡惨重,已无还手之力了。

当英国人接近德军正面堑壕时,德军的炮火齐射,密集的子弹像一把锋利的大镰刀,顷刻间就把英军"像割麦子一样成群地扫倒",紧接着,德军的炮弹也落到了英国人的头上。

面对不断传来的部队大量伤亡的报告,英军总司令道格拉斯·黑格在指挥部里叫了起来:"这不可能!"这是因为,从表面上看,德军的地面工事已被摧平,各个山头的表面部分已是一片焦土,怎么可能还有如此巨大的反击力量? 他恼羞成怒,向主攻部队下达命令:"继续进攻,一定要拿下德国的阵地!"

英军的炮击重新开始,德军又溜进了坑道。英军的炮火一停止,德军又重新钻了出来,架起机枪,猛烈扫射。

因英军士兵负荷过重,行动不便,简直成了德军练习射击的标靶。英国军官如同输急了眼的赌徒,不断地督促着士兵冲击,倒下一排,又扑上去一排,再倒下,再扑上。

经过这不断的厮杀,在索姆河以北主要方向,英军第4集团军的两个兵团占领了德军防御前沿阵地,但其余3个兵团和第3集团军的第7兵团的攻击都被德军击退。

在索姆河以南的方向,法军取得了一些进展。法军异常猛烈的炮火压倒了德军,步兵趁机发动迅速突然的进攻,在德国士兵还没有从掩蔽部爬出来之前,法国士兵就到达德军阵地前沿,打得德军节节败退。仅两个小时战斗,法军第2兵团就占领了德军阵地及支撑点。

第一天的战斗,就在这种反复冲杀中结束了。仅仅一天时间,英军就有6万人阵亡、受伤、被俘或失踪。在以往的作战历史上,英军从没有在一天之内有这样惊人的损失。这是英军战争史上最糟糕的一天。

夜幕降临了,索姆河两岸沉寂下来。

7月2日,又一场惨烈的搏杀开始了。成千上万的英军士兵又用他们的血肉之躯,一次又一次地扑向密集的枪弹。德国人挥动着用枪炮铸成的"巨镰",如割草般地宰割着英国人。

面对英军的疯狂进攻,德军阵地几次发生危机,但很快又稳定下来。他们利用有利地形,在深达10余米的堑壕和四通八达的地下通道中,不断地补充兵员,运送弹药,一次又一次地打退了英军的进攻。

太阳再一次落山了,英军不得不又扔下数万具尸体,撤出了战斗。

法军方面的进展情况稍好些,法军第6集团军进攻的方向,恰好是德军防御的薄弱地段,德军在战前没有预料到法军会在此处进攻,因此防御力量薄弱,只有德军第17兵团在守卫。

7月3日,法军经猛烈的突击,一举突破了德军第17兵团的防御阵地,德军遭受到严重伤亡。不久后,德军重新纠集力量组织了多次反攻,但在法军强大的火力面前,不仅没能夺回阵地,反而伤亡更加惨重,无力再战。德军统帅部为避免第17兵团全军覆没,急忙调第2集团军的预备队接替防御,将第17兵团撤回阵地休整补充。

可是德军第17兵团后撤过于匆忙,使德军预备队来不及迅速补充撤下来的防御阵地,导致一些阵地和支撑点无人防守,德军的防御出现缺口和许多间隙地,给法军以可乘之机。

7月4日,法军第35兵团先遣分队发现这一情况后立即行动,未经交战就占领了无人防守的巴尔勒。这时,另外一些部队也准备向索姆河前进,企图乘机扩大战果。

然而,法军第6集团军司令法约尔认为,根据法国北方集团军群司令斐迪南·福煦的"逐步行动"理论,要夺取新阵地,必须使已占领地区得到巩固才行,结果,法军按照这一僵硬教条,将准备出击的部队撤了下来,重新准备,从而耽误了整整2天2夜。

▲索姆河战役的战场

就在法军按照"逐步行动"理论进行进攻准备时,德军第2集团军发现了自己的严重漏洞,他们急忙从统帅部调来了5个精锐师,填补了一切空隙,重新组织了防御体系,即时堵住了缺口。法军丧失了这次战机,给自己的整个战局带来了不利影响。

▲索姆河战役场面

7月5日,准备就绪的法军重新开始进攻。但此时德军在缺口处投入的5个精锐师已准备就绪,法军的进攻遇到了前所未有的激烈抵抗,法军伤亡惨重,进攻一次次受挫,无法完成预定的任务。而英军第4集团军作为主攻力量连续地攻击,也损失巨大,不得已暂时停止了进攻。

此时,德军统帅意识到英法军队在索姆河的攻击规模是空前的,其目的和企图绝不仅仅是牵制凡尔登方向的德军,如果掉以轻心,知道可能会造成整个战线的崩溃。于是,德军迅速抽调兵力,加强第2集团军的力量。为此,将预备队第14兵团、第6兵团和第9兵团调到前线,这样,德国的步兵师由8个增加到21个,还有27个重炮连,15个轻炮连和30架飞机。

7月9日,英法军队又恢复了进攻。由于德军的兵力大大加强,因此虽然英法士兵冒死冲锋,进展依然缓慢,双方很快就进入胶着状态。更严重的是,英法军队在战斗指挥上极不协调,双方步调不一,未能协调一致地行动,从而影响了战斗进程。

到7月中旬,英军仅前进3千米至4千米。法军推进了6千米至7千米。

互有损失的"消耗战"

经过近半个月的战斗,无情的事实证明,英法军队想迅速突破德军防线是不可能的,他们原先的设想在德军顽强的防御面前失败了。

7月13日,法英两国统帅约瑟夫·霞飞和道格拉斯·黑格会面,交换战场情况,总结第一阶段战事。

▲索姆河战役中开往前线的英军

"这是一场消耗战。"道格拉斯·黑格有些懊恼,"我们的突袭未能成功,敌我双方陷入了胶着状态,每天都在交替着阵地,每天都有大量的伤亡,我搞不清为什么会弄成这样!既然已事态演变成这样,我们索性就同德国人拼消耗。我们的目的就是要打一场大规模的消耗战,看德国人能拿出多少兵员、弹药来同我们较量!"在这些人的心目中,一名步兵已经不再是一个血肉之躯,而只不过是一个数字而已。

就这样，一场耗时近两个月，双方伤亡都非常惨重的拉锯战，在索姆河地区展开了。每天都有数以万计的士兵倒在血泊之中。

这次战役成了英国历史上最无益的战斗，其流血的程度与凡尔登战役不相上下。受凡尔登和索姆河双重消耗的影响，英法联军士兵的数量正在日益减少。

面对着与日俱增的死亡，"为德国而战"或"为法国英国而战"之类的口号渐渐失去了蛊惑人心的作用，士兵中开始出现逃亡。向对方缴械投降的事层出不穷。

就战略上看，英法联军似乎不在乎这种消耗，因为他们有雄厚的人力和物力资源。而德国人却不同，他们不但要同英国人和法国人作战，还要对付东边那令人讨厌的俄国人，双线作战使德国人捉襟见肘。

▲ 阿里斯蒂德·白里安

但是在战役开始之前，德军总参谋长法金汉还是给部队下达了这样一道命令："一寸土地也不能丢失。如果失去一寸土地，那么即使剩下最后一个人，也要马上反击，夺回失地！"

法金汉的这道命令，正中英法的下怀。对于德国人而言，寸土必争所付出的代价实在太大了。尤其是反攻，那几乎是用士兵的尸体铺就的一条死亡之路。

7月14日，英法联军按照同敌人拼消耗的既定方针，发起了第二次进攻高潮。当天晚上，英军将领劳林生指挥部队夺取了索姆河北岸的一个代号为"VS"的战略高地。如果英军以此为契机，迅速扩大战果，则有可能突破德军的防线。但道格拉斯·黑格没有这样做。他明确指令劳林生：我们的目的是消耗敌军有生力量，让他们重新上来吧。

"VS"高地失守的消息传来时，德军指挥部里一片惊慌。因为这个高地犹如咽喉上的卡口，对外可以阻止敌军的进袭，对内则是与大后方联系的通道，其战略地位十分重要。如果英国人以高地为依托，扩大战果，那么德军的处境将十分不利。

但令德国人奇怪的是，英国人在占领了高地之后，因为格拉斯·黑格的指令，竟在近10个小时内毫无动作。这使德国人既百思不得其解，又喜出望外。他们利用这一喘息之机，重整旗鼓，然后向英军发动了反击。

整个8月，英法联军采取了分散兵力、全面出击的战术，希望最大限度地消耗德军兵力，达到局部改善战争态势、扩大突破口的目的。德军则采取集群战术针锋相对，以弹坑和掩体作依托，用机枪对付英法联军的散兵队形，结果使英法联军遭到巨大损失。

截至8月底，英法联军在两个多月的进攻中，伤亡近30万人，德军也伤亡20万人。

为守住索姆河防线，德军消耗了约600列车弹药。还不得不放弃在凡尔登的进攻，将索姆河方向的德军增加到40个师。时间是德国人最大的敌人，战争拖得越久，对德国人就越不利。消耗战德国人用士兵的身躯去填塞战争的无底洞。

1916 年 8 月 27 日,罗马尼亚对德奥宣战,德国又多了一个敌人。当这个消息传来时,德皇威廉二世惊慌失措。他恼羞成怒,下令撤销法金汉参谋总长的职务。因为正是法金汉信誓旦旦地向威廉二世保证,罗马尼亚近期内是不会参加对德战争的。

阿里斯蒂德·白里安

阿里斯蒂德·白里安(1862 - 1932),法国政治家,外交家。1901 年与人创建法国社会党。1902 年当选为众议员。1906 年任国民教育、宗教部部长,并与 A 米勒兰等人另组独立社会党。1909 年继克列蒙梭后出任内阁总理,1910 年严厉镇压铁路工人罢工。他先后组阁 11 次,出任部长 15 次,支持法国参加"一战",曾主张战时内阁。战后长期主管外交部,多次代表法国出席重要国际会议。1925 年签订《洛迦诺公约》,采取对德友好方针。1926 年获诺贝尔和平奖。1928 年与美国国务卿凯洛格联合发起签订非战公约,主张不用战争解决国际争端。1929 年起,数次发表备忘录,倡导欧洲联合,呼吁成立"欧洲合众国"。

法金汉原是消耗战的鼓吹者,现在成了自己战略的牺牲品。由近期在东线出尽风头的保罗·冯·兴登堡和鲁登道夫两人接管了德军的指挥权。

兴登堡和鲁登道夫上任伊始,便前往索姆河地区视察战况,很快便发现军中士气低落这一令人担忧。除了战况激烈造成重大伤亡所带来的恐惧外,英法掌握着战争制空权也令德军士兵终日惶惶不安。

兴登堡这位新上任的德意志帝国参谋总长无可奈何地哀叹:"我们上了道格拉斯·黑格的当了,消耗战使我们很难恢复士气!"

德国人的对手英国和法国,也吃尽了消耗战的苦头。

英国新任首相劳合·乔治认为,这样大量的流血牺牲实在不能再继续下去了。他说:"把用在索姆河的火炮和弹药的 1/3,改用在另外一条河(聂伯河)岸上,就可能已经替俄国赢得一次伟大胜利,这样俄国十月革命不至于在战争结束之前爆发了。"

尽管对消耗战强烈不满,这位新上任的首相却对将军们无可奈何。此时英国的参谋总长,同样是西线派的代表人物站出来了,他的想法与道格拉斯·黑格的想法完全一致。他们的战略就是集中一切力量突破德国的战壕,只要在法国此地把德军击败,战争就可以胜利结束,他坚决反对一切分散英国人力和物力资源的任何企图。

在法国国内,问题同样严重。当法国人的鲜血洒在凡尔登和索姆河之时,一位议员在议会上提出了自己的疑问:"法国遭受的痛苦是否已经够了,是否已经到了和谈的时候?"法国总理白里安果断拒绝了。

9 月初,英法认为他们的消耗战已达到了目的,于是双方达成了关于联合攻击的计划。法军按计划加强了右翼力量,扩大了左翼战线。这样一来,索姆河战役的规模日益扩大了。

9 月 3 日,英法联军的 1900 余门火炮又开始向德军猛烈轰击,一场新的攻击又开始了。

还未等炮击的硝烟散尽,德军阵地的天空中就传来了机群的轰鸣声,英法联军派出了强大的空中力量支援进攻,这些飞机不断地向德军阵地轰炸、扫射,企图摧毁在炮火攻击中存下来的德军工事和炮兵阵地。与此同时,英法联军的 4 个集团军、法军 26 个师、英军 32 个师的兵力从所有战线上实施了大规模联合攻击,其主要突击方向集中在右翼英军第 4 集团军攻击的地带内。

▲索姆河战役中的坦克

战斗异常激烈。德军阵地上,堑壕线和带刺铁丝网都被摧毁,地面上炮弹坑密密麻麻,死尸遍地,恶臭冲天。双方围绕着一些要害地点反复争夺,许多阵地都相互易手多次。英法联军每前进一步,都要付出极大代价。尽管如此,英法联军仍以每昼夜推进 150 米至 200 米的速度,渐渐地深入到了德军防御纵深 2 千米到 4 千米,个别地段甚至更深。

就在这关键时刻,天公不作美,一连多日下起了暴雨,加上大雾,使英法的炮兵无法得到航空侦察的帮助,泥泞的道路也使重炮无法向前转移。

在此情况下,英法军队打算以一种新式武器来加快战役的进程。

9 月 15 日清晨,在索姆河畔的费莱尔 - 库尔杰莱提战场上,大雾笼罩,硝烟弥漫,德军的士兵们正静静地躲在堑壕里,等待着英法军队发动新的进攻。英法联军猛烈的炮火轰炸过后,德军士兵麻木地爬出掩蔽部,把各种枪支搬上了阵地,准备迎击即将进攻的步兵冲锋。

7 时 30 分,远方地平线上突然出现了十几个运动着的黑点,这些黑点绝不是德军早已熟悉的散兵线。它们渐渐接近了,德军士兵们依稀听到了一种奇怪的轰鸣声,其间还隐约夹杂着钢铁的撞击声。

不久,德军士兵看清了,那是一个黑色的"钢铁怪物",奇怪的轰鸣声和钢铁的撞击声越来越大,大地也在不断地颤动。

望着这些从未见过的"钢铁怪物",德军士兵们被吓呆了,在慌乱中,他们操起机枪和步枪,向这些怪物猛烈射击,但是机枪子弹不是被弹回来,就是从这些怪物身上滑落下去,"钢铁怪物"似乎毫不在意地继续隆隆怒吼着向前开进,履带铿锵作响,它们在泥泞的弹坑间如履平地般驶过,压倒了曾阻挡过无数步兵的铁丝网,越过了堑壕,将德军的工事碾压得支离破碎。

与此同时,这些怪物用机枪和火炮猛烈射击,像秋风扫落叶一样,打得德军尸横遍野。德军士兵在这突如其来的怪物面前,抵抗意志顷刻间彻底崩溃了,纷纷扔下枪支,掉头向后四散而逃。他们不知道这种令人生畏的新式武器,就是后来称雄战场的陆战之王——坦克。

▲索姆河战役纪念遗址

坦克的出现,满足了当时突破步兵无法克服的堑壕和铁丝网的需要。自从西线陷入堑壕战僵局后,防御的一方,特别是德国人,在作战中广泛运用了机枪、速射炮等大杀伤力武器,并与铁丝网、堑壕等防御手段相结合,使阵地防御战术日趋完善,防御明显强于进攻。进攻一方除了依靠强大的炮火外,没有任何突破防线的方法。

英国人在对德的阵地战中,伤亡惨重,吃尽了苦头。因此处心积虑地想发明一种能突破堑壕体系的攻击型武器,这种武器既要能轻松地突破堑壕和铁丝网,又要能挡住密集的机枪子弹,还要有强大的火力,坦克就是在这种情况下应运而生的。

由于坦克的机械性能不佳,参战的 49 辆坦克在冲击德军阵地的过程中,有 17 辆因为机械故障而在中途抛锚,到达德军前沿阵地的只有 32 辆。

继续冲击后,又有 5 辆坦克陷入泥沼之中不能动弹,另外 9 辆坦克因机件损坏不能参战,所以最后实际到达德军前沿阵地的,只有 18 辆坦克。

英军将仅剩的 18 辆坦克分为两队,其中 9 辆坦克在步兵之前引导冲击,负责扫除德军阵地前的铁丝网等障碍物,突破德军的堑壕线。另外 9 辆坦克伴随步兵前进,负责以火力压制堑壕内的德军,直接支援步兵作战。

初次参战的 18 辆坦克显示了惊人的威力。这一天,英军以 21 个步兵师的兵力,在坦克的支援下,在 10 千米宽的阵地上分散攻击,5 小时内向前推进了 4 千米至 5 千米,这个战果以往要耗费几千吨炮弹,牺牲几万人的性命才能取得。因为坦克,英军未受多大伤亡就占领了德军放弃的掩体,缴获了德军丢弃的机枪和火炮。其中一辆英军坦克未放一枪就攻占了一个村庄,另一辆坦克夺取了一条堑壕,并俘虏了 300 多名德军士兵。

消息传到伦敦,英国朝野上下惊叹不已。坦克一鸣惊人,初显神威,让英军士气大振。

但是,英国人高兴得太早了。坦克的参战取得了一定的效果,为英军的进攻增添了声势,但未能帮助英军彻底突破德军的防线。因为宽大的进攻阵地上仅仅依靠 18 辆坦克,效果太有限了。经过一天的战斗,英军参战的 18 辆坦克已有 10 辆损坏,再也无法支援战斗了。

不过,这并不能抹杀坦克初次参战的重要意义。作为一种新的战争工具,坦克在这一天接受战火的洗礼,成为索姆河战役乃至整个"一战"中的一件大事。坦克登上战争舞台,改变了战争的面貌,这意味着机枪、铁丝网加堑壕的阵地战时代即将成为过去,机械化战争的新时代已经到来。

进入秋季后,由于阴雨连绵、道路泥泞,双方士兵的斗志日益丧失,战斗渐渐平息,到了 11 月,战斗完全停止,英法联军的作战计划就此失败。

阿拉斯攻势无功落幕

早在 1916 年 6 月,英法等协约国为了辅助索姆河攻势,策划了一个名叫布莱维尔的计划,准备在阿拉斯附近地区发动攻击。后来因索姆河战场伤亡过重,像无底洞一般吸收着可用之兵,所以不得已,将该计划延缓。

到了 10 月,这个计划又被再次提出,而且将计划的范围扩大,使之成为协约国 1917 年春季攻势的一部分。协约国的如意算盘是:英军向东调转兵,进攻索姆河,使德军在索姆河与阿拉斯之间防线形成一个突出部。协约国可以对此突出部两边左右开弓。如果协约国攻击成功,不但可以消灭据守在突出部的德军,而且就此在德军防线打开一个宽阔的缺口。协约国通过这个缺口,一路进攻下去,将可以顺利攻向华伦西安,切断敌人的交通线,堵住德军通过比利时"峡谷"的退路。

▲阿拉斯战役纪念碑

阿拉斯

阿拉斯是法国北部加来海峡大区加来海峡省的市镇,加来海峡省的省会,历史上阿图瓦地区的中心。位于里尔西南,斯卡尔普河畔。曾是世界有名的壁毯产地。有建于 16 世纪的市政厅等建筑物。"一战"时,阿拉斯接近战场,附近的一系列战役,都统称为阿拉斯战役。当时,德军攻城而不知城底留有中世纪建成的地道,英军借此抵御而占优。经此一役,阿拉斯受尽蹂躏,必须重建。

1916 年 11 月 18 日,英法联军司令官在香提伊聚会,就上述的 1917 年春季攻势进行讨论。他们决定,在 1917 年 2 月初,英军第4、第 5 军团重新对位于戈姆库突出部南边的索姆河发动攻势;英军第 3 军团攻击阿拉斯以北的突出部。等第 3 军团攻占芒希勒普洛之后,再向东南推进,切断德军沿考修河谷的交通线;如果可能,第 3 军团还可以切断桑塞谷的交通线。同时,第 1 军团将攻击德第 3 军团紧邻的北面阵地,形成一个防御侧翼,而法军则攻击索姆河的南面阵地。会议还决定法军三周之后在香槟地区发动攻势。

但英法联军整个计划却因法军的迟疑、英军的犹豫、德军的先发制人而瓦解。英军的主要攻势——阿拉斯攻势,由艾伦比的第 3 军团负责。如果英军第 3 军团能突破德军位于兴登堡防线尾端之北的旧防线,则可立即包抄兴登堡防线的侧翼与后方。但德军却早就料到了,因此德军从兴登堡防线北端附近的凯昂开始,穿越德罗库尔,抢修一条备用防线。因此,艾伦比的英军第 3 军团唯一的成功机会,就看他们能否在德军增援的预备兵力到达之前,突破这条德军尚未完工,位于主防线系统后方 8 千米的备用防线。

德军将领鲁登道夫曾亲自视察这些区域。鲁登道夫认为,虽然英军可能突破德军的第一线,但是,如果英军不怕付出代价,拼命进攻,就会深陷在德军重新设计的防御体系中。此外,协约国阿拉斯攻势的基本缺陷是:作战正面战线相对较狭窄,腹地过宽,补给与兵力增援路线全部集中在阿拉斯地区,容易形成运补"瓶颈"。

▲阿拉斯战役中阵亡战士墓地

其实英军早在1915年与1916年就有过这种教训。当时就表明,除非通往第一线的路径被肃清与拓宽,否则这样的攻势是徒劳的。此次的攻势,在第一线的最北端布置的是宾恩所指挥的加拿大军。该军的目标就是易守难攻的维米岭。4月9日,加军攻下了维米岭,立时名震遐迩。加军之所以有如此佳绩,是因为有准备充分。

清晨5时30分,英法联军在加军之后,也正式发动进攻。在时间上拿捏精准的弹幕掩护下,英法联军的攻击步兵发起全面进攻。不到一小时,英法联军的步兵即占领了整个德军第一道防御系统。此后,英法联军在斯卡尔普河以北又捷报频传。

随后英法联军主攻师连续攻克德军三处目标,接着,联军第4师通过右翼,夺取法姆波,突破从凯昂到德罗库尔的德军最后一道防线。但是,在斯卡尔普河以南地区,遭到德军抵抗颇强。德军首先在铁路三角点与电报高地抵抗着,然后在瓦恩库到弗希一线上,利用芒希勒普勒高地的机枪支援,进行顽强的抵抗,英军第12师与第15师的攻势严重耽搁。担任预备队的第37师在当天行动受阻,紧跟其后的骑兵军不但无法朝前移动,而且进攻更加困难重重。

第一天英法联军所俘获的德军数量,以及英军本身的攻击进度,比起以前任何攻势都多且快。但除了第一天有所斩获外,英法联军就完全失去了战略性突破的希望。到4月10日,英国第3军团被德军的强烈抵抗挡住去路。而位于后方的英军炮兵距离前线太远,无法及时

兴登堡防线

"一战"持续到1917年,协约国占据了领先优势,这时,在西线战线上,法国的尼韦勒将军取代了一向谨小慎微的霞飞将军,他决定用闪电战取得战争的胜利。同时德国方面,用东线取得胜利的兴登堡取代了法金汉,他鉴于在前一年凡尔登战役和索姆河战役的失败,决定在西线采取守势,而在海上展开无限制的潜艇战。德国人希望通过这种策略迫使英国人因饥饿而投降,同时将法国孤立在欧洲大陆上。于是他们将部队撤回到一个新的设防阵地"齐格菲防线",也就是人们通常所说的"兴登堡防线"。

支援第3军团的进攻。一直到4月11日早晨,英军才有4辆坦克驶抵战场,协助第3军团第17师的一个营夺取了芒希勒普勒。虽然打出一个缺口,不过缺口过窄,另外,英法联军攻占的时间也太晚了。

11 日早上，英军在绝望下发起反击，英军第 5 军团从南边向兴登堡防线发动集中突击，以缓解第 3 军团所受的德军压力。只可惜第 5 军团在经过艰苦跋涉，通过德军撤退区之后，不但战斗力大损，已无法为这场普通的战壕战调上必要的炮兵，更不用说进攻这防御坚强的兴登堡防线了。英军在炮兵支援不足的情形下，用少量的坦克带领澳军第 4 师，进攻布勒库附近的兴登堡防线。然而英军输了。一方面准备工作过于仓促，另一方面人员装备不足，而前线的阵地也过窄。

值得一提的是，在进攻的前段时间，英军以为他们已经胜了，因为已经突破了兴登堡防线。可是接下来，他们成了德军反攻的箭靶。英军尽管在兴登堡防线能稳住阵脚，却无法扩张战果。譬如，英军第 3 军团右翼在埃尼纳与瓦恩库遭受德军顽强抵抗，使英军第 3、第 5 军团失去联手出击的机会。战争进行到第二天早上，英军第 21 师与第 56 师（第 1 伦敦师）发动英勇的突击行动，攻占了要塞，但德军反攻的压力也日益增强。由此，联军攻势的第一阶段于 4 月 14 日收场。

另外，法军于 4 月 16 日展开了对埃讷河的攻势，结果下场更凄惨，这彻底粉碎了英国将军尼韦勒过高的期望与预测，同时也葬送了这位将军的未来。

这时英国元帅道格拉斯·黑格虽然决定"要继续全面攻击……以协助我们的盟友"，但一直都不见法军有攻势需要协助。到了 4 月 23 日和 24 日，艾伦比在德军凶猛抵抗下，以重大代价向前推进，攻下了盖马佩与加福列尔。

而后的 4 月 30 日的军团司令官会议上，道格拉斯·黑格表示他决定英军仍会继续发动攻势，"坚定地向前进攻这修建良好的德军

维米岭

维米岭，位于法国北部小镇阿拉斯北郊的一片高地，距巴黎 200 千米左右。"一战"中，英法联军损失 15 万人，却没能攻下德军据守的维米岭一线，后加拿大军接过主攻任务，加军将当时所有的 4 个师共 10 万人投入维米岭争夺战。1917 年 4 月 9 日以伤亡一万余人的代价拿下维米岭。"一战"后，法国为感谢加拿大，特别将维米岭划归加拿大。加拿大在那里修建起一座高及 10 层楼的白色石灰石双峰纪念碑。纪念碑上有象征正义、信仰、和平、荣誉、希望和慈善的雕像。

▲维米岭高地纪念碑近景

▲阿拉斯战役进行中

防线"。

于是,英军在 5 月 3 日与 5 月 5 日两次发动进攻,但都没有效果而且牺牲重大。虽然进攻中,英军是愈战愈顽强,但还是无法攻下这条德军防线。攻势还在拖延,结局痛苦之至,阿拉斯攻势最后就这样落幕了。

尼韦尔攻势,法军的大灾难

法国将领尼韦尔在担任元帅之前,曾志得意满地宣告:"我的战法已经经过检验。我可以向你们保证,我一定胜利。"可尼韦尔攻势进行到最后,连尼韦尔也认识到,那是一场大灾难。战后,他企图推卸责任,但遭到无情的拒绝。

法国的"神圣联盟"

在"一战"爆发之前,法国总参谋部对自己的军队十分轻视和不信任,当时他们估计,后备役军人有15%左右将拒绝征募。可事实上,仅有比1%稍多一点的人是这样,35万多志愿兵成群结队地冲进新兵征募处。更让总参谋部感到吃惊的是,和平时期的3000名逃兵又自动返回了部队。

法国人自共和国于1871年成立以来,还从来没有这样团结过。

8月4日,雷蒙·彭加勒总统带着他的战争咨文来到国民议会,在彭加勒发表战争演说时,曾经是他的批评者和对手的人都来捧场。他不

▲雷蒙·彭加勒

断被欢呼声和喝彩声打断,他勉励所有法国人不管政见是否不同,都要团结成一个"神圣联盟",并"在共同的爱国信念中像兄弟般地联合起来"。

长久以来对军队派系抱怀疑态度的法国政治家如今的立场大为转变,并且他们把国家的命运托付给了将军们。根据1878年起生效的法律,彭加勒总统宣布,由于"外国战争或武装侵略所引起的迫近的危险",法国处于"戒严状态"是有理由的。虽然这项法令相当于在整个法国和阿尔及利亚宣布戒严法,但国民议会没有经过辩论就批准了。

民众不久就会清楚,把这个权力托付给总参谋部是不适宜的。在所有西线部队中,由于他们将军的无能,法国人遭受了最不幸的失败。

此时战争已持续到1916年秋,交战各国开始谈论和平。德国许多重要人物承认,全面胜利已不可能,他们小心谨慎地探索如何按照过得去的条件结束战争。即使是德军的鲁登道夫将军,也不再夸口可以获得决定性的胜利了。协约国方面,英国的道格拉斯·黑格保证在1917年实现最后胜利。如果任何人怀疑这一点,英国的罗伯逊将军就会气急败坏地反驳。法国的约瑟夫·霞飞则向人民保证,德国人会被消耗得筋疲力尽。

但约瑟夫·霞飞在法国的声望已今非昔比。他因曾铸成的大错使法国付出的代价

太大了,他的影响正在迅速下降。

1916 年头 10 个月,法国部队阵亡、负伤、失踪或被俘的人,有 80 万之多。在法国国民议会上,约瑟夫·霞飞由于伤亡人员增加,但对此不关心的态度而受到议员们的抨击。1916 年年初,国民议会和参议院都举行了秘密会议,讨论军事上的挫折。愤怒的议员们反映着大众的情绪,扬言必要时准备推翻政界和军界的最高层人物。总理阿里斯蒂德·白里安发现自己的前程也处在危险中,他以撤换约瑟夫·霞飞为条件,才获得了信任票。

凡尔登之战进行到 10 月底时,看来难以获得什么战果了,这时法军指挥官罗贝尔·尼韦尔将军进行了一场奇袭,使德军措手不及,夺得了杜奥蒙炮台并使德军退出了他们攻占过的一些地区。杜奥蒙炮台是德军发射 12 万发炮弹占领的,并使其防守坚固。法军第 2 集团军司令官尼韦尔将军为夺回杜奥蒙炮台,想出了一个新招。10 月 20 日这天,尼韦尔命令连续一

个星期的法军炮击改变战术,改为徐进式弹幕射击。按照常规,这是法军要发起冲锋的信号,德军也是这样认为的,他们赶紧应战,已伪装好,用以反击法军的 630 门德军重炮,被一齐推出地道,德军准备用这个撒手锏来阻击法军。可德国人失算了,法军压根就没离开堑壕。原来,这是尼韦尔虚晃一枪,他改为徐进式弹幕射击,就是"引蛇出洞",诱骗德军上当,使德军以为法军要冲击,然后暴露炮兵阵地。法军炮兵迅速侦查到德军炮兵阵地,先敌射击,德军精心伪装的 600 多门大炮成了法军的活靶子,被炸得七零八落。这时候,法军才真正开始冲击,德军因为没了炮兵的支援,难以对付法军潮水般的冲击,很快败下阵来,法军轻轻松松地夺回了杜奥蒙炮台。尼韦尔的这一战术曾在协约国轰动一时,被誉为"凡尔登战法"。

对尼韦尔来说,这是走运的时刻。因此时法国人渴望有一位英雄,认为尼韦尔是胜利的缔造者。白里安认为,尼韦尔就是约瑟夫·霞飞的适当代替人,于是他让尼韦尔接替约瑟夫·霞飞的指挥权,把约瑟夫·霞飞"升迁"为法国元帅,随后就把这位将军放归田园了。

尼韦尔的计划

此项计划与夺取杜奥蒙炮台的计划类似。尼韦尔的计划引起了首相和有关人员的

兴趣。但是,英国总参谋部有些成员却并不感到有什么吸引力。他们认为,把杜奥蒙单独要塞、成功的进攻方式,反复使用,用来对付德国堑壕成系统的战线,是不一定有效的。

可是劳合·乔治却深信尼韦尔有大胆的想象力,决定放手让他去干。

尼韦尔计划,由法军与英军对巨大的、无掩护的德国一个突出部位,进行双管齐下的强击。这个突出部一直容易受到来自北面的英军和来自南面的法军的攻击。

这个计划要求英军先于法军几天向前猛攻,以吸引德国防守部队向北移动。南面侧翼,即无掩护,将受到法军的冲击,德国堑壕系统中就打开一个113千米的缺口,然后英法联军再冲进缺口,攻入德军堑壕系统纵深,猛冲猛打,进而取得决定性的胜利。

尼韦尔的计划并不是没有优点的。德国的突出部的确兵力配备薄弱,易受攻击。但是,如果德军事先有所防备,法军的胜利就不易了。

英法联军的几个师被尼韦尔调往德国突出部的南面,以接受凡尔登战法的训练。尼韦尔还调来了坦克,闪电速度是尼韦尔取得胜利的基础,像夺取杜奥蒙炮台一样,要在德国炮火对付进攻的法军之前,就把它们碾碎。

▲劳合·乔治

战地指挥官们被要求估算他们部队前进的速度。他们把乐观代替了理性判断,算出了不可能实现的速度。芒让将军夸口说,他的部下能以一分钟30码以上速度跑步前进,并且能持续这种速度至少有几千米。尼韦尔把这速度定为标准。而对身兼重负的部队能保持这种速度表示怀疑的军官都受到了压制。

尼韦尔要求部队要不断前进,以攻击敌人,单兵使用的37毫米轻野炮配备到前沿部队,用来对付德军机枪。按照尼韦尔的计划,在对德军攻击七小时后,他们就能渗透到德军后方阵地了。

德军因吃了丢失杜奥蒙炮台的败仗后,对"凡尔登战法"进行了深入分析和研究,制定了相应的对策。而且德军还缴获了尼韦尔攻势的地图、计划和命令。

德军知道他们经受不住英法联军对自己无掩护突出部的钳形攻势,就撤出了突出部。现在他们的防守阵地成直线了,避免了来自两边猛攻的危险。而且,撤出来的部队还可以用来增援其他防线。

尼韦尔却沉浸于他的方案,根本不知道德军自动放弃这回事。

法军轻易收复了德军突出部,使尼韦尔博得了国内的欢呼。在各种集会和社交聚会上,平民们都为国家而有幸这样一个杰出战略家而互相祝贺。可是,前线士兵却感到,他们的进攻不大像是胜利,因为是德军主动撤出了突击部。尼韦尔找不到德军可以打击,他宣称战役将按计划进行,但主要打击方向将是兴登堡防线的南端。

尼韦尔认为德军从突出部撤走是件微不足道的事情,自己只要作一些战术上的修改就行了。只要法军行动速度足够快,在德军炮火对进攻的法军开火之前,就将它们碾碎,清空是能进攻到德军后方阵地。

尼韦尔攻势是大灾难

4 月 15 日,按照尼韦尔的计划,尼韦尔攻势开始,此时黑暗降临,寒冷的北风刮来的雨开始转为雨夹雪,气温迅速下降。士兵们步履艰难地走向他们的阵地,泥深没踝,上衣被雨打得湿透,慢慢地耗着精力。

在法国炮兵通宵弹幕射击时,数十万部队向前移动。

▲"一战"中的法国炮兵

在法国的炮弹将刺铁丝网炸掉的地方,德国人燃起黄色的火焰。在该火光照射下,法军进攻部队暴露在德军面前,很多士兵被德军火炮和机枪的火力所击倒。因为没有炮火的掩护,法国士兵付出了很大的代价。

法国士兵不可能按照尼韦尔的预想,绕过防守的据点去进攻后方的德国阵地,他们倒伏在灌满泥浆的弹坑里,承受着德军的炮弹和机枪子弹的射击,他们乱成一团。

法军大炮因看不清进攻的法军,却把数以吨计的炮弹抛向进攻中的法国部队。尼韦尔所谓的"凡尔登战法"的奇迹在这场战役中根本就没发挥出来。

最为悲惨的是,效率向来低下的法国医疗勤务系统完全垮了。虽然医疗系统为 1.5 万名伤员做好了准备,但第一天的伤亡人数就有 9 万人。后来法军甚至最起码的医疗设备来照顾伤员都没有,只得让伤员躺在泥沼中。

尼韦尔的宣传天赋非常高明,他不但在战役前,成功让英法高层充分信任他,而且鼓动起了法国人民的爱国心。这种宣传特点是:报喜不报忧。就连前线遭遇了重大失利,尼韦尔的司令部还在为欺骗国民而捏胜利公报。

此后两周,德军和法军在几乎固定的战线上激战。

军官开始对尼韦尔的战略提出抗议。当陆军部长潘勒韦巡视埃讷防区时,他从军官们那里听到第一手的报告,他们痛斥道:"这是倒退。根本没有所谓的'凡尔登战法'。我们还在坚持 1915 年的战法。当然,我们得到了传令嘉奖和勋章,但是我们不在乎。我们宁愿把它们扔到尼韦尔的头上。我们关心的不是荣誉,而是可以保护更多人命明智的政策。"

最后,连尼韦尔也承认到,他的攻势是一场大灾难。这场尼韦尔攻势,法国官方列出的伤亡人数是 9.6 万,法国军事历史家里夏尔·图曼将军的报告,法国的伤亡人数是 18 万。

在过去 21 个月里,法军伤亡人数已达
300 万以上。法国部队都是勇敢的,对战争所
引起的痛苦也是有思想准备的,但他们再也不
肯被赶去屠杀了。他们在谋求改变的一切合
法手段遭到否定之后,部队爆发了反抗。在此
后两个月中,法国陆军处于瘫痪状态。

▲“一战”时,法国士兵在操练

在尼韦尔的战役转为送死后,有人率直地
要求他为了法国的利益而辞职,他却坚持要求
上级公开解除他的职务。陆军部长一直拖延
到 5 月 15 日,才正式提名贝当为总司令,以替
换尼韦尔。贝当这位六十岁的职业军人在“一战”开始时,还是离退役不远的一个无名
的上校。

贝当立即把他的前任的参谋人员解职。贝当访问了将近 90 个师,到 6 月底,法军的
秩序和士气都恢复了。

而此时,由于美国的参战,贝当的所有作战计划,都可以在美国人出兵的基础上
施行。

帕斯尚尔战役，胜得很惨烈

帕斯尚尔战役，又称为第三次伊普雷战役，从 1917 年 7 月 15 日开始，一直持续到 11 月 6 日结束。这次战役是指英军统帅率领部队攻占比利时的帕斯尚尔，以摧毁德军在该地的潜水艇基地的战役。这是一场残酷的拉锯战，伤亡人数惊人，联军共有 32.5 万人伤亡，德军则有 26 万人伤亡，战役最后以英军和加拿大军队攻占帕斯尚尔而宣告结束。

乘着胜利前进

1917 年下半年，英军希望攻击佛兰德沿海的德军潜艇基地，以加速德国的崩溃。7 月 15 日，英军在伊普雷开始炮击德军，这次炮击是道格拉斯·黑格策划已久的宏大进攻的序幕。从炮火强度和炮击的持续时间看，这次炮击比凡尔登战役初始阶段的炮击还要猛烈，也比一年以前的索姆河战役猛烈。英军在 24 千米长的战线上，布置了 3000 门大炮，其密度是索姆河战役的两倍，英军在一天

▲今日佛兰德

一夜的暴风骤雨式的炮击中，向对面的德军阵地泻下大量的炸弹、榴霰弹和毒气弹。截至 7 月 31 日，英军总共炮击 400 万发炮弹，其中有 10 万发毒气弹，而英军在索姆河战役只轰击了 100 万发炮弹。这次的炮弹总重达到 6.5 万吨，德军第 4 集团军造成了 3 万人的伤亡。

被英军炮火轰击的阵地，本来就因密布的弹坑和碎石而呈现荒凉的景象，现在又被彻底翻腾了几遍，把活人埋入地下，把死人挖掘出来。炮轰的过程中，炮击地区的排水系统被破坏了，如果雨季来临，雨水将无处可去。

有严重问题的计划

此时，道格拉斯·黑格的处境与尼韦尔较早时的态度十分类似：他拒绝听取任何人的质疑（斐迪南·福煦称道格拉斯·黑格的计划是"无用的、幻想的、危险的"），坚持自己的主张。他的目标就是发动步兵和坦克攻势，在第一天

佛兰德

公元前 1 世纪罗马人占领这一地区，自 3 世纪起弗里斯人和法兰克人移居此地。5 世纪这个地区被称为佛兰德（意为平原）。1794 年法国占领佛兰德，1815 年维也纳会议又把它划归荷兰。比利时 1830 年革命后，佛兰德成为比利时王国的领土。在两次世界大战期间，佛兰德由于地处欧洲北海地区的要冲，成为欧洲的主要战场之一。战后，佛兰德成为比利时的工业中心。

▲在炮舰的掩护下，英国士兵准备进发

内就把德国人逼退至少 5 千米。他计划在第 8 天的时候，把德国人逼退至少 24 千米。一旦英军占领铁路枢纽鲁莱斯，一个经过特殊训练的英军坦克师将在德军防线后面的海港登陆。位置在伊瑟河入海口的英军第 4 集团军，将在皇家海军的舰艇大炮的掩护下向东移动，前去接应登陆部队。德国人到时候会因兵力不足而无法组织新的防线，最终被迫撤离海岸线。

道格拉斯·黑格的这个计划，存在一个严重的问题，那就是保密问题。德国人已经知道了道格拉斯·黑格的企图。道格拉斯·黑格除了掩盖两栖登陆的秘密外，消极地听任英军的军事秘密外泄。德军通过空中侦察和环绕伊普雷低矮山岭上的观察哨所，能清楚地看到英国历史上最大的军队和武器装备的集结。就在英国人忙于备战时，德军从其他战场调遣 14 个师的兵力来到伊普雷，其中 4 个师来自东线。德国将军鲁登道夫派佛里茨·洛斯伯格到伊普雷担任德军第 4 集团军的总参谋长，此人是德军新灵活纵深防御的最早策划人。洛斯伯格谋划了 50 多天，他一来就提高了德军指挥官的信心。"我能平静地对待未来的进攻，因为我们从来没有这么多后备部队，他们所受到的训练与前线的士兵一样好。"巴伐利亚王储鲁普雷希特在日记中记录了伊普雷德军当时的情势。

泰晤士河

泰晤士河是英国的"母亲"河。发源于英格兰西南部的科茨沃尔德希尔斯，全长 346 千米，横贯英国首都伦敦与沿河的 10 多座城市，流域面积达 13000 平方千米，在伦敦下游河面变宽，形成一个宽度为 29 千米的河口，注入北海。在伦敦上游，泰晤士河沿岸有许多名胜之地，诸如伊顿、牛津、亨利和温莎等。泰晤士河的入海口充满了英国的繁忙商船，然而其上游的河道则以其静态之美而著称于世。在英国历史上泰晤士河流域占有举足轻重的地位。

天气是一个必须考虑的问题

当时德军在 7 月 10 日发动了一次先发制人式的袭击，目标是伊瑟河上的一个桥头堡，英军本想将这个桥头堡作为出发点，向东与登陆部队会合。这次袭击迫使大部分英军退回伊瑟河西岸，在这个过程中德军又发现了一个隧道，原本英军计划在发起总攻前利用这个隧道去炸毁德军的关键据点。这个隧道的发现证实英军在海岸线上正在策划一个大的行动。为此德军占领了伊瑟河东岸的一些高地（相对于佛兰德的地势而言），这就使得英军处于极为不利的地位。

双方战役准备的规模异常巨大，譬如，洛斯伯格为了修筑他的第一道防线，需要建筑碉堡和为反击部队准备地下掩体，这些建筑工作对沙砾有无穷无尽的需要。于是德国人在荷兰购买沙砾，用川流不息的火车通过比利时运输到前线。

尽管英国元帅道格拉斯·黑格将成败系于气候的好坏，但他的热情很高。劳合·乔治认为道格拉斯·黑格不会成功。丘吉尔也认为道格拉斯·黑格不会成功。劳合·乔治在7月任命丘吉尔为军需大臣。尽管保守党坚持不准丘吉尔进入关键的政府战争委员会，但是丘吉尔还是毫不犹豫地表达了自己对战争政策的观点。法国将领贝当甚至比斐迪南·福煦更相信道格拉斯·黑格不会成功。但是，道格拉斯·黑格十分自信，这很可能是因为他手中握有大量的战争资源。此外，他对法国人有难以掩饰的轻蔑，所以他觉得尼韦尔失败的地方就应该是他能成功的地方。但是西线的进攻至今为止都变成了没有意义的流血牺牲，这为怀疑道格拉斯·黑格的人提供了足够的理由。

天气是一个必须考虑的问题。佛兰德的天气一直很干燥，但是很有可能要变天。道格拉斯·黑格决定不再浪费时间。随着无雨的日子一天天地过去，这时，道格拉斯·黑格的计划，却没有按照顺序实现，情势越来越紧张。道格拉斯·黑格做出了一个让年老的高级将军们十分失望的决定，他任命仅47岁的集团军司令官休伯特·高夫负责战役的主攻。道格拉斯·黑格挑选高夫，是因为他胆子大，又渴望战斗，也因为他与道格拉斯·黑格一样都是骑兵出身。高夫是一个草率的军事指挥官，他身边的参谋人员都以傲慢著称，但都缺乏实际作战经验。在伊普雷，管理数目巨大的人和物比发动冲锋还要重要，所以道格拉斯·黑格的困难逐步显现。高夫在7月7日报告说他的准备工作没有按时完成，并说他怀疑位置在左翼的法军是否能及时准备好。他说他需要更多的时间。道格拉斯·黑格（他应该记得拿破仑对将军们说的话——"除了时间之外，其余都可以向我要"）明确拒绝了。两位将军6天后再次见面，高夫再次要求拖延。他说还需要5天的时间。道格拉斯·黑格给了他3天，战役开始时间从7月25日修改到7月28日。7月17日，英军继续炮击，但是出现了大雾，准备工作受阻，不得不再次推迟3天。道格拉斯·黑格知道，每推延一天，雨季的危险就多一天，给自己的军队痛苦就多一分，他非常焦急。

黑格被激怒了

法国首相劳合·乔治和战争政策委员会处于两难的境地，一方面，这次进攻有可能变成一次惨败，另一方面，阻止这次进攻有可能演化成一场政治危机，这种境地似乎导致了决策层的瘫痪。英法联军炮兵轰击已经持续了5天，他们仍然没有批准道格拉斯·黑格的进攻计划。最后，他们在7月20日不得不做出抉择，终于给予道格拉斯·黑格发动进攻的自由。不过，他们十分吝啬，不仅要求道格拉斯·黑格在战斗不能很快成功的情况下必须立即停止进攻，而

▲反映帕斯尚尔战役的电影海报

且要求他明确战斗的目标。道格拉斯·黑格被激怒了。但是,道格拉斯·黑格表达愤怒后,又收到另一条通知,这条通知说委员会给予他"全心支持"。自此,一切方开始快速运转起来。从7月22日起,联军炮轰的强度加大了。7月26日,700架英国和法国飞机升空,清除了天上的德国飞机。两天后,最后一个阶段的炮击开始,此次炮击的目的在于清除德军的炮位,但英军的炮位损失也很严重。双方的炮击由于大雾而提前结束,大雾使双方都无法发现敌人的目标。大雾天仍然在持续。英军开始向被炮火打得千疮百孔的地带移动,大地此时仍然是干燥的,前两周里,有几场小雨,但危害不大。

▲剧照:英军在进攻

进攻终于开始了

7月31日凌晨3时50分,进攻终于开始,参加进攻的有17个师的英法联军士兵,另有17个师的协约国士兵在后面等待。在战线北端,有两个法国师保护英国将军高夫部队的侧翼。在另一端是法军普卢默的第2集团军。这个集团军目标是,占领几个据点,守住梅西讷岭,使之成为支持高夫进攻的支点。高夫指挥的10个师是发动冲击的主力,目标是迫使德国撤退,为后续部队开辟战场。他在大约11千米长的战线上有2.3万门大炮,每6码(约5.5米)就有一门大炮。高夫的部队、普卢默的部队、法国部队加在一起,大约有50万人。

本笃十五世

天主教教宗本笃十五世,1914年5月3日至1922年1月22日在位。意大利人。初任教宗时即逢第一次世界大战爆发,本笃十五世支持教廷严守中立的政策,并痛斥交战国发动毒气战;他在1917年提出七点和平计划,虽然功败垂成,仍然不屈不挠,在战争结束后致力于国际和解。他的七点计划,部分内容包括在当时美国总统伍德罗·威尔逊的十四点原则中。其圣号"本笃"被认为具有仁慈和容易亲近的意思,并带有和平使者以及协调者的喻义。

德军的前线防守部队严阵以待,机关枪密布得如同大黄蜂蜂巢,他们之后是德军第4集团军的20个师,他们被分成4组:9个师靠近前线,后面跟着6个师,他们后面还有2个师,最后3个师布置在更远的后方。无论英军和法军在何处撕开一个缺口,德军后备部队都已经准备好上前填补这个缺口。

进攻开始后,道格拉斯·黑格计划中的某些部分被准确实现。高夫侧翼的部队进展良好,部队在遇到较小阻力的情况下达到目标。即使在中路,前锋部队也找到办法攻破德军的第一条地带(第一道防线本该如此退让),进入第二道防线。在有些地段,部队前进了3千米,而在另外一些地段只推进了1千米。英军最后几小时的狂乱的炮击打散了德军,有6000名德国人被俘。下午,一场小雨淋洒在战场上,英军的前锋已经脱离英军炮火的保护,突出暴露在德军安置在北面和南面的高地上的野战炮攻击范围内。这些德军野战炮本应已经被摧毁,但是由于大雾遮掩而逃过一劫。此时英军遭受严重损失,被迫后退。高夫的进攻部队拥有52辆坦克,其中22辆在前进中损坏,19辆在德军炮火的攻击下退出战斗。到下午快结束时,英军的进攻停顿下来,小雨变成大雨。道格拉斯·黑格此时也许并不知道英国伤亡高达2.3万人,他把这次战斗与索姆河第一天的战斗进行比较,然后向伦敦报告说:"非常令人满意,对这么大的战役来说,伤亡应该算是轻的。"

同一天,教皇给协约国的政府和同盟国的政府发去了信件,表示愿意出面协调和平谈判,只要不涉及领土纠纷就行。像以前一样,教皇的条件是柏林必须答应放弃比利时。德国再次无法接受。年轻的外交大臣理查德·冯·库尔曼决定不理睬教皇的新建议,直接与伦敦对话。他希望与英国达成一项秘密的排他协议,以德国撤出比利时为条件,要求英国停止与德国为敌。但是,德国新首相米凯利斯顺从了鲁登道夫的意志,鲁登道夫坚持德国不仅要实际控制大部分比利时国土,还要占领法国隆维-布里埃的铁矿和煤矿,还要获得非洲的一大片土地。与此同时,还有几个无关紧要的谈判也在进行之中。比如,奥地利和法国以多种方式多次进行谈判,但是毫无结果,因为双方的决策人都决心让和平协议先满足自己的意志。米凯利斯在整个谈判事件中的表现令人失望,他与贝特曼-霍尔威格一样成为德国议会攻击的对象,三个月后他不得不辞职。

道格拉斯·黑格恢复进攻

8月2日,道格拉斯·黑格恢复进攻,但天公不作美,突然的大雨形成了洪流。由于佛兰德的排水系统被联军炮击而毁坏,每一个弹坑都充满了水,大地变成沼泽,沼泽深度无人能用脚触到底。坦克难以运动,飞机不能飞翔,德军的大炮却在雨中发挥了作用,夺去了更多英国士兵的生命。道格拉斯·黑格继续努力向前。又过了两天,大雨继续下着,英军

▲帕斯尚尔战役中的德国士兵

和法军的伤亡人数已经达到6.8万,他最终命令停止进攻,等待停止下雨,大地变干燥再进攻。

对部队来说,停止战斗并不意味着解脱。一名英国军官记录下他一整天躲在从德国人手里夺下的掩体中的经历。"里面只有1.5米高,可是水就有0.6米深。令人讨厌的水,水里尽是垃圾,有旧罐头,甚至有人的大便。当炮弹在附近爆炸时,臭味越发散发出来,十分强烈。我们幸运地找到德国人建筑的一个水泥架子,高出地面0.6米。我们4个军官和其他6个人在水泥架子上过了一夜。根本没有地方躺下,也没有房间可供站立,我们基本上是蹲伏着。碉堡外是一个大炮弹坑,里面都是水,出去的唯一办法就是通

榴霰弹

榴霰弹是炮弹的一种,弹壁薄,内装黑色炸药和小钢珠、钢柱、钢箭等,弹头装有定时的引信,能在预定的目标上空及其附近爆炸,杀伤敌方的密集人马。也叫霰弹、子母弹、群子弹。19世纪初,英国采用了榴霰弹,并用空炸引信保证榴霰弹适时爆炸,提高了火炮威力。

过一块0.3米厚的木板。水坑里有一具德国兵的尸体,估计已经有很长时间了,那尸体一会儿浮起来,一会儿又沉下去。炮弹坑里有许多尸体和伤员,伤员哭喊着要求帮助,但是后来哭喊声渐渐地衰弱下去。"

重新发动进攻

8月10日,道格拉斯·黑格终于等来一次重新发动进攻的机会。这又是一场战果有限但代价高昂的胜利。战斗刚结束,道格拉斯·黑格又开始策划在8月14日继续进攻。但是,天又下雨了,致使道格拉斯·黑格不得不拖延一天,后来又决定拖延两天。当战斗重新开始时,战斗结果又恢复了往昔的样子:伤亡很大,几乎没有战果。道格拉斯·黑格坚决不放弃,他有足够的理由不放弃,他给伦敦的承诺也迫使他不能放弃。这次与过去不同,他决定改变进攻方向。

至此,"一战"的伊普雷第三次战役的第一阶段结束了。在三周半的时间里,道格拉斯·黑格的联军部队前进了3千米,这大约就是他原计划中第一天目标的一半。两栖登陆占领鲁莱斯的作战还没开始。随着局势逐渐变得明朗,英军经过评估,已无法占领鲁莱斯,两栖登陆作战部队随后悄悄地解散了。双方都在撤换伤亡过大的部队,德军换了27个师,英军换了14个师。在伦敦,劳合·乔治首相抱怨道:"血和泥,泥和血。这些人想不出什么更好的。"

联军进攻的重点从高夫部队的身上,转移到第2集团军的普卢默身上。普卢默在伊普雷参与指挥作战已经有两年了,士兵对他都很忠诚,这是因为他像贝当一样关心士兵的福利,不愿浪费士兵的生命。他的士兵都有较高的士气,渴望战斗。与高夫和道格拉斯·黑格不同,普卢默非常注意研究德军的新防御体系。他设计了一种反攻战术,这种新战术来自梅西讷岭战役的经验。道格拉斯·黑格批准了他的战术,要求他在3周内做好准备。与此同时,道格拉斯·黑格被召回伦敦,与劳合·乔治和战争政策委员会开会。会议还是像以前那样令人感到沉闷。道格拉斯·黑格坚持不击溃德军不罢手。罗伯逊继续支持道格拉斯·黑格。会议结束,道格拉斯·黑格回到法国,他的权力丝毫没有被削弱。这使得英国首相感到异常不愉快。

此刻,道格拉斯·黑格低估了自己的实力。普卢默反攻战术完全可以打破德军的防御体系,其关键就是要削弱德军的优势,扩大其劣势。像大多数伟大的作战计划一样,普卢默的反攻战术既简洁,又充分考虑战场的实际情况。首先,普卢默降低了对战果的苛求,要求联军前进的距离不超过1.6千米,考虑到当时德军防线的厚度和强度,这个目标还是比较实际的。其次,虽然协约国自1914年开始就谋求突破德军防线,但实际上这仅是一种幻想,即使希望前进几千米也是不可能的,原因是德军反攻能力提高了。普卢默及其参谋们总结出一个被别人忽视的作战原则:英国发动进攻的时候要用巧劲,前进的距离要比较小,小到德军懒得发动反击,这样才能逐渐地智取德军的防御体系。把一系列小的进攻累积在一起,就能迫使德军后撤而丧失防御能力,英军的运动战最终能消耗尽德军的兵力,使得德军难以生存。

普卢默将军是个精明的人,从来不靠小聪明取胜。他利用 9 月的前 3 周时间集结了大量炮弹,其强度甚至超过 7 月和 8 月的炮火。英国人有福气,天气帮了大忙,这 3 周内突然停止下雨。经过周密的准备工作,英军安置在前线的大炮每 5 码(约 4.5 米)距离就有一门。德国人遭受了 5 拨炮火轰击,每一拨炮击针对一个杀伤地带,每个地带的深度有 200 码(约180 米)。第一个地带全部是榴霰弹,第二个地带是炸弹,第三个是间接机关枪射击("间

▲帕斯尚尔战役中的比利时士兵

接"指的是机关枪射手由于看不见目标,于是向天上射击,让子弹从天上落到敌人头上),最后两个地带多为炸弹炮击。任何一处德军阵地,都会依次成为一种英军炮火轰击的地带,英军的炮火就像一阵几分钟变化一次的暴风雨一样,覆盖着从德军前沿阵地延伸到后面 0.8 千米远的地域。按照计划,普卢默的炮兵部队在步兵进攻前,一共炮击 350万次。

占领了德军阵地

普卢默的行动有比较好的隐蔽性,早前他就占领了地势较高的梅西讷岭,德军设置在岭上的观察哨所被消灭,此外,他的部队跟随着高夫的部队的侧翼向前推进,也具有一定的隐蔽性。9 月 20 日,他发动进攻,步兵紧跟着"徐进式弹幕炮击"前进,那些没有被炮击杀伤,也没有来得及撤退的德国兵没有进行多少抵抗就投降了。进攻部队达到预定目标后,立刻停止前进,匆忙地建筑防御工事。德军的主力此时正在后面等待英军前来袭击。等到德军主力发现英军当天的任务完成不再前进时,此时天色已晚,德军没有时间发动有效的反击了。整个战斗既快速又干净,在有限的范围内取得彻底的胜利。不过,德军大炮在英军进攻时猛烈轰击,英军的伤亡也非常大,约有 2 万人战死。尽管有如此大的伤亡,但是这次战斗清楚地向双方表明战争游戏进入了一个新阶段。德国人感到害怕,而英军指挥官则得意扬扬。

英军在这次进攻中不仅占领了德军的阵地,而且还占领了一些德军的设施——碉堡和掩体等德军新防御体系中的重要组成部分。这破坏了德军的防御体系,痛击了德军的弱点。普卢默看清了这种情况,迅速在 9 月 26 日再次炮击德军阵地,发动步兵进攻,这次战斗史称保利根伍德战役。当时的天气很晴朗,数十架英国和法国飞机低空飞行,用

▲帕斯尚尔战役中的英国士兵

机关枪扫射德国守军,并向德军阵地丢下炸弹。在又一次可怕的弹幕轰击之后,英军步兵在6.4千米宽的战线上按计划只前进了0.8千米,德军主力只是观望并没有发动反击。德军又丢失一批据点。如果再出现几次如此战况,德军将失去更多的防御阵地。

此时绝望的德军放弃新的防御体系,重新拾起老的防御战术,安排大量部队组成强大的防线阻止英军。普卢默却在准备下一次的打击。

雨一直在下

10月3日,一场细雨落下。第二天早晨雨还在下,英军将冒雨对德军展开进攻,这场战役史称布鲁克森战役。

这一天是德国人的灾难,战斗比9月20日和26日还要惨烈。普卢默的弹幕轰击了大量德国部队。由于德国将军们太渴望消灭英国进攻者,把后备部队安置得太靠近前线,这些部队也没能逃脱普卢默为他们安排的地狱般的炮击。英国部队只前进了700码(约640米)就停止了。在这次战斗中,德军伤亡3万人,英军伤亡2.5万人。如此高伤亡率,英国人感到痛苦,德国人也同样无法维持这么大的伤亡。

坐镇德军总部的鲁登道夫对来自佛兰德的失败感到惊慌,开始想方设法发动进攻,希望从伊普雷吸引走英军的兵力。他实在想不出什么好方案。德军此时缺乏足够的兵力,贝当继续在凡尔登发动进攻,其他几个战场的法国部队也恢复了令人信赖的战斗状态。鲁登道夫命令第6集团军切换回新防御体系。这样做至少能使大部分德国部队避开英军的大炮轰击。除此之外,德军毫无伎俩可施。鲁登道夫在回忆这段时间时说:"西线的战斗变得非常严峻,代价极高,德国部队从来没有经历过如此严重的局势。我感到压力很大。西线的局势似乎影响我们在其他战场执行既定计划。我们的消耗量是如此之大,引发了严重的疑虑,没有人曾预见到这样的局势。"

德国人的转机从天而降。那场从10月3日开始的小雨,转变为连绵细雨,几天后转变为倾盆大雨,大雨不停地下着。佛兰德变成一个巨大的浅水湖,每个弹坑和低洼地都装满了水。此时结束第三次伊普雷战役,应该说正是时候,英军将领在10月7日开会时,普卢默和高夫都偏向立刻结束战斗。道格拉斯·黑格不置可否。此时,普卢默的部队已处境不利,在即将来临的冬天中,如果不付出异常的艰辛,根本不可能守住它。一种解决方案是撤退回地势较高、较干燥的地带,这个方案对道格拉斯·黑格极为不利,道格拉斯·黑格为获得目前的战果付出了极大的代价,劳合·乔治肯定会做出不利的反应。道格拉斯·黑格宣布,唯一可接受的解决方案就是继续推进,占领帕斯尚尔岭,这是一条像蛇一样弯曲的山岭,梅西讷岭是其一部分。事实上,所有的英国部队都处于破烂不堪的状态,而此时来自英联邦的澳大利亚、新西兰、加拿大的部队则发挥了主要作用。

胜利的代价太大

一场激烈的战斗于10月9日在激情谷展开,作战条件非常艰难,天下着雨,水淹没了地面上几乎所有的东西,水的下面是泥,泥深得不见底。人行走困难,几乎找不到落脚点,大炮难以移动,安置好的大炮也发生晃动。大型炮弹被淹没看不见踪影,轻型铁轨也被淹没。运输炮弹的唯一办法是用骡子运送,但是许多骡子被淹死了。大炮轰击后,炮弹并不爆炸,因为烂泥太软而无法触发导火索。此时位于中路的澳大利亚和新西兰部队受到机关枪射击,只能挣扎着退回到出发点。伤员无法带回,都淹没在烂泥中了。

一名在战场上负责侦察的澳大利亚军官说:"斜坡上布满了死尸,有德国人的,也有我们的。我钻进一个碉堡,发现大量死尸。出来后,我又小心进入下一个碉堡,发现有50名来自曼彻斯特的英国兵还活着。我从来没有见过受损如此严重的部队,士气非常低落。他们在碉堡后面蜷缩着,处于极度的疲惫和恐惧之中。德国人一整天都在射杀他们,已经有57人被杀,死去的和即将死去的人堆放在一起。伤员很多,没人照顾,极度虚弱,他们呻吟着,

▲"一战"时,帕斯尚尔战役情景

抱怨着……有的伤员已经待在那里四天了。"这位军官继续侦察,他发现另一掩体,里面有"24个伤员,2具德国兵尸体,外面有6具德国兵尸体,尸体处于不同程度的腐败。恶臭难忍……天亮了,我的周围20码(约18米)内有40具死尸,整个峡谷里到处都是死尸"。

加拿大的部队被选为主攻军队,这让部队的指挥官阿瑟·柯里出现顾虑。他预测占领帕斯尚尔将给他带来1.6万人的损失,但他并没有拒绝执行命令。他率领部队在10月26日发动进攻,遭受惨重伤亡,但也造成德军严重的伤亡。他的进攻在还没有攻下帕斯尚尔岭的情况下被迫停止了。加拿大部队4天后再次发动进攻,结果一样。除了其他的磨难外,士兵们在帕斯尚尔战役中极度缺少饮用水。运水和运炮弹一样困难,四处都是沼泽,沼泽里布满了废物和死尸,有人的,也有动物的。

直到11月6日,没有多少作战经验的加拿大部队才基本上把德国人赶出帕斯尚尔岭,但战斗异常惨烈,正如柯里预测的那样,加拿大部队伤亡了1.6万人。最后的进攻4天后展开,加拿大人巩固了自己的阵地,帕斯尚尔战役结束了。在3个月零1周的时间里,协约国军队前进了7.2千米,占领了一些阵地,这次战役,道格拉斯·黑格称之是对1918年到来的战争能起到极好作用的起点,但是一些较冷静的将军认为夺取的这些阵

▲英军虽然获得胜利，但损失太大

地毫无价值。英国、加拿大、新西兰、法国一共伤亡了25万人，德国的伤亡情况类似。联军此时比德军投入了更多兵力，英军投入了43个师，法军投入了6个师。这次战役使双方都感到筋疲力尽，英国远征军的受损状况几乎与法军在舍曼代达姆战役结束时的受损状况一样。

康布雷战役：坦克部队的出现

　　康布雷战役是 1917 年 11 月 20 日至 12 月 6 日期间，英军和德军在康布雷地域进行的一次交战。此役是大规模使用坦克的第一个范例，对于军事学术的发展有重大影响。步兵与坦克协同动作原则和对坦克防御原则的形成，均与这次战役有着密切的联系。

坦克战新思路——奇袭

　　1916 年 9 月，在索姆河战役中，英军坦克初试锋芒，随后，英国的坦克又参战过多次战斗，但战果不佳，收效甚微。特别是 1917 年 7 月 31 日，在比利时境内的伊普雷战役中，英军投入 200 余辆坦克作战，万万没想到，德军还没来得及阻止坦克前进，坦克就自己在泥泞的道路上停滞不前了，而且有为数不少的坦克直接陷入泥潭，成为德军炮兵靶子。伊普雷战役中，英军坦克损失惨重。

　　坦克的这些表现，都被一个人看在眼里，他就是富勒，英国人，历史上第一支坦克部队的参谋长。

　　富勒出身牧师家庭，在桑德赫斯特皇家军事学院毕业，他身材瘦小，个性锋芒，最早提出来坦克战概念，坚信坦克是未来陆军的主力，坦克会给战争带来惊天巨变，他提出大规模装甲战理论，被称为"坦克之父"。

　　法国的戴高乐、美国的巴顿、俄国的朱可夫、德国的古德里安都通过富勒的理论，发现了坦克的巨大威力。特别是德国的古德里安，"二战"前，他在富勒理论的基础上，提出"闪电战"战术。希特勒正是依靠这种"闪电战"战术，利用大规模坦克长途奔袭，取得了"二战"初期军事上的辉煌胜利。

　　在"一战"时，英国军方高层迷信于骑兵战术，对富勒的理论根本不重视。1917 年 9 月，协约国高层发现法比边境遭遇德军强大的压力，便命令驻扎在此的英军第 3 集团军司令宾爵士主动进攻，从法比边境把德军引开。就在此前的一个月，即 1917 年 8 月，富勒还提出以坦克为集团，进而展开奇袭的坦克战新思路，本来此坦克战思路正好可以用到解决法德边境的危机上，但富勒的新思路一经提出，就被上级否决了。

　　就在富勒失望灰心之余，英军第 3 集团军司令宾爵士找到了富勒，提出动用坦克部队发起一次坦克战。但他担心此次战役中坦克像伊普雷战役一样，还会发挥失常。富勒赶紧

▲康布雷战役中，首次大量使用坦克

说，伊普雷战役中，坦克部队失利，是因为忽视地理因素，贸然进攻的结果。坦克应该在平坦、干燥的地域作战。

因为此次战役是他们英军主动进攻，可以自由选择进攻地点，他便命令富勒寻找适合大量部署坦克的干燥战场。

富勒找到了康布雷，康布雷位于法国西北部地区，属于此次战役的区域，此地地形十分开阔，非常适合大规模坦克机动。更重要的是，此地仅仅集结了不到两个团的德军兵力。

富勒为了达到奇袭的效果，非常注重保密工作，英军的士兵在康布雷战役开始的两个星期前才开始集结。坦克攻击前的两天，富勒才告诉士兵，他们将使用坦克战。德军方面，对于即将要面对英军坦克的情况，更是一无所知。

坦克上载运大捆束柴

为了达成突袭的效果，富勒除了做好保密工作，还在坦克的机动性方面作了周密的安排。英军的坦克并不是直接开到前线，而是在夜间，利用更加机动的铁路平板车运送到前沿的阿夫兰科特森林中。为了伪装，坦克还涂上了迷彩。坦克的一切行动都是神不知鬼不觉的。

即使是这样，富勒还觉得不够，他还要求坦克在运送的途中，飞机不停地起飞盘旋，以制造噪声，掩护坦克的机动。

富勒还不解决一个困难，那就是——坦克进攻的时候，遇到堑壕怎么办？当时的坦克可不像如今的坦克，上山下海无所不通。当时的坦克遇到宽且深的堑壕，就有可能会趴窝。

富勒想出了好办法，那就是坦克遇到堑壕时，将一些树枝杂物扔到里面去，以便让坦克顺利通过。为了让坦克一遇到堑壕就有树枝杂物可用，富勒让每辆坦克在行进的时候，都背着一捆棍子树枝。当时对于坦克束柴也有严格规定，是用链条捆住的 75 束树枝。

▲ 康布雷战役实景

步兵与坦克协同作战

早在坦克开赴前线的前八天，富勒组织了坦克与步兵协同作战的训练。之前，坦克在实战中，没有发挥出它应有的作用，致使很多英军步兵一提到坦克都垂头丧气。富勒决定让坦克开始一场表演。

只见坦克轻松地越过了 3 米宽的堑壕，并越过 1.2 米高的立体障碍，并且将铁丝网硬生生地扯开，用四爪锚将铁丝障碍物扫除干净。

见此，英国步兵对坦克产生了信心，自觉地投入到训练中去。虽然训练只有 8 天时间,但英国步兵在心理上接受了坦克,愿意同坦克协同作战了。

为了使坦克和步兵能在德军猛烈的火力下,一口气越过德军的 3 道堑壕,富勒设计了步兵和坦克的协同战术。富勒让坦克 3 辆一组,互相掩护,呈三角队形冲击,第一辆坦克穿过德军的铁丝网,和随行的步兵一起,将第一道堑壕内的德军消灭,然后掩护随行的步兵向堑壕扔下束柴,成功越过德军第一道堑壕,然后用火力压制德军,以便另外两辆坦克跟进,利用第一辆坦克越过时由步兵扔下的束柴,越过第一道堑壕。此时,后越过堑壕的两辆坦克,一辆负责掩护,另一辆来到第二道堑壕前,和随行的步兵一起,将第二道堑壕内的德军消灭,然后掩护随行的步兵放下束柴,成功越过第二道堑壕,然后掩护剩下的坦克越过第三道堑壕,以此类推,就可成功越过德军的三道堑壕。

步兵在坦克越过堑壕的行动中,主要的是和坦克一起,对堑壕里的敌军进行清除,填埋壕沟,为坦克前进铺平道路,以及警戒。

此后,源源不断的坦克和步兵就会冲向德军纵深阵地。

精彩的坦克战

11 月 20 日拂晓,富勒策划的坦克战开始。英军没有炮火准备,在炮兵徐进式弹幕射击和飞机的掩护下,大量坦克按照事先设定的战术,向德军阵地突击。

因为是奇袭,德军被打得措手不及,他们的第一线部队基本没有抵抗。德军有着 10 公里的 3 条防线全部被突破。太阳落山时,英军已经成功突入德军阵地纵深 10 公里。

英军此次奇袭大获成功。

但是,英军的后续兵力不足,而用于支援的加拿大骑兵师又没有及时赶到。德军遭遇重大损失后,立即开始反攻,德军的步兵和大炮又将英军击退了。英军坦克撕开的突破口,也被德军封闭了。

> **富 勒**
>
> 富勒(1878－1966),英国著名的军事理论家和军事史学家。他参加过第一次世界大战,担任过坦克部队参谋长、参谋学院主任教官、英军总参谋长助理、野战旅旅长,获少将军衔。他一生的研究著述颇多,涉及的军事领域也很广泛,他先后研究过步兵战术、机械化战争战术,国际政治和国家防务以及军事历史等。不过他最重要的理论贡献还是在机械化战争论方面,他的坦克战战术在世界军事史上影响深远,尤其对"二战"战场影响巨大。著有《西洋世界军事史》《装甲战》等 30 余种军事著作。

不管怎样,富勒在康布雷进行的坦克突袭行动,是坦克自投入战场一来,首次在战术上获得的一次大捷。这也是以坦克为主导的诸兵种协同作战的开端。

鲁登道夫破产的"米夏埃尔"攻势

　　1917 年年底,德国速胜速决的愿望被打破,彻底陷入了"一战"的泥潭中,兵源枯竭,经济萧条,政治混乱,危机四伏。1918 年,德军副参谋长鲁登道夫上任伊始,就计划将发动了一场大的攻势,准备在西线集中德国所能动用的全部兵力,一举将协约国彻底击溃,这次行动代号为"米夏埃尔"攻势。

鲁登道夫临危受命

　　1916 年 8 月,德国面临协约国从各条主要战线发动的猛烈攻击,德国自开战以来就一直掌握的战略主动权自此开始丧失了。德皇忧心忡忡,为了扭转不利局势,决定换将,任用兴登堡为德军总参谋长,精通军事战术的鲁登道夫任副总参谋长。因兴登堡年迈体弱,德军最高军事指挥权实际上由鲁登道夫行使。自此,鲁登道夫走上了历史前台。他带领着德国军队在战场上拼命厮杀,左右着德国的命运。

　　此时的德国已经彻底陷入了"一战"的泥潭中,兵源枯竭,经济萧条,政治混乱,危机四伏。1918 年,鲁登道夫通过缜密的思考,他计划发动了一场大大的攻势,准备在西线集中德国所能动用的全部兵力,一举将协约国彻底击溃,这次行动代号为"米夏埃尔"行动。

双方兵力对比

　　1918 年 2 月,鲁登道夫将 178 个师集中到西线,准备对协约国发动攻击,德军的兵力兵器包括步兵 123.2 万,骑兵 2.4 万,5500 门重型野炮和 8800 门轻型野炮。协约国虽然掌握了战略主动权,但得到这个情报后,还是非常重视,他们急忙调动 173 个师,包括步兵 148 万,骑兵 7.4 万,重炮 6800 门和轻型野炮 8900 门,以应对德军的进攻。

　　在长达 120 千米的战线上,英国的四个集团军,共 59 个师严阵以待。而法军则集中了 97 个师,在 300 千米长的战线上一字展开,以抵御德军的进攻。同时,协约国方面还集中了 10 个比利时师和 5 个美国师的补充,随时补充英法军队的损失。

　　对比双方兵力,德军虽在数量上比不上协约国,但德军的火力则明显优于协约国。以一个师作为对比的基数,德军每个师有重型和中型机枪 350 挺,协约国只

▲身着戎装的鲁登道夫

有 164 挺；德军每个师有迫击炮 150 门，协约国为 136 门。不过协约国拥有制空优势，在英国防守区，德军能起飞的飞机是 1020 架，而英国能使用的飞机达到 1250 架，在法国的防守区，双方飞机数量差距显著，德国拥有的飞机是 470 架，而法国的飞机是 2000 架。总体而言，协约国的空军力量比德国多出近 3 倍。

鲁登道夫的渗透战术

为了在西线将协约国彻底击溃，鲁登道夫下令，对德国士兵进行严格的渗透战术训练，而且，此项训练在秘密的状态下进行。

▲ 道格拉斯·黑格

德军的渗透战术，又叫突击群战术，是指德军作战小分队，设法穿过敌方阵地防御的间隙，渗透到敌方的防御体系中，打击敌方指挥部、炮兵阵地等重要目标，并切断交通线，让敌方防御部署之间无法联系，为正面的全面攻击创造条件。

渗透战术的实施，具体包括下面几个步骤。

首先，对敌方阵地进行短暂的炮击，甚至释放毒气，其目的是压制敌方火力。

其次，炮击后，德国轻装的小分队出发。每个小分队队员都携带冲锋枪、手枪、手榴弹、短刀，绕过敌重要据点，渗透进入敌方阵地纵深。为了能够独立作战，小分队还携带轻重机枪、榴弹发射器、轻迫击炮、火焰喷射器等火力，形成完整的步兵火力配系。但是，在消灭敌军指挥部和炮兵阵地之前，小分队尽量不要暴露，避免与敌发生战斗。

再次，轻装突击部队完成既定任务后，后续的重装突击部队出发，他们主要是攻击轻装突击部队绕过的盟军据点，为后续的步兵全面攻击做好准备。

最后，普通的步兵才开始大规模攻击，把地方部队的最后抵抗全面扫除，并打扫战场。

对于渗透战术，鲁登道夫信心满满，他向鲁普雷希特皇子夸耀道："只要打开一个缺口，其余部队就可以跟进，从而彻底击垮敌军的防线"。

在德军士兵秘密进行渗透战术训练的时候，协约国统帅部其实已经知道德军的这个战术，他们是从德军逃兵带来的德军训练手册中得知的，但是，协约国军队对于渗透战术毫不在意，他们依旧将大部分部队都集中到了前线的防御阵地上。

鲁登道夫获悉英军的布防后，喜笑颜开，他下令将训练好的小分队准备投入战场，他要给协约国以毁灭性的打击。

德军攻势开始

3 月 10 日，德军开始攻击。

德军首先对香巴尼的法国防御工事进行炮轰，并对凡尔登和兰斯两地发动牵制性突击。与此同时，德军大部依靠火车和汽车，对英军第3、第5集团军对面的德军防区机动。鲁登道夫命令，冯·贝洛将军率领第17集团军，冯·德尔·马维茨将军率领第2集团军，胡蒂埃尔将军率领第18集团军，共计3个集团军，准备突破英国防线。

▲米夏埃尔攻势中的士兵

鲁登道夫打算祭出撒手锏，以小分队渗透，破坏英法军队的指挥部、炮兵阵地等关键部位，然后连续猛攻，让大部队推进至索姆河上省辖城镇佩罗内的两岸，最后向北吃掉英军的侧翼。鲁登道夫下令，在将近80千米的战线上全面展开行动，第18集团军进攻沿瓦兹到拉费尔一线的英军，第2集团军和第17集团军同时沿拉费尔到斯卡尔珀一线展开进攻。

此时的协约国指挥实在不足以称道，面对来势汹汹的德军，英军第5集团军仍旧分散军力，其辖下的12个师在167千米的战线上稀疏地排开；而英军第3集团军的14个师却又被德国第17集团军的右翼牵制，集中在不到45千米的战线上。

英国人如此部署兵力，对于德军来说，不失为一次进攻的天赐良机。3月21日凌晨4时40分，德军2500门大炮和迫击炮连续6小时对英军第5和第3集团军防区进行了猛烈炮击，并且释放毒气。英国遭遇了重大损伤，防御工事和交通线成为一片废墟。

这时，德军的多支渗透小分队率先出发。面对分散的英军兵力部署，渗透小分队很容易渗透进去。在小分队的破坏下，英军第5集团军互相联系便被切割开，不得不各自为战，在后续的德军28个师的进攻下，英军阵地很快就被全面摧毁。

到21日傍晚，英军防线整体崩溃，英军第5集团军的残部不得不退到索姆河的南岸。

▲青年时期的兴登堡

英军第3集团军的情况就好多了，他们虽然遭到了德军进攻，损失不小，但他们纵深防御非常牢固，德军的进攻未能突破。德鲁登道夫对于德军第1和第17集团军攻占了英军第5集团军的防区的战果，十分满意，但对德军未能突破英军第3集团军的防线，很不满意，决心修改策略，决定在第18集团军取得的进展基础上，继续扩大战果。

▲乔其莎战役中的德军士兵

德军大获全胜

胡蒂埃尔在鲁登道夫的命令下,率领第18集团军沿着索姆河两岸,同时向南和向北进攻,猛攻两岸防守的英军和法军,以扩大战果。3月25日,埃米尔·法约尔将军率领一支英法混合部队,出现在索姆河南部地区。同时,还有6个法国师机动至此。胡蒂埃尔立即应战,但出乎意料的是,法军在德军进攻之前,就向西南方向撤退。因为法军的逃跑,德军扩大战果行动实施得非常顺利,德军一路上没有遇到丝毫抵抗,朝着巴黎方向长驱直入。

在8天的时间里,鲁登道夫麾下的德军就推进了65千米,并将法国重镇——亚眠夺下,这是创纪录的大胜。

英军在德军的攻势中,165500人伤亡,法军则损失77000人。德军共俘虏英法军队7万人,缴获1100门野炮。有趣的是,德军推进过快,随手将英军的两百万瓶威士忌酒全部缴获,这让英军大为震惊,他们不得不佩服德军的渗透战术运用之妙。

但是,埃米尔·法约尔将军率领的一支英法混合部队为什么不与德军战斗,就迅速撤退呢?这牵扯到英法协约国军队的指挥权问题。

协约国指挥权争议

在德军的"米夏埃尔"攻势中,协约国军队却因为指挥权不统一,前线频频告急。战斗打得如火如荼,后方却在为指挥权而争斗。

因为指挥权的不统一,导致英国第5集团军遭受德军的进攻,损失惨重。因此,协约国开始酝酿他们拖延已久的计划——建立单一的指挥部,以迅速地向遭受德军进攻的地方增援部队。为此,协约国成立了最高军事委员会。

▲第三次攻势中的联军士兵

不过协约国军事委员会行动目标怎样统一领导困难重重,譬如英国远征军总司令黑格,就对协约国军事委员会负责战场的统一指挥和后备军的调集,表示了反对。他说:"我可以同一个人打交道,但不能同一个委员会打交道。"另外,黑格还说,在需要增援的时候,他可以和法国的贝当元帅互相支援,没必要惊动军事委员会。

协约国军事委员会之所以难以统一指挥

的另一个原因，是英军和法军作战的目的是不相同的。鲁登道夫已经看到了这一点，对于法军来说，保卫巴黎是首要任务，而英军作战目的则是确保海峡港口的安全。作战目的不同，任何联合行动的需要都会被置于一边。

结果，当英军司令黑格面临德军的进攻，要法军元帅贝当派兵增援英军时，贝当却由于担心德军可能在兰斯前线发起进攻，威胁到巴黎的安全，放弃对英军的支援，而是将好几个师迅速向西南方向撤退以确保巴黎的安全。

正是因为贝当为了法国的利益，一意孤行，使得德军得以重创英军。同时，不幸的是，巴黎暴露在了德军的枪口下。

Ruprecht von der Pfalz. 1400–1410.

▲鲁普雷希特

遭遇如此大的失败，这才使英法军队的司令有所警觉，双方急匆匆地在小镇杜朗开会，决定由福煦元帅负责协调英军和法军的统一行动。

德军向巴黎的进攻

德军在"米夏埃尔"攻势中取得了辉煌的战绩，但很快鲁登道夫就发现：胜利来得快，失去也很快。

3月27日，胡蒂埃尔率领德军向巴黎发起进攻，德军的几个师攻占了距巴黎约50千米的蒙迪迪埃镇。但很快，德军面临补给不足的问题，而且一直在进攻的德军也已经筋疲力尽了，这使得德军不得不放慢行军速度。

德军士兵由于精力消耗太多，别说是追击退却中的协约国军队，就连协约国军队无力逃跑，停下来休息，德军士兵追上后，却累得连举枪射击的力气都没有了。结果只会出现戏剧性

> ### 鲁普雷希特
>
> 鲁普雷希特（1352－1410），维特尔斯巴赫王朝的德意志国王，1400－1410年在位。1400年，鲁普雷希特在选侯们废黜了国王文策尔后当选为"罗马人民的国王"。由于文策尔拒绝放弃自己的德意志王位，鲁普雷希特从未能加冕为神圣罗马帝国皇帝。鲁普雷希特在意大利期间联合佛罗伦萨攻击米兰公爵。1401年战败，返回德意志。他在位短短的十年中，将太多的精力和资源浪费在对意大利的冒险上。"一战"时德国以他的名字组建成鲁普雷希特集团军。

的一幕，德军和协约国士兵，这对刚才还你死我活战斗的宿敌，此刻却一起躺在路边休息。

马维茨的德军第2集团军这时候遭到了来自美国工程兵和后方勤务部队的顽强阻击。从3月28日至30日，德军发疯似的对协约国防守的堑壕线冲击了3整天，却并没有突破。德军自己却在进攻作战中损失惨重，23.9万兵力，包括许多受过小分队渗透战术高强度训练的士兵，全部战死。4月4日，德国兵员补给告急，德军的士气与军纪已败

坏到了崩溃的地步。

▲斐迪南·福煦戎装图

德国小说家鲁道夫·宾丁记录下来这样的场面，在阿尔贝附近，喝醉酒的德军军纪败坏，让人触目惊心："士兵们都摇摇晃晃，士兵们简直不能行走……街道上都流淌着酒。军官们对醉酒滋事之徒毫无办法。""当士兵因喝酒而振作起精神，于第二天开出阿尔贝时，他们都立即被几挺英国机枪扫倒在铁路路堤上。"

在协约国方面，因为美国源源不断地增援，慢慢开始恢复元气。譬如，5月25日，美军统帅潘兴将军把4个美国师移交给法军统帅贝当，供其调遣。

但鲁登道夫还是不死心，5月27日，他命令德军从埃纳河向提埃里堡和巴黎方向继续推进。德军的确一鼓作气地突破了法军的阵地，并占领了苏瓦松，进至马恩河一带，离巴黎更近一步了。当德军欢天喜地，准备再接再厉，继续突进，攻占巴黎时，美军又一次出现在德军的面前，多达33万的美军阻击了德军，德军无法继续前进。直至6月3日，在屡战屡败的情况下，德军不得不停战休整。

鲁登道夫知道，如果德军不速战速决，让协约国的英法美等军队有时间协调增援，其攻下巴黎的愿望就无法实现。于是，7月15日，鲁登道夫命令德军发动了最后一次攻击，试图扭转局面。当时，德军的炮兵集中所有炮火对兰斯西侧展开了迅猛的轰击，顺利突破法军第一道防线，俘虏法军1400人，缴获火炮50门。但到了16日，遭到了法军的抵抗，德军实际上只向前推进了6千米，仍然没有攻下巴黎。

▲第三次攻势中的德军士兵

7月18日清晨，协约国开始反攻，四个集团军的协约国军队向马恩河一线的德军发起了猛烈攻击。因为敌众我寡，而且德军长久战斗，十分疲劳，德军只好边打边撤，退到了埃内河以北一线。协约国军队乘胜追击，丝毫不给德军以喘息的时机，一举将德军击退了40千米，巴黎自此摆脱了困境，而且，联军从战略上也变被动为主动。

德军的"米夏埃尔"攻势到此基本上是失败了。

检讨德军"米夏埃尔"攻势，我们可以看到，德军虽然依靠渗透战术和连续进攻，突破了英法联军的防线，暂时打败了英法联军，但德军并没有彻底击垮协约国的军队，经过激烈的战斗，自身反而损失了近80万人。

这时的德国，再也撑不住了。

亚眠之战，德军的"黑日"来临

1918 年 8 月 8 日，协约国英国、法国、加拿大和澳大利亚联军组织 20 多个师、500 多辆坦克，对德军的"亚眠防线"发动了大规模的奇袭战，史称亚眠战役。此战也是第一次世界大战中最大规模的坦克战。

制订计划

亚眠是法国北部城市，是法国大陆上的铁路交通枢纽，战略地位十分重要。亚眠被德国人占领后，法国北方各地的联系就此被切断，这无疑是在法国人的颈项上套了一根绞索。法国元帅福煦一直想夺回亚眠，但苦于没有最佳的作战时机。

1918 年，第一次世界大战已经经历了第 5 个年头，以德国为首的同盟国已相当吃力，而美国又参加了协约国一方，协约国和同盟国两大军事集团的攻守之势发生扭转，协约国开始酝酿发动总攻。

福煦认为收回亚眠的机会来了，1918 年 7 月 24 日，他向协约国军事委员会提议，总攻的突破口就选在亚眠，他还制订了旨在夺占亚眠的战役计划。该计划的基本想法是通过收复亚眠和巴黎一线的铁路，进而打退盘踞在索姆河一带的德军，从而让协约国从战略防御转入对德军全面进攻。

此计划经过法英美等协约国代表讨论，获得通过。

双方兵力部署

协约国方面计划参战的共有 17 个步兵师、3 个骑兵师、2684 门火炮、511 辆坦克、16 辆装甲汽车和 1000 架飞机。这其中包括英国第 4 集团军、法国第 1 和第 3 集团军、加拿大军的 4 个师、澳大利亚军的 5 个步兵师、3 个骑兵师以及一个美国师。总指挥是英国远征军司令黑格。

固守亚眠的德国却只有 7 个师的兵力，以及 840 门火炮、106 架飞机。

协约国和德国的兵力比达到 3∶1。

因为协约国对进攻亚眠的计划采取保密的措施，德军方面压根就没想到协约国会在亚眠发动进攻。此时的德国统帅部还沉浸在此前的"米夏埃尔行动"的败局中，希望能够重新掌握主动权。8 月 2 日，副总参谋长鲁登道夫说："局势要求我们一方面不得不转入防

▲今日亚眠风光

御,另一方面只要有可能,我们就立即重新采取进攻!"但鲁登道夫哪里知道,他尚没来得及采取进攻,协约国的军队已开始在亚眠集结了。

亚眠

亚眠是法国北部的一个城市,是皮卡第大区首府和索姆省省会,距离首都巴黎116千米。这里是重要的战略中心,可通达法国北方各地。它拥有法国最宏伟的哥特式大教堂,比巴黎圣母院要大两倍。13世纪的圣母院是哥特式建筑,被列入联合国教科文组织的文化遗产名单。位于亚眠市中心的异色方格花园,是亚眠宝贵的文化遗产。

隐蔽和奇袭的战术

协约国的战术主要有:改变炮火攻击方式、隐蔽和奇袭。

此前,德国通过渗透战术,让协约国遭受了不小的损失。所以,协约国指挥官黑格改变了战术,不再在进攻前进行炮火攻击,而是让坦克担任先头部队,发动突然袭击,以免炮火泄露协约国的进攻意图,影响奇袭的效果。

具体做法是:协约国的坦克悄无声息地来到攻击阵地后,才开始炮火攻击。骑兵和步兵紧随后面,利用炮火掩护,向敌方阵地冲击。

黑格这么做的目的,就是为了达到奇袭的效果,打德军一个措手不及。为此,所有的战前准备工作都必须保密。向前线运送士兵和弹药的列车不在白天行驶,改由晚上行驶,就连道路上都铺上沙土和稻草,以防止发出声响。严禁协约国联军进行搜索和炮兵试射,以免惊动德军。另外,协约国联军还在伊普雷地域展开佯动准备,以迷惑德军。

大规模的军事行动,涉及的人和车非常之多,要做到万无一失,那是很难的。在协约国联军进攻亚眠前的几天,德军听到了对面协约国英军阵地噪声不断,德国的飞机也侦查到协约国坦克纵队的运动。不过,德军统帅部根本不重视这些情报,鲁登道夫也不相信,在"米夏埃尔运动"中受到德军重创的协约国联军会在半个月的时间内再次组织一次大规模进攻。

8月7日夜,协约国所有部队都顺利到达亚眠以东的预定地点。

进攻全面开始

一切都在按预定计划进行!

8月8日凌晨4时,协约国联军坦克在飞机噪声的掩护下,向德军阵地冲去。

4时20分,此前一直按兵不动的协约国2000门火炮突然一齐开火,几乎在瞬间,炮弹像雨点一样落在德军阵地、指挥所、观察所、通信枢纽等关键目标上。顿时,德军阵地硝烟弥漫,很多防御工事灰飞烟灭,就连土地都被炸得坑坑洼洼,起伏不平,像被犁过一样。

45分钟后,协约国的骑兵和步兵得到进攻的命令。他们在40千米宽的阵地上,以3倍于德军的兵力向德军阵地发动攻击。

霎时间,喊杀声、坦克的轰鸣声,以及子弹的呼啸声,响彻天空。因为此次奇袭完全出乎德军的意料,德国来不及反击,协约国的坦克就穿越双方阵地的无人区,来到毫无招架之力的德军面前。

德军第一线阵地瞬间崩溃。

不得不说的是,亚眠会战是坦克的第一次大规模使用,此前的"一战"战场上也出现过坦克,但如此多的坦克集中到一个战场上,还是第一次。当德军见到如此众多的坦克冲向自己的时候,除了本能地溃逃,还能做什么?

坦克的效能太大了,因为有装甲的防护,德军的机枪扫射对坦克丝毫不起作用,而且坦克还能破坏德军的电报和电话,以切断德军与统帅部的联系。

亚眠战役中协约国联军的第一个师级俘虏,也是在这时被抓住的。当时这个德军师级参谋奥西多上校正准备吃早饭充饥,瞬间就被冲过来的协约国英军俘虏。这也从侧面反映出协约国联军奇袭速度之快。

依照这样的势头发展下去,协约国联军大有一举夺下亚眠之势……

总结战术失误

在进攻中,奇袭的效果已经到达,但这毕竟是坦克的第一次大规模使用,经验不足,这期间也出现了一些问题。其主要的问题就是坦克和骑兵协同不足。

按照计划,坦克冲在前面,破除障碍,消灭德军机枪据点,再掩护骑兵跟在后面冲锋。可是,坦克的速度远远不及骑兵。在突击中,骑兵经常冲到坦克前面,把自己暴露在德军的机枪和步枪火力前,这造成了协约国骑兵的很大伤亡。

▲联军向亚眠方向推进

另外,突击一段时间后,骑兵的马匹需要给养,特别是马必须饮水,为此骑兵不得不撤下来。而负责掩护骑兵的坦克也不得不跟着撤退。可是坦克不进反退,不但不能保护骑兵,还把自己置身于德军炮火的射程之内,协约国的很多坦克就这样被击中。

事后统计,就因为坦克与骑兵的协同失误,造成协约国100多辆坦克被德军的炮火摧毁,同时还有1.2万余协约国士兵丧命。

总体来说,8月8日这一天的进攻,对协约国来说,算是成功的,这是协约国自马恩河战役之后获得的最大战果:德军损失2.7万人,另有1.5万人被俘,德军400门火炮被摧毁,不计其数的德军物资成为协约国联军的战利品。

胜负在此一举

见德军兵败如山倒,防守亚眠的德军指挥官鲁登道夫惊得目瞪口呆。他不得不承认:"8月8日是德军在这次大战史上最黑暗的一天"。但鲁登道夫不愧是一名著名将领，面对协约国的奇袭，他没有自乱阵脚。他先是严令前线德军死守住第二线阵地，另外，他紧急命令6个师的预备队星夜兼程，增援亚眠。

▲亚眠战役中的英军坦克部队

8月9日，协约国依旧继续进攻。但是，此时协约国联军的进攻没有第一天那么顺利了。这是因为，在第一天进攻中，协约国官兵的消耗太多，人员疲惫不堪，弹药也无法及时得到补给。另外，因为战术失误，坦克损失了不少，而余下的300辆坦克也因为燃料短缺而进攻缓慢。

缓过神来的德军，在鲁登道夫亲临战场打气的情况下，变得非常顽强，疯狂地向协约国的军队反击。

在这种不利态势下，协约国的指挥官黑格并没有放弃进攻，他清楚地知道，此时他们面对的只是固有之敌，如果德军的增援部队赶到，协约国进攻的困难将更大。为此，黑格决定投入更多的兵力进攻，并且改变战术，将进攻的阵线拉长，寻找德军防守阵地薄弱处，进而一举突破，夺下亚眠。

德军和协约国联军都知道，这是一场时间和耐力的比拼，如果在德军的增援军队赶到之前，协约国联军仍没夺取亚眠，双方交战的态势就极有可能变成战略僵持局面。

不幸的是，就在这一天，德军的增援部队赶到了亚眠。德军上下振奋，迅速构筑工事，进行顽强抵抗。在面对面的血战中，德军的高爆炮弹发挥了巨大的杀伤力，很多协约国士兵被炸死炸伤。

为此协约国联军不得不停止大范围的进攻，改为组建一个个小分队，穿插迂回进攻德军防线，以分散德军炮火的目标，进而减少伤亡。

面对协约国联军小分队进攻，德军躲在弹坑和掩休后面，用机枪扫射进攻的协约国联军。协约国联军遭受了重大损失。联军进攻的进展十分缓慢，法军的战线只前进了

▲在亚眠前线进攻的德军

10公里，而英军只前进了5公里。但协约国联军并没有停下进攻的步伐，但进攻的节奏明显放缓。

鲁登道夫看到了这一变化，在8月11日下令德军开始反击。不过鲁登道夫知道德军的兵力仍然少于协约国联军，无法全线反攻，只能选择一个区域，集中兵力反攻。

鲁登道夫选择某处英军的防线，他命令德军的炮兵集中火力，向英军的集结地进行最猛烈的炮火打击，企图让英军知难而退，从而再

腾出手来打击法军防线。

一时间，英军防线在德军炮火的攻击下，浓烟滚滚，山头被削平，森林被炸成碎片，树木被烧焦，特别是英军的坦克，大部分暴露在德军的火炮射程中，损失惨重，英国无法依靠坦克对德军进行反击，而德军的步兵却已经冲到了英军防线前。

英军的军心开始动摇！

在这千钧一发的时刻，协约国的法军和加澳军赶到，击退了德军，遏制了德军的攻势。

此刻的协约国联军已打得筋疲力尽，德军也损失严重，无力再战。好在美国的援兵和战略物资送到，给协约国联军以补充，使得联军战斗力增强。

8月12日清晨，协约国联军对德军开始了

> **斐迪南·福煦**
>
> 斐迪南·福煦（1851－1929），法国元帅，在"一战"最后几个月内担任协约国军总司令，被公认是协约国获胜的最主要的领导人。"一战"爆发后参加了多场战斗。在取得一系列胜利后被任命为北部集团军司令。1918年11月代表法国在贡比涅森林签订对德停战协定，后又在巴黎和会上发挥重要作用。福煦具有超凡的军事协同组织能力，他成功地指挥英法美等协约国部队取得了对德国最后决战的胜利，也为未来战争中多国联合部队的统率、组织和作战提供了重要的经验。

一次强有力的攻势，德军依旧顽强抵抗，但终因为补给不足，实力不足，坚持到黄昏后，不得不趁着夜色撤离亚眠，回防阿尔贝尔、佩龙纳及索姆河上游一线以东的地区。协约国联军并没有追击撤退的德军。

8月13日，协约国联军夺取亚眠，完全停止进攻，亚眠战役结束。

战役结束

通过亚眠战役，协约国联军夺回亚眠，完成了既定目标，但遗憾的是，协约国联军并没有全歼德军。

在这场战役中，协约国联军歼灭德军4.8万人，俘虏德军3万人，击毁德军火炮500门，联军也伤亡4.6万人。

在亚眠战役中，一辆协约国联军的坦克由于进攻速度太快，一下子穿插到德军炮兵阵地的后方。这辆坦克猛烈地开炮，给德军炮兵以巨大打击。这辆坦克还协同随后赶到的协约国骑兵歼敌60多人，还攻击了德军补给车队，战果丰厚。不幸的是，这辆坦克最终被德军击毁。

亚眠战役的影响

亚眠战役是协约国从战略防御转为战略进攻的关键战役，这次战役后，德军士气大降，德国上下都明白了，他们已经无法赢得第一次世界大战的胜利。为此，德国将领们为避免更大的徒劳的损失，于8月14日上书德皇，决定和谈。

1918年11月11日凌晨5时，在荷兰女王的调解下，德国代表正式向法国福煦元帅递交了停战协定，表示投降，第一次世界大战结束。

默兹－阿戈讷战役

在德国投降前的9、10月,60万美军进入默兹－阿戈讷作战,迫使德军将领鲁登道夫动用他的27个最精良的后备师,以增援其摇摇欲坠的默兹－阿戈讷战线。美军成功吸引了这些德军部队,因此大大地减轻了其他防区的英法联军的负担。

福熙元帅要断德军后路

1918年8月以来,德军连连败北,协约国节节胜利,胜负已经明朗,在爱好和平的人的眼里,"一战"结束的曙光已经显现出来了,甚至有人说,德军在1918年当年就会被打败,"一战"就此结束。协约国为了这个目标,不断对德军发动攻势。在1918年9月和10月,协约国军队为彻底瓦解德军的兴登堡防线,决定发动大规模的作战。

兴登堡防线从伊普雷东北的海岸延伸到瑞士边界,是德军精心构筑的重要防线,如果

▲今日默兹河

兴登堡防线失守,德军将完全陷入被动,只能被动挨打。所以说,兴登堡防线也是德军的心理防线。

对于这次攻势,协约国英法联军有着很好的规划,他们并不准备在正面战场突破,而是攻击德军补给的交通运输线,让法国境内阿登地区的德军陷入不利局面,然后再彻底歼灭德军。

默兹－阿戈讷战役的首要目标就是,夺取或切断赖以调动部队和补给的铁路线等交通线,然后迂回包围德军。

德军在法国和比利时境内,主要依靠一条从梅斯向西北延伸的铁路进行后勤补给。协约国英法联军的总司令福熙,为截断德国退路,把包括梅济埃尔和奥努瓦这两个铁路接合点在内的80千米狭长地带定为夺取目标。为此他协调法英军队从西面向奥努瓦推进,法美军队从南面的默兹－阿戈讷向梅济埃尔进攻,最后两军会合。

协约国联军通过默兹－阿戈讷战役的胜利,将占领铁路系统,穿插分开德军各军之间的地上交通。这样德军即使撤退,也只能通过大迂回,经过列日和莱茵河流域的路线撤退,费时费力而且后勤补给困难。甚至于协约国联军通过此战,可以掐断德军退路,彻底歼灭德军。

双方都在备战

德军统帅部对于协约国发动的默兹－阿戈讷战役是有预料的,德军副参谋长鲁登道夫清楚地知道,德军不可能在协约国军队的快速猛攻下,有序从列日和莱茵河拥塞隘道撤退,所以,德军必须发扬破釜沉舟,顽强抵抗的作风,依靠兴登堡防线挡住协约国军队的进攻。为此,德军在从海边到默兹河的防线后方,修筑了三道新的防线,而且,德军还加强了默兹－阿戈讷地区的防守力量,设置了大量障碍物。从防御角度上说,默兹－阿戈讷是一个很好的防御地形。默兹河东面的科特德－默兹河的高地十分陡峭,炮兵驻扎于此,居高临下射击,英法联军几乎无法将其攻破。

另外,默兹－阿戈讷的中途,即蒙福孔山丘,能够居高临下地俯瞰到周围地区全貌,也是双方必争的要地。该地的德军戒备森严,德军已经加强了该地32千米的正面防线。协约国军队要攻占蒙福孔山丘,唯一可行的办法是猛烈攻击蒙福孔山丘两边防线的突出部,撕开裂口,然后用侧翼进攻来扩大突出部裂口,威胁德军防线后方,从而迫使德军退却。

▲默兹—阿戈讷战役中作战的士兵

协约国联军的进攻,可不是仅仅针对默兹－阿戈讷地区,在佛兰德,有比利时军和英军的进攻,在康布雷－圣康坦,有英军的进攻,在中央的香巴尼,有法军的进攻。

双方兵力对比

协约国联军在此次攻势中,包括对于默兹－阿戈讷地区的进攻,共投入了220个师的兵力。德军兵力枯竭、严重短缺,只能勉强集结起197个师进行防守。这些德军部队在"一战"开始前,的确士气高昂,但经过漫长的战斗,德军厌战情绪日益增长,战斗力已经大大下滑了。

至于在默兹－阿戈讷方向的战役,协约国方面,则由美军担任主要作战任务。美军参战的兵力只有60万人,合9个师,其中3个师有过进攻经验,4个师同他们的支援部队既未曾一起作过战,也未曾一起受过训练,另3个师在近处作为后备队,这些美军都是在9月中旬完成圣米耶勒突出部反攻后调来的。

值得一提的是,直到进攻那一天,由于发生了运输上的意外困难,只有一个美军师经过战斗开抵前线。最终美军还是克服种种困难,为顺利实施这次进攻战役创造了条件。

美军吸引住德军大部队

1918年9月26日,西线协约国军队总司令福煦下达实施总攻的命令,默兹－阿戈讷战役的序幕正式拉开。联军先进行了3个小时炮击,然后对默兹－阿戈讷发动进攻。

美军突然进攻默兹－阿戈讷中路,将德军第一道防线突破,到这日黄昏,美军已前进6~9千米。第二天,美军就把蒙福孔山丘两边远离主阵地的突出部攻下,并且攻克德军第二道防线。

德军面对美军如此强大的攻势,不得不抽调兵力前来堵截。为此,鲁登道夫从西线抽出7个师来支援德军。7个师的德军援兵恰逢其时,把美军的攻势挡住了。美军为了恢复攻势,调兵遣将,调来有经验的老兵代替新兵。一切准备就绪,美军再次发动攻击,但依旧战果很少。

▲默兹—阿戈讷战役中英军伤亡惨重

美军在此后的四周时间里,正面进攻虽然顽强,但牺牲却很巨大。直到10月31日,美军才夺取了阿尔贡森林,突破了德军的第三道防线,另外,法军第4集团军在亨利·古罗将军的领导下,也到达了埃纳河。

面对美法军队的双重压力,鲁登道夫不得不调动后备军27个师,增援默兹－阿戈讷战线。这样一来,德军的兵力就被吸引在这里,大大减轻了其他协约国军队总攻的负担。

至于美军为什么前期进展顺利,后期寸步难行,其原因是德军的防守反击战术——弹性防御战法,就是前方防线设置得很薄弱,而将真正的防御力量置于相当距离的后方,这样一来,美军在前期利用奇袭战术,自然能够长驱直入,到遇到德军真正的防御力量时,美军就寸步难行了,这时候德军正好左右包抄,将美军围进精心编织的打击圈之内。而且,德军在增援部队的支持下,还对美军进行反攻,在德军机枪扫射下,美军一片混乱,损失惨重。

圣米耶勒战役：美军首次单独作战

1918年9月12日，在西线战场上，美国远征军发动了收复圣米耶勒突出部之战。这次战役是"一战"期间美军第一次单独组织实施的大规模进攻战役。此次战役从9月12日开始，到9月15日结束，美国远征军重创了德军。

必须拔掉圣米耶勒突出部

早在1914年，德军在围攻凡尔登要塞的过程中，就占领了圣米耶勒。此后德军重兵布防圣米耶勒。德军的圣米耶勒突出部楔入到法军防线20公里，切断了法军从巴黎到洛林的铁路交通线，这严重阻碍了巴黎与法国东部前线的铁路联系，同时对法军凡尔登、南锡等要塞产生了巨大的威胁。

法军视圣米耶勒突出部为眼中钉，肉中刺，在1915年曾发动了一次对圣米耶勒突出

▲"一战"中的美国远征军

部攻击，试图拔掉这个钉子，但失败了。此后法军一直没有放弃对圣米耶勒突出部的监视。

时间转到1918年，协约国进入反攻阶段，正筹划在墨兹河和阿尔贡森林之间的防区进行大规模的进攻，圣米耶勒突出部又成为协约国联军的绊脚石。所以，协约国联军将切除这个突出部作为首要作战目标。只有消除这个突出部，才能确保巴黎－凡尔登－南锡铁路畅通，并为尔后进攻德军控制的梅斯－色当铁路和布里埃铁矿盆地提供前进的基地。

协约国将这个任务交给了美国远征军。具体来说，美国远征军的目标就是在法国圣米耶勒发动攻势，把德军在联军战线上占据的这个突出部消除。

双方力量对比

潘兴是美国远征军的司令，他受领任务后，仔细分析圣米耶勒突出部的形势，决定把美国远征军的进攻重点放在南边。他计划让美国远征军第1集团军所属第1、第4军7个师在圣米耶勒突出部的南面实施主要突击。与此同时，还对突出部的顶端实施佯攻，另外，

▲潘兴

第 5 军 3 个师从突出部的西面实施辅助突击。

为了保证此次战斗的胜利,潘兴集结了 55 万美国远征军,外加 3000 门火炮、267 辆坦克和 1500 架飞机。

而圣米耶勒当地的德军守军是加尔维茨集团军的 7 个减员师,他们拥有 560 门火炮、200 架飞机,另包括 5 个预备队师。

战争全过程

9 月 12 日 5 时,圣米耶勒战役正式打响。美国远征军在突出部的南边开始轰击,900 门大炮一齐开火。持续 4 个小时的轰击之后,进攻的号令响起,在坦克的支援下,突出部南面的美军步兵率先发起进攻。8 时,突出部西面的美军也开始进攻。

战至黄昏时候,美国远征军的主要作战目标已经达成:占领了圣米耶勒突出部。

13 日,美国远征军南面和西面的两翼部队在维尼厄勒村胜利会师,宣告突出部战役完全胜利。

14 日~15 日,美军在摩泽尔河以西继续进攻,以扩大战果,但进展甚微。16 日,美法军队进抵到德军后方阵地后,因为久攻不下,停止进攻。战役于是结束。

此次攻击,美国之所以如此顺利,是因为在战役开始前,防守该突出部的德军和奥匈部队兵力就比较薄弱。另外还因为,尽管潘兴对进攻突出部的计划采取了极其严密的保密措施,但是,德军从协约国部队物资的调运情况中,还是得知协约国要对他们进行一次进攻。

为此,德军统帅部在美国远征军即将进攻前,9 月 8 日果断命令突出部的德国守军全线撤退,但是直到美军进攻时,德军的撤退远没有结束。这也是美国远征军的进攻,只遇到零星抵抗的原因。

▲今日圣米耶勒

美国远征军的收获

收复圣米耶勒突出部之战是"一战"中由美军组织实施的首次大规模进攻战役。在这次战役中,美军以不到 7000 人的伤亡代价,歼敌 5000 人,俘获德军 1.6 万人,收复土地 500 平方公里,战果是丰硕的。但是,美军没能及时发现德军撤退的军情,错失了合围德军的战机,这是一大遗憾。但对于美国远征军这支没有战争经验的军队来说,这已经是一份了不起的成就了。

第三篇 东线战场

在第一次世界大战中,东线战场是仅次于西线战场的另一个主要战场,主要是沙俄军队和德国、奥匈帝国联军在东线战场作战。东线战场总体上说比较沉闷,沙俄屡遭失败。后来由于内外交困,俄国爆发二月革命和十月革命,沙俄走向覆灭,苏维埃红色政权成立,导致俄国退出"一战"。

坦能堡会战，俄国的噩梦

坦能堡会战开始于1914年8月17日，结束于9月2日，最终的结果是德军以压倒性优势战胜俄军。从军事角度而言，坦能堡战役在战略上采取了以内线作战攻其一路的打法，在战术上采取了击溃两翼再合围中央主力的打法。

施利芬计划

"一战"前，德军的战略环境并不妙。普法战争中，法国战败丧失了阿尔萨斯和洛林省，因此法国总想对德国展开复仇行动。而俄国作为欧洲领土面积最大的国家，拥有庞大的人力资源和广袤的领土，从不惧怕德国。俄法两国的工业实力在世界范围内也都相当可观。此时德国就夹在两个强国之间，而且不具备同时应战并击败两方对手的能力。

德军总参谋部基于这种战略环境，早在战争爆发前的1891年，就由当时德军参谋总长阿尔弗莱德·冯·施利芬伯爵制定了这两个方向上的对手——法国和俄国——进行战争的方案，史称施利芬计划。

施利芬伯爵在1891年、1892年、1894年和1905年分别提出的4份备忘录中，十分详细地制订了史利芬计划。此时德军的兵力部署是，主力79个师集中在西线，而在东线仅保留10个师和部分地方守备部队，两者之间的比例为8：1。施利芬计划在大战爆发后，德国东线守备部队将协同奥匈帝国部队采取守势，将俄军阻挡在东普鲁士国境线一带；与此同时，德军主力将对法国采取猛烈攻势，在6周内彻底击溃法国。之后，德军主力将利用德国境内发达的铁路系统移往东线，再对俄国发起攻势。

▲ 冯·施利芬伯爵

施利芬伯爵对俄军的动员机制和其境内铁路网进行研究后，推断俄军需要至少6周到8周时间才能完成兵力动员，而6周到8周时间也成为该计划的时间标准。

施利芬的战略构想，师承于普鲁士传统军事思维，即集中兵力、主动出击、在一次大规模会战中击败敌人，在最短时间内结束战争。施利芬伯爵判定，德国在欧洲最强的敌人是法国，德军必须首先集中所有部队摧毁法国，为此，有必要在非主要战线的东线上冒次风险。施利芬伯爵甚至说："整个德军都应部署在西线，不留一点兵力对付俄国。"

战前局势

正因为如此，德军在东线上部署的兵力很薄弱，只部署了第 8 集团军和部分地方军，再加上各个要塞的守备队，总计大约 21 万人。

▲ 今日马祖里湖区

根据施利芬伯爵的计划，开战时德军在东线采取完全的守势，以东普鲁士边界地区为主要防区，并配合奥匈帝国军队防御俄军的进攻。施利芬曾经以东普鲁士爆发战争为背景，举行过多次兵棋推演和军事演习。所以，德军对该地区可以说是了如指掌。另外，德军还可以利用境内发达的铁路网络，及时从其他地区调来援军，以巩固东普鲁士防线。

德国从前为了防守东普鲁士，战前就在此地建设了大量防御工事，修建在维斯瓦河上游地区和柯尼斯堡周边地区的堡垒尤其坚固，正好用来阻挡俄军。另外，根据施利芬推演，俄军前进到一定程度，会发现自己被 80 千米的马祖里湖区分隔开。马祖里湖将进攻的俄军分成两股，而德军的作战计划就是集中第 8 集团军的有限力量，将两股俄军各个击破。由于俄军没有任何侧面交通工具，将在数日之内被完全分隔成孤立部队。按照施利芬计划，德军把整个集团军放在了这个地区，将对俄军两个集团军中的一个打击，然后再利用东普鲁士高度发达的铁路系统作迂回机动，打击另一个集团军。不过，如丘吉尔所评价的，这一计划要求德军的指挥官拥有拿破仑、马尔波罗和腓特烈大帝的才华和胆识，而类似这样的军事天才是少见的。

施利芬计划最大的误算就是低估了俄军的动员速度。在东线作战中，俄国从开战到总动员完毕，并没有如施利芬战前所料，需要 6 个星期，而是仅仅用了 6 天。

据丘吉尔记录，法国和俄国的总参谋部在战前就建立了十分紧密的关系："双方相信，德国要用其主力对付法国，仅以最少兵力对付俄国。双方同意各自的军队应尽早采取攻势，他们首要目标是摧毁德军。1913 年，约瑟夫·霞飞将军发表声明指出，法国在实施动员的第 10 天将集结 150 万军队，并于第 11 天开始作战。俄国的吉林斯基将军宣布，1914 年，俄国在实施动员的第 13 天就能以 80 万军队进攻德国。"

马祖里湖区

马祖里湖区在波兰东北部，维斯瓦河下游东侧直到波、俄边境，包括奥尔兹丁、苏瓦乌基两省及周围毗连地区，面积 5.3 万平方千米。为冰碛平原，分布有冰碛丘（最高点海拔 312 米）和小盆地。湖泊星罗棋布，多达 2700 余，统称"马祖里湖群"，面积 1450 平方千米，以希尼亚尔德维湖最大。湖间有河流或运河相连。湖区多森林沼泽，难以通行。分布着松林、混交林、常绿灌丛和草甸。如今这里是中欧最著名的湖区和度假胜地，每年吸引大量各国游客前来度假观光。

事实上,到了8月中旬,俄军已经动员了65万人的军队,超过东普鲁士德国守军总数的两倍。德军保罗·冯·兴登堡元帅在其回忆录里不无后怕地写道:"我们对面的俄军总数超过80万人,拥有1700门大炮,相反我们只有约21万人和700门大炮的守备力量。"不过这位元帅统计的只是俄国此时在东线的一线部队总实力,而非进攻德国的所有俄军的实力,因为俄国第1集团军和第2集团军加起来也有40万人,而且俄军此时正集中兵力在加利西亚发起大规模攻势,使奥军遭受了严重的打击。

在战前,俄国重整军备,并获得了法国的财政支持,俄法双于1911年达成协议,法国仅在1913年就向俄国提供约1.04亿英镑的贷款,使得俄国有能力获得更多的军用物资,并修建完成了通往其西部地区的战略铁路计划。

苏霍姆利诺夫将军从1909年起任俄国陆军大臣。他用了5年的工夫,致力于改善俄国的陆军。据他自述,他给自己确定了四大目标:第一,缩短长达三个星期的动员过程,消除德军动员速度超过俄军的差距;第二,实现军队的科技进步;第三,重振与日军战役失败后俄军的士气;第四,改进战时陆军的军需和增援的组织。他使征兵成为真正防卫本土的事业。

▲苏霍姆林诺夫将军在战场

他裁减了过多的要塞驻军,用裁下的军队组建了重炮连、气球兵和无线电通信机构,此外,他还组建了额外的6个师。他成倍地增加俄军配备的机关枪的数量,俄军一年一度的征兵额增加了25万人,也增加了军官人数,他还改善了俄军士兵的食物和服装。

1914年7月30日中午,沙皇签署了总动员令,动员了大批军队。在俄国西部地区,俄军部署了30个军,总计有96个步兵师和37个骑兵师,总数大约270万人,另外还有90万特种后备军和要塞部队。到动员的第13天,原来驻扎在亚洲地区的军队加入战斗序列,因而俄军增加到了1830个营、1250个骑兵中队和6720门大炮,总计大约500万人,其中约有2/3为战斗人员。

相较于德军作战计划的守势态度,俄军的作战计划则是咄咄逼人地进攻。据丘吉尔记录,战前俄国人制定了两个可供选择的对

苏霍姆林诺夫

苏霍姆林诺夫(1848－1926)是俄国骑兵上将,生于立陶宛的泰尔希市,1906年获得骑兵上将衔,1908年起任俄军总参谋长,1909年任陆军大臣。对俄国毫无准备地参加"一战"要负大部责任。当奥地利向塞尔维亚递交最后通牒时,他向沙皇政府保证俄军已做好战争准备。因此俄国下动员令参加"一战",但局部动员即已暴露了俄军士气低落和无战斗能力等缺陷。当战争进行时,俄国的军事行动越来越受到武器、弹药和其他战争物资短缺的阻碍,但他仍坚称他会对军队提供充分补给。1915年6月信用破产的苏霍姆利诺夫被解职,由能干的波利瓦诺夫将军继任。

▲ 坦能堡会战中的俄军士兵

德国和奥匈帝国的作战方案：G 方案，即"德国"方案，它设想德军集中力量对俄作战。A 方案，即"奥地利方案"，预期德国在东线对俄国取守势。在这两种情况下，俄国野战军将分为出动由第 1 和第 2 集团军组成的西北方面军和由第 3、第 5 和第 8 集团军组成的西南方面军。第 4 集团军在实施 G 方案时加入西北方面军，实施 A 方案时加入西南方面军。第 6 和第 7 集团军保护侧翼和从波罗的海和芬兰延伸到罗马尼亚和黑海的这条战线。在这两种选择中，俄属波兰维斯瓦河以西地区准备在战争爆发时疏散人口，以确保军队从容不迫地集结。西北方面军沿东普鲁士边界集结，西南方面军沿奥地利加利西亚边界集结。

俄军"奥地利方案"及提前动员

针对以上两种方案，当时任英国第一海军大臣的丘吉尔曾指出：这些基本安排在两个方案中都是一样的，如果德国开始时就在东线以主力采取攻势，则俄军两个方面军都朝在普里佩特沼泽后面的南北延伸穿过布列斯特－立陶夫斯克的一条线撤退，放弃整个波兰、华沙、维斯图拉河和纳雷夫河的全部堡垒群，以避免在狭窄的俄属波兰地区遭到德军的围歼。如果有必要，将再次使用 1812 年莫斯科战役的战略：俄国战线将进一步后撤，不惜一切代价赢得时间，等待三四周或更长时间，等待亚洲方面的军队，即 5.5 个西伯利亚军和 2 个突

涅曼河

在立陶宛语中涅曼河称为尼亚穆纳斯河。涅漫河属东欧平原西部河流。源于白俄罗斯明斯克西南 50 千米处，曲折流经立陶宛及俄罗斯加里宁格勒州的北部，注入波罗的海库尔斯基湾。全长 937 千米，流域面积 9.82 万平方千米，河口年平均流量为 678 立方米／秒。河道多浅滩、沙洲。支流有基利亚、鲁斯涅、别列津纳河、米亚尔基斯河、尼亚里斯河等。结冰期为 4 个月。3 月中至 5 月末有春汛，可流放木材。自考纳斯以下可定期通航。上游有考纳斯水电站。有运河与第聂伯河、维斯瓦河相通。

厥斯坦军的到来，使整个俄罗斯帝国兵力和资源完全集结，然后再努力进行决定性的反击。

如果德国在东线取守势，那么俄国两个方面军都将立即发起进攻，西北方面军攻入东普鲁士，西南方面军攻入加利西亚，征服这两个堡垒，并为这两个方面军在华沙以东重新集合和向德国中心联合进军做好准备。

当俄军总司令部了解到，位于德国东部的德军部队，已于 8 月 6 日开往西线，德国在东线采取了保守态势，俄军立即开始执行其"奥地利方案"。

但俄军的方案根据法国盟友的强烈要求，作出变更。战争初期，德国在西线取得了一系列胜利，受到严重打击的法国急切要求俄国军

队迅速向德国境内发起攻击，以减轻法军面临的压力。事实上，法国特使在战争爆发仅仅两天后，就向俄国提出了进攻东普鲁士的要求。俄军总司令尼古拉大公向特使表示，即使军队的集结没有完成，他还是会以最快速度打击德国人的军队。为此，大公下令在8月7日与10日之间在伊万哥罗德和华沙再组成第9、第10两个集团军，攻击德国托伦、波森和布雷斯劳的边境地区。

此外，为了加快这些集团军的组建和进攻，俄军总司令部决定跳过准备阶段，设计一种"提前动员"的形式，以牺牲成效为代价来赢得宝贵的八九天时间。但是，此次动员使得军队在尚未得到足够补给和完成各项必要准备时，就必须立刻开赴战场作战，为之后的战争留下巨大隐患。

吉林斯基将军在战争爆发初期就担任俄国西北方面军的司令一职。和他手下的保罗·冯·连内肯普将军与亚历山大·萨姆索诺夫将军一样，吉林斯基在俄军中享有很高威

▲东普鲁士农妇给东线战场的德国士兵分发食物

望。8月17日，吉林斯基命令连内肯普的第1集团军向涅曼河一线前进，两天以后又命令萨姆索诺夫的第2集团军向纳雷夫河一线前进。俄军的计划是从正面压迫东普鲁士的德军，并从波兰沿维斯瓦河一线突击，切断德军第8集团军与本土的联系，然后歼灭之。

德军施利芬计划的主旨就是采取守势，以第8集团军为主力防御东普鲁士地区，直到德军西线主力部队抵达东线后才转入对俄军的进攻。而俄军计划则是以第1集团军由维尔纳自东向西侵入东普鲁士，同时第2集团军从华沙出发，北进阻止沿维斯瓦河撤退的德军，配合第1集团军在东普鲁士围歼德军第8集团军。

双方指挥官差距太大

法俄联盟早在1892年就形成了，从那时起到1913年双方最后一次会议的召开，两国的总参谋部起草、交换和修改了一系列计划。法国人煞费苦心地想使眼睛紧紧盯着奥匈边境的俄国人相信，他们的主要敌人是德国人，打败了它，就一切迎刃而解了。法国首先在西线打败德国人是非常重要的，而要做到这一点，俄国人应该对德国构成足够的威胁，以便把德国军队牵制在东部边界上。

俄国确实做到了这一点，但也给自己带来了灾难性的后果。俄国人首先遇到的问题就是发布动员令后部队的组建问题。

他们发现，要在动员后的15天之内就把部队集结起来是根本不可能的，因为他们的交通条件很差，而且部队最近刚刚经过整编，互相之间不熟悉。法军在动员后的第11天

才能够出发,而德国人要快些,这样,对西线的法军来说,他们的动员时间与德军的动员时间存在着危险的差距。为了援助他们的盟国法国,俄国人在动员后制订的计划中,同意法国的要求,用2个集团军在东普鲁士对德军发动进攻。俄国人还同意组成1个新的集团军,该集团军将在适当的时候调到第2集团军的左侧,以便向柏林挺进。

▲ 东线战场上的德国士兵和大炮

这两个俄军集团军组成的西北方面军,由日林斯基将军指挥,司令部设在比洛斯托克。第1集团军由伦南坎普夫将军指挥,将在马祖里湖以北向前推进,迂回到敌人的左侧;第2集团军由萨姆索诺夫将军指挥,将在马祖里湖以南向前推进,切断并消灭马祖里湖与维斯瓦河之间的德国军队。

战役开始时,俄国第1集团军由3个军(第3、4和20军)组成,并得到5个骑兵师和第5步兵旅的支援。第2集团军由6个军(第1、2、6、13、15和23军,前2个军后来调到第1集团军)组成,并得到3个骑兵师和第1步兵旅的支援。这2个集团军的兵力分别是20万人和25万人,他们在数量上已大大超过了与他们对峙的德国第8集团军。但是,俄军在战前完全缺乏作战准备。

除人数外,德国军队在各方面都要强于俄国军队。德军由冯·普里特维茨将军指挥,下辖4个军(第11、17和20军以及1个预备军)以及各种守备部队和第1骑兵师。艾恩赛德将军估计,他们与俄军的兵力对比是:步兵为1:1.7,骑兵为1:2.7,处于劣势。

这种数量上的劣势,因德军出色的组织、管理和领导而得到充分的弥补。

德国第8集团军有四位杰出的高级军官,参谋长鲁登道夫刚毅自信,聪明能干,精力充沛;军需部长冯·格吕纳特将军十分称职;军长弗朗索瓦将军是位富有冒险精神的天才,在这次战役中,他取得了最具决定性的战果;总参谋部的麦克斯·霍夫曼上校既思路活跃,思维深邃,又喜欢享乐,自在逍遥,他也许是他们中间最出色的一位。

与高水平的德国将军相比,俄军指挥官的素质实在很低。日林斯基虽然指挥过1个骑兵师,但他在大部分时间里搞的是参谋工作,因此并没有得到部属的信任。伦南坎普夫和萨姆索诺夫曾因在日俄战争中指挥出色而赢得很高的声誉,但在那次战争中,他们曾互相吵了起来,产生了极坏的影响。此后萨姆索诺夫一直在土耳其斯坦任职,已脱离军界多年,而且身体也不太好。伦南坎普夫对他的参谋人员态度粗暴,这使他成了一位不好共事的指挥官。他的拖拉作风是导致俄军灾难的重要原因之一。

贡宾嫩之战

俄军开始行动了,但不得不说的是,坦能堡战役的战场环境还是十分恶劣的。

坦能堡战役的战场北边是坚固设防的柯尼希斯贝格,对任何进攻部队来说,该地都是一个艰难而代价昂贵的作战地区。该城的防御工事从勃兰登堡延伸到塔皮奥,再向北延伸到莱奥。这条防线的南面是长约69千米的因斯特堡山口,因斯特堡－阿伦施泰因铁路就从这里穿过。这里大部分地区地势开阔,只有罗明登森林算是个障碍。从安格堡到边境地区的约翰内斯堡有一道马祖里湖湖区防线,其中的几个狭窄通路已被德军重兵把守。这条坚不可摧的湖区防线很容易把企图从南北两面同时发动进攻的俄军部队分割开来。由于俄军为防止德军入侵,蓄意使紧邻南部边境的地区变成废墟,这便增加了俄军进攻德军的困难。那片地区大都是些无人问津的森林和沼泽地,只有几条沙质小径可供部队行军。

日林斯基命令俄军第1集团军于8月17日越过边境,向因斯特堡－安格堡一线进军。伦南坎普夫动用他的大部分骑兵切断德军左翼与柯尼希斯贝格的联系。统帅部命第1集团军在第2集团军之前向前推进,以便吸引德军,然后由第2集团军攻击德军侧翼和后方。因此,萨姆索诺夫决定俄军于8月19日越过边境,他的第一个目标是拉斯腾堡－塞堡一线,离边境大约48千米。

这是个很合理的计划,如能有效地付诸实施的话,它定会使德军完全陷入包围之中。但该计划实施全靠俄军第2集团军不失时机地行动,而事实证明这是不可能的。这个集团军是在补给供应尚不完善的情况下奉命向前推进的。更糟糕的是,俄军缺乏足够的通信、运输和飞机等作战手段,而所有这些手段对于成功进行一次集中作战都是必不可少的。

德军将领普里特维茨正确地判断出,伦南坎普夫率领的俄军将第一个进入战场,因为他的交通条件优于萨姆索诺夫,普里特维茨知道马祖里湖将切断这两个俄军集团之间的联系,因此,他把主力集中在左翼,准备以第1军、第17军和第1预备军,从北向南一字排开,向俄军发动进攻。他把第2后备旅部署在战线的最左侧,并派第20军开到奥特尔斯堡地区保卫德军的右翼。

伦南坎普夫率领的俄军于8月17日越过边界,不久,他的第3军就与德军第1军接上了火。那天的战斗是在施塔卢波嫩附近进行的,双方均伤亡惨重,俄军进展甚微。17日至18日夜里,德军向贡宾嫩撤退,俄军以缓慢的速度尾随其后,于19日傍晚也到达贡宾嫩。

指挥德军第1军的赫尔曼·冯·弗朗索瓦将军违抗了集团军司令的命令,在施塔卢波嫩向前推进距离过远。普里特维茨曾想把伦南坎普夫率领的俄军进一步引诱到西边,在安

▲俄军士兵奔赴前线

格拉普河一线与他交锋,但当时迫于弗朗索瓦的压力,并得知俄军止步不前,他极不情愿地命令集团军的其余部队前进到第1军的右翼,并于20日发动攻击。

赫尔曼·冯·弗朗索瓦

赫尔曼·冯·弗朗索瓦(1856—1933)是"一战"德国方面最出众的军事指挥官之一。他相信自己的判断更优于上级的命令,这使他在战场上赢得了辉煌的胜利,但也给他的军事生涯带来了巨大阻碍。开战的1914年8月,他和他的部队正在东普鲁士的柯尼斯堡。此前他曾于1903年和1905年参加了以东普鲁士为战场的两场演习,其中的后一场演习正是以施利芬计划为蓝图。他参加的主要战役有斯托卢波尼之战(1914);坦能堡战役(1914);乔利斯-塔诺夫战役(1915);凡尔登战役(1917)。

俄国人可能会认为贡宾嫩之战是一次胜利,但这种看法未免言过其实,因为德军虽然在当天午夜撤退的,但这是一种为了发动更好的进攻而进行的主动撤退。如果伦南坎普夫的俄军骑兵部队参加作战,而不是在俄军右翼休息的话,俄军也许真的会打赢这场战役。

俄军这两个集团军中的俄国骑兵主要是哥萨克人,由于管理不善,他们几乎没有发挥多大作用。在俄军左右两翼的德军几乎取得了完全的胜利,但是在中部,马肯森率领的德国第17军发动的进攻遇到了严重挫折,当天下午,该军已被迫后撤了一段距离。然而,只要这些德军能够重新调整部署,他们就会有充分的机会在第二天打败伦南坎普夫率领的俄军。

但是,在20日晚,德军将领普里特维茨以及他的参谋长冯·瓦尔德泽将军却惊慌失措起来,他们认为17军的失败导致的后果很严重。他们还得到消息说,萨姆索诺夫率俄军已进一步向西推进,将于第二天越过边境,对德军右翼构成严重威胁。因此,普里特维茨命令他的集团军脱离战斗,退到维斯瓦河背后。他不理睬格吕纳特和霍夫曼的反对意见,把他的决定用电话通知给上司毛奇。毛奇听了电话后大为震惊,竭力反对普里特维茨撤退声称要解除他和他的参谋长的职务。

与此同时,因为部下们不断敦促采取行动,普里特维茨和瓦尔德泽放弃撤退命令,重新鼓起了勇气,尽管他们坚持中止在伦南坎普夫正面的作战,但还是同意了由霍夫曼提出的进攻俄国第2集团军的计划。

▲俄军士兵教德国战俘跳舞

霍夫曼提出的计划充满风险,它能否成功主要取决于伦南坎普夫的行动是否迟缓。霍夫曼觉得伦南坎普夫统帅的部队已受到严重挫伤,不可能立即恢复进攻;他还认为,萨姆索诺夫构成的威胁最为严重。因此,该计划将大批德军转移到南面和西面:第20军调到霍恩施泰因地区,第1军调到第20军南面的右翼,第3预备师、翁格尔的守备部队以及第70后备旅也移到第20军以南的地区。因此,那里几乎集中了德军的3个军,准备投入到即将到来的战斗。德军第17军和第1预备军都将开赴西线,他们的任务取决于俄军将领伦南坎普夫将采取什么样的行动。

结果，伦南坎普夫没有采取任何实际行动，他让德军从他的正面脱身，让德军在距离，前线仅40千米的区域乘上火车完成了大规模的调动。

毛奇换将

毛奇决定将普里特维茨和瓦尔德泽解职，任命保罗·冯·兴登堡将军和埃里希·鲁登道夫将军分别任东线德军总司令和参谋长。兴登堡67岁，退休已有3年，但他是这个职位的最佳人选，因为他刚强沉着，给人以信心和勇气，而且他最能使他的参谋长发挥出智慧过人和思路敏捷的优势。

鲁登道夫甚至未与兴登堡见面就被允许可以向德军发布命令了。他绕过集团军司令部径直向各军下达命令，由于他下令让各军独

▲德国炮兵在行军

立掌握部队的行动，结果第17军和第1预备军的司令，给自己的部队放了一天假。此时，时间是最重要的因素，尽管这两个军的行动取决于伦南坎普夫率领的俄军的动向，但德军有必要尽量远离俄国第1集团军，以便向南推进。由于耽搁了宝贵的一天，德军不得不以强行军来弥补时间上的损失。

德军在一名被打死的俄国军官的笔记本里发现了一份文件，文件上记载着俄军发动集中攻势的详细计划。这份情报使德军司令部对伦南坎普夫率领的俄军的动向感到迷惑不解。直到25日，根据一份被截获的无线电报，德军司令部才清楚地得知伦南坎普夫率领的俄军的行动非常缓慢，因此鲁登道夫决定在其正面阵地只摆上1个骑兵师就够了。

萨姆索诺夫的误判

俄军萨姆索诺夫的第2集团军最终于8月21日和22日拖拖沓沓地越过边境，这大大落后于预定时间。在日林斯基的严令之下，他的部队未等动员完毕就出发了。由于运输设施不完备，供给体系不完善，士兵缺少食品，而且要在拥挤的沙质小径上行军，部队的情况非常糟糕。萨姆索诺夫似乎对敌人的去向一无所知。该集团军内部各单位之间几乎没有什么配合，两个集团军之间就更谈不上配合了。萨姆索诺夫本应把部队的位置向很少到前沿

▲东线战场上的士兵

的日林斯基汇报清楚，但他却没有这样做。

萨姆索诺夫的部队在大约96千米宽的正面阵地上缓慢地向前推进，此时萨姆索诺夫已改变了日林斯基发来的命令，把部队向左延伸过远，以致只有第6军仍在按原计划向塞堡－拉斯滕堡一线推进。由于过分向左延伸，他在自己的集团军内部制造了一些大的缺口，而且他同伦南坎普夫集团军之间的距离也拉得很远。

8月23日，俄军第6军到达了奥特尔斯堡，第13军到达耶德瓦布诺，第15军靠近弗兰克瑙，第23军第2师到达索尔道东北部，第23军的其余部分则返回姆瓦瓦。与此同时，第1集团军已向佩莱宁肯－达凯明一线谨慎推进。第2集团军的首次重要战斗始于8月23日晚，第2集团军第15军的先头部队与德第20军在奥尔劳－米哈尔肯一线接触后，没有进行侦察，就匆忙与德军在开阔地展开了战斗，结果使整团整团的部队倒在德军的机枪火力之下。第二天，经过异常激烈的战斗，俄军才取得了部分进展。

25日，俄军第13军前来支援，对德军左翼构成威胁，德国后备部队打了一场令人佩服的阻击战后撤退了。艾恩赛德将军却说，在这次战斗中，俄军以损失极小兵力的代价将德军打败。

在完全缺乏情报的情况下，俄军最高指挥官的无能再一次充分暴露出来。经过这场战斗，萨姆索诺夫认为德军正在向他们的左翼后撤，为了便于追击，他请求日林斯基允许他再次把俄军前进方向转向阿伦施泰因－奥斯特罗德一线。日林斯基怀疑萨姆索诺夫是否确实完全了解情况，犹豫一阵子后还是同意了，但要求萨姆索诺夫派1个军和1个骑兵师掩护俄军在湖区与阿伦施泰因之间的最右翼。日林斯基提出这一附加要求根本没有什么道理，因为这一命令意味着把一个军和一个骑兵师抽调到距离主力部队大约48千米以外的地方，使德军可以将他们各个歼灭。到8月26日，俄军第2集团军的防线从森斯堡一直延伸到杰隆，其间，第13军位于库尔肯附近，第23军在斯科陶，第15军在弗兰克瑙，第1军在乌斯道。第23军的1个师、2个骑兵师和1个步兵旅归第1军指挥，保卫该集团军的左翼。这样一来，俄军就散布在长达121千米的战线上，各部队之间的联络几乎不存在。

▲被关押在俄国的奥地利战俘

俄军节节败退

与此同时，德军的集结正按计划顺利进行，差不多快完成了。

8月24日，鲁登道夫命令德第17军和第1预备军挥戈南进，以攻击俄军第2集团军的右翼。这是一次经过慎重考虑的冒险行动，因为俄军伦南坎普夫部对德军仍是一个严重威胁。德军歼灭萨姆索诺夫集团军的计划构思简单，但实施的过程却很复杂，因为战场上有许多天然屏障,各军无法协同作战,必须各自为战。简言之,鲁登道夫计划诱使俄军萨姆索诺夫部进攻力量稍微薄弱的德军中央战线上的兵力(第20军的一半兵力),同时,以德军第1军和第20军的另外一半猛攻俄军右翼,以德军第17军和第1预备军猛攻俄军左翼或北侧。一旦俄军两翼被清除,德军将以庞大的钳形攻势包围俄军中央。

由于德军倔强的弗朗索瓦将军强烈反对鲁登道夫发出的正面进攻乌斯道的命令,这些精心安排的计划在执行中出现了一次小小的波折。

当时弗朗索瓦的炮兵部队尚未全部到位,因而他极力主张采用间接进攻的办法。然而,鲁登道夫驳回了他的意见。在这场关键的5天战斗的第一天,德军战线北侧和中央的战斗极为激烈。

▲东线战场上,受伤的骑兵

俄军将领萨姆索诺夫仍然不知道敌人的行动与企图,他继续向奥斯特罗德－阿伦施泰因一线挺进。他根本不知道在25日晚上,德军截获了一份情报,对他的战略意图了如指掌。在图劳,俄军第23军的第2师赶走了德军,取得了初步战绩,但在遭到反击后,该师伤亡惨重,节节败退,差不多退到了奈登堡;第15军打得不错,到晚上,他们守住了格里斯利嫩－米伦一线;第13军几乎没打什么仗,因为电话线被切断,无线电台受干扰,他们得不到明确的命令,因而浪费了一天的时间来回行军。

俄将萨姆索诺夫的灾难出现在北部,他的第6军在那里彻底败北,在第一天结束时,第6军就因失败退出战斗。该军十分孤立,一旦鲁登道夫利用截获的情报,集中起德军第17军和第1预备军来对付它,俄军第6军就会更惨,即使德军经过长时间的强行军疲惫不堪,但德军占据了数量上的优势,俄军第6军还是会败得很惨。这次战败,俄军应归因于缺乏情报以及对情报错误的理解。俄军第6军军长发出命令后又收回成命,结果使得2个师在达代湖周围同德军的侧翼可怕地缠在一起,他们向比绍夫斯堡的有秩序的撤退变成了向奥特尔斯堡的溃逃。而溃退时,俄军的队伍有时前后竟拉开了32千米之远。

最关键的时刻

8月27日和28日,德军与俄军的第1军在乌斯道周围交战,这是这场战役的最关键战斗。从清晨时分起,双方的炮兵就开始了对攻,结果德军的炮火压住了俄军的炮火。到傍晚时分,德国步兵猛攻乌斯道,他们几乎未遇到什么抵抗,因为那些在炮火中幸存下来的俄国士兵已没有斗志作战了。到第2天上午11时,俄第1军被粉碎,通往奈登堡的道路已畅通无阻。然而,俄第23军的第1步兵旅从索尔道南部意外地发动了反攻,并在海因里希斯多夫地区取得初步的胜利。为此,弗朗索瓦不得不停止向奈登堡进军的计

▲在俄罗斯作战的德国兵们站在积雪的战壕里

划,转过头来对付俄第 23 军。

到 27 日夜里,俄国第 1 军剩下的兵力,大约 5 个团,外加 5 个炮兵连,他们占领了索尔道以北的阵地。28 日清晨,弗朗索瓦发布了一系列命令,要把这些俄军赶到南面去并使其退出战斗,但是俄军没等德军采取行动就撤退了。这时俄军左翼已暴露,部队中央很容易被德军合围。然而对德军第 20 军来说,自己中部的情况并不太好,鲁登道夫害怕德军防线被突围,竟一时慌了神,命令弗朗索瓦全军向北挺进,去拉纳支援中部的战斗。但是弗朗索瓦意识到断敌退路的极端重要性,他没听鲁登道夫的命令,继续按原定路线行军。到第二天,他的军队已经切断了俄军南逃的路线。

8 月 27 日,中部战线的战斗仍然很激烈,双方伤亡惨重,俄军第 15 军冲入了德国第 20 军的阵地——这促使鲁登道夫向弗朗索瓦下达了增援的命令。但是到了晚上,俄第 15 军已被牵制在海登米尔 – 瓦尔斯多夫 – 米伦一线。接着,在俄第 15 军左边作战的俄第 23 军第 2 师被迫撤回,第 15 军的左翼暴露了。

第二天,鲁登道夫命令德第 17 军和第 1 预备军停止追击被打败的俄第 6 军,而转向西南,进攻位于中央俄军右翼的俄第 13 军。该军军长克留耶夫将军正从阿伦施泰因出发,向霍恩施泰因行军,去支援俄第 15 军。整整一天,俄第 13 军受到来自北部和东北部德军的攻击,到黄昏时,俄第 13 军还没有拿下霍恩施泰因,也无法同第 15 军取得联系。

俄军的第 2 集团军已处在崩溃的边缘。总的来说,该集团军的士兵在近乎断粮的恶劣条件下表现得非常英勇,而此时,他们再也挺不住了。一贯糟糕的通信联络实际上已经中断,各军指挥官之间失去了联系,每个军都对自己正面和两翼的情况一无所知。

萨姆索诺夫曾前往俄第 15 军军长马尔托斯将军那里与之探讨形势,马尔托斯是俄

▲德皇视察东线战场

军中唯一真正出色的高级指挥官。马尔托斯极力主张赶紧撤退,但萨姆索诺夫不同意,因为他觉得,如果能占领奈登堡,战局还是可以稳固的。但这是个完全不切合实际的想法。

8 月 29 日和 30 日,德国 3 个军向俄军中央发动了强大攻势,毫不留情把他们赶到德弗朗索瓦部队布好的口袋阵里。至此,弗朗索瓦的德军已封锁了俄军沿奈登堡 – 维伦贝格一线撤退的道路。

萨姆索诺夫终于明白了,他的俄第 2 集团

军正处于惊人的灾难之中,因此他在最后一道命令中指示第13、第15和第23军夺路返回霍热莱和亚诺夫。他派马尔托斯侦察奈登堡周围的阵地,并派克留耶夫将军统一指挥这3个军。第15军和第23军进行了一系列艰苦的后卫战斗,试图突破米沙肯和维伦贝格之间的警戒线,但是,德军用机枪封锁了森林的所有通道。8月31日,这些精疲力竭、饥肠辘辘的俄军士兵中的大部分都在雷特科文附近投降了。

俄第13军行军路线最长,经历的战斗也最艰苦。他们在人马没有任何粮草可用,疲劳程度超出人们想象的情况下,花了40个小时在沙质小路上行走了68千米,直到精疲力竭之后,3个纵队中的2个纵队来到了乌斯赞内克。他们在这里挖壕固守,在8月30日至31日的一整夜里进行了一场惊心动魄的战斗。由于寡不敌众,他们终于在8月31日也投降了。

俄军的右路纵队要走运多了,因为在30日,俄国第1军的残部从硝烟中爬起来对奈登堡进行了最后一次冲击。虽然他们占领该城的时间很短,并且不久就被弗朗索瓦派来的保卫森林通道的德军部队赶走了,但由于反攻引起的混乱,俄第13军右路纵队的几千名俄军得以越过边界,化险为夷。他们和在维伦贝格附近突围的俄第15军和第23军的两支领导有方、意志坚强的部队会师,这差不多是从德军包围圈中突围出来的仅存的俄军中央部队。

这样,俄国第2集团军在越过东普鲁士边界不到10天的时间内就被歼灭,它那倒霉的司令官萨姆索诺夫知道自己已被打败,将会名誉扫地,悄悄地溜到密林深处开枪自杀了。俄军的伤亡确实非常惨重,德军声称他们抓了9.2万俘虏,打死了7万俄国士兵,缴获和破坏了俄军的所有大炮和运输工具,而他们自己仅伤亡了1.5万人。

俄将伦南坎普夫并没有努力支援被打败的萨姆索诺夫率领的俄军,而是带着他的部队依然在韦劳 - 盖尔道恩 - 安格堡一线缓慢地、无精打采地行动。他的末日也即将到来。在后来的马祖里湖战役中,他被赶出了东普鲁士,并损失了大约6万名士兵和150门大炮。

坦能堡战役的后果是十分严重的。协约国曾对俄国这台"蒸汽压路机"寄托了极大的希望,但俄军第2集团军的迅速崩溃给协约国造成了极大的震撼,它确定无疑地告诉人们,这场大战将是一场持久的、损失惨重的战争。

▲布鲁西洛夫

伟大的会战

坦能堡战役是一次由高级指挥官的性格和个人表现决定胜负的战役。德军方面,毛奇撤换冯·普里特维茨的决策是十分英明的,因为后者失去了战争的主动权,失去了参谋人员

▲"一战"时,坦能堡会战中的俄国军队

的信任和争取胜利的决心,在这种情况下,整个部队的士气要不了多久就会一蹶不振。年长的兴登堡与年轻的鲁登道夫搭档,真是珠联璧合,令人鼓舞,前者发挥威信,后者表现职业特性。不仅如此,鲁登道夫、他的参谋军官霍夫曼以及他的第 1 军军长冯·弗朗索瓦,都是勇于承担风险的人物。

俄军将领们的表现则相形见绌。俄方面军司令日林斯基既不能激发人们的信心,也很少出现在前线,两位集团军司令也不愿互相配合;总之,他们年事已高,已不胜任大战的指挥。诚然,由于体制落后,他们的后勤供应严重不足,但这并不能改变他们将领能力低下的事实,他们在战略战术的应用上远远赶不上德军将领。

从军事角度而言,坦能堡战役中,德军在战略上以内线作战攻其一路的战术,战术上采取击溃两翼再合围中央主力的战术,堪称一绝。20 世纪最杰出的军事思想家富勒只用了一句话来评价这场会战:"就这样,这场伟大的会战结束了。"

布鲁西洛夫攻势，同盟国覆灭开始

布鲁西洛夫攻势开始于 1916 年 6 月 4 日，在 8 月初结束。这是俄国发动的，针对第一次世界大战东线上的同盟国德国和奥匈帝国联军的战役。布鲁西洛夫攻势的交战地点是乌克兰的伦伯格、哥佛尔及陆斯克等城镇。此次攻势由俄军西南战线主帅布罗鲁洛夫指挥。

布鲁西洛夫大胆的计划

早在 1916 年，法国为了缓解西线的凡尔登战场上德军的压力，就呼吁俄国在东线对德军展开针对性的攻势，以促使德军从西线调拨部队去应付东面俄军。俄军作为协约国的一员，义不容辞地在东线维尔奴地区发动了纳罗兹湖攻势，但这场攻势效果有限。为此，俄军将领布鲁西洛夫向俄军最高司令部提出了他的计划，那就是在西南部加利西亚发动一次针对奥匈帝国军队的攻势，以缓解英法联军面对伊松河战线的同盟国方面的意大利军队的压力，而且，俄军是有把握通过这次攻势彻底击败奥匈帝国。

▲布鲁西洛夫

布鲁西洛夫的这个计划堪称大胆，甚至超乎所有人的想象。为什么这么说呢？这还得从当时的东线军事情势说起。

当时的东线，俄罗斯和奥匈帝国军队已经由运动战转入阵地战。173 万俄军与 106 万德奥联军，从波罗的海里加湾到喀尔巴阡山东麓的漫长战线上，如两头疲惫的公牛在寒风中对峙着。德国和奥匈帝国联军甚至判断出，俄军就像一部巨型"蒸汽压路机"，此刻正陷入泥泞的东欧大草原上，别说进攻，就是后退，都是寸步难行了，因此德国根本没在意东线俄军，反而将重兵放在西线，准备解决完这里的英法联军，然后再找俄国人算账。然而，谁能想到，俄军将领布鲁西洛夫竟然会发动一场对奥匈帝国的进攻，而且是大规模的进攻。

军事教科书上没有的战术

1916 年 3 月 17 日，布鲁西洛夫走马上任，在俄军西南方面军的司令部担任新的方面军司令。

布鲁西洛夫研究战场情况时，面对俄军和奥匈帝国军队的绵亘战线，陷入了两难的境地。如果他采用经典的迂回两翼合围歼敌，因为双方战线太过漫长，在正面战线打破奥匈帝国军队的可能性很小，而且也很难在奥匈帝国军队的侧翼打败奥匈帝国军队。如果集中俄军的优势兵力，在正面战线选定特定地点突破，又容易暴露俄军的意图，无法达到奇袭的效果，会吸引奥匈帝国军队的驰援被突破点，这对俄军也不利。

最终，布鲁西洛夫还是采取了正面突破的战术，而且他有效地解决了俄军战略意图容易暴露的问题。

布鲁西洛夫的具体作战计划是：俄军第8集团军实施主要突击，在21公里宽的正面战线上向卢茨克方向实施主攻，同时，他还让俄军其他各集团军作为支援部队，在450公里宽战线上的数个突破地段采取多点突破，让整个战线都沸腾起来，这样对手就很难分清俄军的主攻方向了，对手的兵力也就无法集中起来，最终会被俄军各个击破。

布鲁西洛夫这项作战计划所用的战术，在当时的军事教科书中并没有记载，属于他的独创。

专找薄弱处下手

1916年6月4日拂晓，俄军西南方面军的4个集团军用炮火拉开了布鲁西洛夫攻势的序幕。俄军的炮火和以前不一样，不再是全天持久性的炮轰，而是短小却精确的火炮弹幕。全天持久性炮轰往往容易暴露己方企图，让挨轰的一方有充足的时间去准备，甚至主动将自己前方的战线破坏，令攻击方无法前进。另外，在全天持久性炮轰中，挨轰的那一方还有时间砌堡垒壕阻击。所以，这种精准而简洁的轰炸，使奥匈帝国军队不明俄军企图，无法针对性采取防御措施，使俄军进攻变得出其不意，这是布鲁西洛夫攻势战术中最精妙的地方。

俄军在短小却精确的轰炸后，在450公里的战线上，对奥匈帝国军队进行全线进攻。

就这样，奥匈帝国军队"滴水不漏"的防线，在强大的俄军面前土崩瓦解了。在布鲁西洛夫攻势的前三天，俄军取得了巨大胜利，特别是担任主攻的俄军第8集团军，战果尤为显著。

6月7日，俄军按照预定计划，占领了卢茨克，对奥匈帝国的交通枢纽韦利产生威胁。奥匈帝国的第4、第7集团军来不及撤退，只得狼狈逃窜。俄军俘虏的奥匈帝国军官惊恐地说："我要对所有的人说，无论是哪一位，在任何时候，都不要与他们（俄军）作战。"

可以说，俄军第一阶段的突击，因为奥匈帝国军队的崩溃而获得了彻底的胜利。布鲁西洛

喀尔巴阡山脉

喀尔巴阡山脉位于欧洲中部，多瑙河中游以北。西起奥地利与斯洛伐克边界多瑙河峡谷，向东呈弧形延伸，经波兰、乌克兰边境至罗马尼亚西南的多瑙河谷的铁门峡谷，全长1450千米。喀尔巴阡山脉并非连续不断的，而是分成了几个山群。人们习惯上将呈弧状分布的山脉分为西、南、东三部分。它仅有少数山峰的海拔高于2500米，多数山峰在海拔2000米以下，最高点是西喀尔巴阡的格尔拉赫峰，海拔2655米，冰川地貌仅限于少数高耸山峰。多瑙河是阿尔卑斯山和喀尔巴阡山的分界，也是喀尔巴阡山同巴尔干山区的分界。

夫的俄军西南方面军 3/4 的兵力,都推进到了前线。

俄军胜利的原因,在于布鲁西洛夫的作战计划得当,他手下的俄军全面突破,让奥匈帝国军队无暇顾及,而那些突击部队专门拣奥匈帝国军队方向的薄弱点下手,因为奥匈帝国不知俄军突破的主力在哪里,无法支援,俄军的主力能轻而易举地实施突破,并屡屡得手。

值得注意的是,布鲁西洛夫的这种在薄弱点突破,然后渗入奥匈帝国军队防线纵深的做法,给德国以很大的启发,德军后来在西线战场上运用的让协约国英法联军苦不堪言的渗透战术就是由此而来的。

鲁登道夫惊恐不安

俄国的西南方面军在 6 月 8 日攻下了陆斯克。至此,奥匈军队全面撤军,近 200000 名奥匈帝国的士兵成了俄国人的战俘。

这使得德军和奥匈帝国军队的军事首脑们惊骇万状,连一贯狂妄的鲁登道夫也说他"每天都在惊恐不安中度过"。

同盟国阵营开始召开军事会晤,德军总参谋长埃里希·冯·法尔肯海因让奥匈帝国将南线的军队从意大利撤回东线对付俄军。德军总司令兴登堡陆军元帅也没闲着,他将德国的支援力量通过铁路运到了前线。

▲布鲁西洛夫攻势中的俄军士兵

此时,布鲁西洛夫率领的俄罗斯西南方面军因为兵力有限,扩张速度变慢了,他在等待援军前来,这也从客观上给德军和奥匈帝国军队向东线增援提供了时间。

不得不说的是,一直到 8 月,布鲁西洛夫率领的俄军都还在顽强地推进,但因为俄军伤亡过大,而且后勤补给困难,9 月 20 日,俄军在增援而来的德军和奥匈帝国军队的阻击下,不得不停止进攻。

俄军虽然停止了进攻,却转而协助同属协约国的罗马尼亚军队的进攻,这又一次让奥匈帝国军队与德国军队大吃一惊。他们又心急火燎地从西线和意大利战线调集军队前来增援,以堵住俄军在罗马尼亚这边的突破口。

达到了既定目标

布鲁西洛夫攻势达到了战前的目标,同盟国因为俄军在东线的突破,不得不停止在凡尔登的攻击,把大量德军调往东线,这就减轻了英法协约国军队在西线战场的压力。另外,俄军击垮了奥匈帝国的军队,使得奥匈帝国损失近 150 万士兵,奥匈帝国自此元气大伤,在东线再也没能力发动一次像样的攻击了,一切军事行动都只能依靠德军。

加利西亚战役

俄军发动的加里西亚战役,使德国被迫从西线调大量兵力转到东线俄国战场上,这就从客观上缓和了西线英法军队的困境。加利西亚战役还有力地援助了塞尔维亚军队,使德意志同盟的战略战役能力削弱,使他们打算迅速结束战争的愿望也就此落空。在加利西亚战役中,奥匈帝国的表现非常引人注目,其参谋长康拉德刚愎自用,使奥匈帝国最终输掉了这场战役,奥匈帝国也因此开始走向终结。

▲今日加利西亚风光

奥匈帝国的两套方案

在欧洲各强国中,奥匈帝国陆军的装备是最陈旧的。奥匈帝国陆军的野战炮配置比例非常低,射程也比较短,而且相对于其他国家来说,数量也最少。另外,奥匈帝国陆军三分之二的步枪是陈旧的,有的步枪的年限已经到了25年。其武器更新非常慢,一直到1914年9月,驻守于喀尔巴阡山脉的奥匈帝国部队,使用的还是单发装填的步枪。奥匈帝国陆军还十分欠缺运兵工具,在战斗中,因为没有马车,奥匈帝国军队不得不调集各种样式的农用马车来运输士兵以及拉拽大炮。

奥匈帝国陆军的装备水平是不可能一下子完全更新的,所以奥匈帝国非常注重训练,希望利用训练来弥补武器的不足。但这种训练是以攻击为目的,所以在此后的战争中,奥匈帝国的陆军因为缺乏战术能力,虽然参与了不少战争,但因为只知攻击,不懂防守和撤退,导致伤亡很大。

“一战”爆发后,奥匈帝国与德国结盟,积极在欧洲东线战场备战。对于未来可能发生的战争,奥匈帝国参谋部设计了两套作战方案:如果俄国保持中立,就把主要兵力投向塞尔维亚,打败塞尔维亚;如果俄国卷入战争,就把军队集中到加利西亚战线上,与俄国决战。

在这两个作战方案中,不仅战术工具脆弱,而且战略基础也十分空洞。

在地图上,俄国控制下的波兰,有一块突出部分,这一片土地看起来非常显眼,因为这个地区在奥地利

▲康拉德

与德国的领土之间,所有战略家都想将它啃掉。奥匈帝国也对这个地区产生了兴趣。

得知俄军即将参与东线战场作战时,奥匈帝国参谋部的参谋长康拉德开始把兵力集中到加利西亚,并为此设计了一个计划,他让奥匈帝国军队从加利西亚北上,袭击波兰。

瓜分波兰

到18世纪中期,波兰面临的处境非常危险,他受到俄国、普鲁士和奥地利3个邻国的包围。波兰国内的常备军只有1万军队,而俄国、普鲁士和奥地利这3个国家都是军事强国,总兵力达到80万,这样一来,波兰开始处于被瓜分的危险边缘。

1766～1768年,俄国和普鲁士开始干涉波兰内政,他们以波兰境内的东正教与新教教徒的矛盾为借口,向波兰政府施压。波兰政府开始准备让步,但波兰国内组建了巴尔联盟,这个联盟要求波兰政府不要让步。巴尔联盟得到了法国的支持,而土耳其也以捍卫"波兰的自由权利"为名,号称为了波兰的领土完成,向俄国正式宣战,波兰于是变得强硬起来。

但俄国依然挥兵进攻波兰,波兰战败。1772年到1795年之间,俄国和普鲁士曾三次瓜分波兰。就这样,波兰作为一个国家,已不复存在。

法国大革命时期,拿破仑在波兰建立了"华沙大公国",10万波兰大军追随拿破仑进攻俄国,拿破仑战败,"华沙大公国"再次被瓜分。

不过,要实现这样的计划,必须要求奥匈帝国的同盟国——德国的军队从东普鲁士南下,将俄军的后路全部截断,让俄军在广阔的波兰大平原上进退不能,进而消灭俄军。可惜的是,康拉德的这个计划只是纸上谈兵,他没有考虑到德国军队的实际情况。如果实施这样的计划,就意味着德国和奥匈帝国要同时在两面战线开战,这对德国和奥匈帝国来说,都是吃不消的。

德国和康拉德想的不同,德军统帅部的决定是首先一鼓作气拿下法国。1909年,德军的统帅毛奇就把自己的计划告诉了康拉德,他说"德国已经做好了计划,准备在6周内打败法国,然后把我们的部队从西线运送到东线,攻打俄国以配合奥匈帝国的战斗。"根据毛奇的想法,战争一开始,德国是不会配合康拉德从加利西亚北上袭击波兰的,相反,在战争初期,康拉德应该配合德国攻打法国,带领奥匈帝国进行防守,直到德军收拾完法国后,挥军东进,给予奥匈帝国军队以支援,奥匈帝国军队这才可以对波兰和俄军发起攻击。

但奥匈帝国执行的是进攻主义军事政策,奥匈帝国的军队不愿意处于防守的地位,他们只有一种行动方式,那就是进攻,而且是不停地进攻。康拉德是不会接受毛奇的计划的。毛奇不得已,只得给了康拉德一个新的建议,其核心思想是"兵贵神速",奥匈帝国的军队要在俄军的进攻之前,赶紧出兵,速战速决。并且毛奇对康拉德承诺,驻守在东普鲁士的德军会在奥匈帝国军队与俄军战争时,主动出动,对俄军发起攻击,以配合奥匈帝国军队的行动。

奥匈帝国的军队如果按照毛奇的建议行动,无疑是非常讨巧的。从作战角度来说,毛奇的计划会使奥匈帝国军队的准备工作赢得时间,因为俄军不会那么快进攻。奥匈帝国的前线有着从喀尔巴阡山脉向北奔流的河流,这些河流可以延缓俄军的攻击,另一方面，要把分散在俄国国内的部队全部动员和集结起来，进而运输到东部战线，是一场浩大的"工程"，再加上俄军的动员能力十分低下，而且铁路运输也跟不上，这需要的时间是非常长的。所以可以说，在战争的初期，集结在东部战线的俄军并不多，这些俄军面对数量占优的奥匈帝国军队，是不会贸然挑起战端的。

战争动员

战争动员，是指国家在进行战争时，采取紧急措施，统一集结人力、物力、财力，让全国由和平状态转入战时状态，一切都为战争服务。通常包括武装力量的动员与集结、国民经济动员、人民防空动员和政治动员。武装力量动员和集结是将本国内的军队和其他武装力量由和平体制转为战时体制，并且迅速集结起来，运输到即将爆发战争的战场。

奥匈帝国没有听从毛奇的建议，没有有效地利用时间。本来，按照毛奇的建议，在俄军忙于动员部队，无暇顾及奥匈帝国军队的时候，奥匈帝国军队就应该迅速对俄军发起进攻。事后很多军事学家研究这段战争史的时候都说，如果奥匈帝国军队能早一点攻击集结未稳的俄军，那么奥匈帝国军队遭遇到的反击就会很小。但是，奥匈帝国军队却拖拖拉拉，没有抓住这个宝贵的时间。

俄国在国内集结持续了20天，此时的俄军仅仅集结运输了31个师的兵力到达东部战线，此时奥匈帝国的军队对俄军还处于一些优势，但奥匈帝国的军队也没有对俄军采取任何军事行动。俄军在国内集结持续到30天的时候，俄军已向东部战线集结了52个师的俄军部队。这时候，奥匈帝国的兵力已经无法与俄军对峙，已处于数量和质量上的劣势。可奥匈帝国的统帅们却错误地认为，这种兵力的不对等，正是奥匈帝国军队立即迅速行动的最大动力来源。

奥匈帝国军人们心中还有一个最大期待，那就是毛奇必须兑现曾经做过的模糊的承诺，在东普鲁士驻扎的德军为配合奥匈帝国的行动，将对俄军发起大规模攻击。他们天真地认为，德军既然有了承诺，那么对俄军的攻击就会成为事实。

德国参谋本部作为奥匈帝国的同盟者，必须向奥匈帝国的军事统帅康拉德表明事实真相，即驻扎在东普鲁士的德军未必会遵守毛奇的承诺，可是，毛奇得知奥匈帝国军队要对俄军发起进攻，却鼓励奥匈帝国的参谋长康拉德，"把那些丑陋的、拿着皮鞭的俄罗斯人赶进普里皮亚季沼泽池去，让俄国人全部都淹死"。

奥匈帝国参谋部没有得到德国参谋本部的明确态度，他们不愿意放弃表现奥匈帝国军队战斗力的机会。奥匈帝国参谋部向奥匈帝国两个最为强大的军团，即奥匈帝国陆军第1军团与第4军团下达了命令，命令这两个军团在战线左面，即加利西亚集结，准备向北面

▲毛奇

▲奥匈帝国军人

发动猛烈的攻击,第1、第4军团的东侧的掩护任务,由第3军团负责,第2军团在第1、第3、第4军团执行战斗任务时,充当总预备队的角色,等前三个军团到达塞尔维亚前线时,第2军团再正式投入战斗。

奥匈帝国参谋部的命令传达下去了,奥匈帝国的军队也排兵布阵了,但奥匈帝国参谋部计划的将俄军的后路全部截断,让俄军在广阔的波兰大平原上进退不能,进而消灭俄军的打算有些幼稚。现实是俄军在波兰的集结,非但不会让俄军困守在波兰的这块沼泽地里,相反,俄军面对弱势的奥匈帝国军队,还会集中兵力对奥匈帝国军队的左侧部署发动集中攻势。

为了避免自己的左侧遭受俄军的打击,奥匈帝国参谋部命令部队在回旋经过伦贝格时,掉头防守波兰的俄军攻击。这只是奥匈帝国参谋部对于俄军攻击意图的猜测,此时他还不知道俄军会不会真正实行这种攻击。

更可怕的是,奥匈帝国参谋部对俄军的真实情况知之甚少。奥匈帝国的参谋长康拉德甚至于对奥匈帝国的兵力情况也不太了解。奥匈帝国的陆军虽然有10万以上的骑兵,除了武器装备落后,火炮配置比例低之外,还严重缺少现代化的作战工具——飞机,奥匈帝国陆军全部也只有42架飞机,而这些飞机也比较老旧,能使用的更少。

奥匈帝国主动出击

1914年的8月15日,奥匈帝国军队对俄军出击了。

这天,在奥匈帝国参谋部的统一指挥下,奥匈帝国军队向俄军发起攻势,他们让大量骑兵为前导,向前行进了160千米,并且对400千米宽的前线进行军事搜索。不幸的是,奥匈帝国军队行进了几天,也没有与俄军交战,就有大量马匹被磨伤。就是说,奥匈帝国几个师的骑兵在战斗还没有打响,就注定不能发挥作用了。

奥匈帝国骑兵只有少量经过跋涉,到达可以接触俄军的地点。很幸运,俄军的步兵并没有骑兵做掩护。按说奥匈帝国的骑兵对付俄军的步兵,应该大有优势,但双方交战后,奥匈帝国的骑兵却大败,而且损失惨重。

关于这次惨败,在奥地利的国家战史中也得到了印证,"这次长途骑兵的侦查价值比不上伤亡数"。这仅仅是一句简单的记载,但不得不说,奥匈帝国的人向来高傲,之所以能这样记录此次军事行动,足见这次军事行动的确是一次损失惨重的军事行动。

但这时,奥匈帝国参谋长康拉德可没有低下高傲的头,他是一个容易满足的人,即使上述的惨败,也没有给康拉德带来一点警醒的作用,康拉德手下送给他的情报,都是好消息,这足以使康拉德满意,他确信,一切都在他的预料之中,俄军是在依照他的计划集结的。

康拉德一意孤行，在 20 日又给奥匈帝国下了一道致命的命令，不但没让奥匈帝国军队停止进攻，而且要求奥匈帝国的军队继续孤军深入，向北进入波兰。于是奥匈帝国的军队在这道命令下，不得不连夜向卢布林快速挺进。

这个时候，康拉德还没有认识到他的命令以及他的作战计划都是错误的，康拉德相信"没有任何迹象证明俄军会从东翼攻击奥匈帝国军队的右侧"。他的这种自信很快被现

▲奥匈帝国军人

实打得粉碎，很快，奥匈帝国的情报机构就接收到俄军的无线电指令，发现俄军有两个兵力十足的军团正日夜兼程赶来，俄军的目标就是准备攻击奥匈帝国军队的右侧。

俄军迎战康拉德

与康拉德复杂并难以完成的计划相反，俄军针对奥匈帝国军队拟定的军事计划非常简单，但非常精明。俄军部署方式是，不管今后的战况如何发展，俄军都准备将华沙与维斯瓦河以西俄国控制的波兰突出部中的全部俄军兵力撤离。

从地图上看起来非常显眼，这样一来，在奥匈帝国与德国的领土之间的波兰突出部分的那一片土地，就会失去了战略价值。

俄军统帅部还把俄军的全部兵力一分为二，分为两个集团军。其中一个集团军在西北前线集结，主要用来对付东普鲁士；另一个集团军在西南前线集结，主要用于预防保加利亚。

> **弗兰茨·康拉德**
>
> 弗兰茨·康拉德（1851－1925），奥地利陆军元帅，"一战"爆发时任奥匈帝国军队总参谋长。1906 年在王储斐迪南大公的推荐下任总参谋长，1917 年被新皇帝卡尔一世免去总参谋长职务。1918 年由男爵升为伯爵头衔。他是一个精明的战略家。战争结束后，他著有回忆录《我的开端，1878－1882》（1925 年）和《我的服役，1906－1918》（五卷，1925 年）。他在回忆录中宣称，他只是一个军事专家，只有发言权，没有关键的决策权。崇拜他的人认为他是一个军事天才，但在羸弱的奥匈军队中，是无法展现他的才华的。

这两个集团军的规模都非常大，各自包含三个军团与一个负责守护各自集结区外侧的军团。

在对奥匈帝国军队和德军的作战计划中，俄军统帅部预备了两套计划，"G 计划"（Germania）和"A 计划"（Austria）。这两套计划的制定，都是基于德军在东线的军事行动的，至于奥匈帝国的军事行动，俄军并没有将其看作主要目标。

具体来说，如果德军集中兵力攻打俄国，俄国就会采取"G 计划"（Germania）。根据"G 计划"，俄军在没有完完全全集结完全部兵力，并没将其全部兵力运输到前线时，并不与德军直接面对面冲突，俄军会在经布雷斯特——里托夫斯克的战线上开始撤退，并一

▲康拉德在研究作战计划

直撤退到一条南北向的战线上,而且如果俄军统帅部觉得撤退得不够远,他们还会撤得更远。这样的大撤退,会一直持续到西伯利亚与土耳其斯坦的俄军援兵运输到前线时,能够发动逆袭为止。

如果德军并不首先攻打俄国,而是集中兵力攻打法国,俄军就放弃"G 计划",实施"A 计划"(Austria)。根据"A 计划",俄军决定一反常态,开始两线作战,而且是主动攻击。具体来说,俄军打算在距离较远的两个地点,以相反的方向向两面发动攻势。这样的计划从战术的角度来看,看似不太明智,但实际上,这个计划是建立在充分分析德军和奥匈帝国军队实力的基础做出的。驻守在东普鲁士的德军虽然被康拉德看作奥匈帝国军队的后盾和关键支援力量,但俄军统帅部却明显地看出他们实力不足,并且德军大部都忙于主攻法国的战略计划,这就势必分散对东普鲁士东线战场的关注力。

后来的战局发展,证明俄军的这个"A 计划"还是有一定道理的。但是,"A 计划"的缺点很多,主要体现在这个计划的总体规划不如"G 计划"的周密,战术运用上也显得比较粗糙。不幸的是,俄军本来是可以克服这些缺点的,但由于俄军的同盟国法国不断对俄国的催促,使得俄军仓促进攻,这就让缺点显得更加显著。

俄军的这两个计划,对奥匈帝国的影响,其实在于俄军统帅部的一个附加命令。俄国统帅部无论是实施"A 计划",还是实施"G 计划",都会将负责进攻东普鲁士德军的俄军西北集团军的一个军团抽调出来,用来支援俄西南集团军,好对奥匈帝国军队发起进攻。

奥匈帝国军队的主要对手,实际上就是俄军西北集团的那个军团。

▲俄国士兵

两军的交锋

事实上,德军的统帅毛奇指挥的德军并没有首先攻打俄国,而是集中兵力首先攻打法国。按照毛奇的计划,德国已经做好了计划,准备在 6 周内打败法国,然后把这些部队从西线运送到东线,攻打俄国以配合奥匈帝国的战线。

所以俄军统帅部实施了"A 计划"。正如上文所说,"A 计划"缺点很多,俄国盟国法国反复催促俄军主动进攻,进而放大了这些缺点。

虽尼古拉大公并不赞成，因为这样的进攻并没有考虑到他侧翼的敌军。但法国认为，"A计划"不失为一个英明的军事决策，如果俄军的"A计划"能够顺利执行，负责主攻的侧翼就能够被保护，并且俄军的战线也相对集中，不会拉得过长。

俄国的尼古拉大公对盟友还是比较忠诚的，他对于法国的劝说，虽然不赞成直接进攻加利西亚，但还是对俄军下达了进攻的命令，很快地，在中央部分集结了两个新的俄军军团，准备进攻加利西亚。此时俄军"A计划"面临的问题凸显出来，那就是：加利西亚这一带的交通设施

▲尼古拉大公

不太好，所以俄军在这里并不能有效地运输很多兵力，俄军的灵活性会大大降低。可尼古拉大公应法国的要求，还是不断地催促俄军加速行动。

尼古拉的催促，让俄军各军团和各组织机构都承受了巨大的压力。最终俄军承受不了这样大的压力，造成了俄军在另一个方向，即在东普鲁士的极大损失，最后引起了坦能堡会战的失败，俄军虽然提前进入德国，但不幸进入陷阱，被德军在俄军的两翼实施钳形攻势包围，其主力也被围歼，导致俄第二集团军司令员萨姆索诺夫自杀。

实际上，俄军进攻加利西亚时，对于战况的熟悉程度，与奥匈帝国军队差不多，俄军对奥匈帝国军队的作战计划是预料错误的。而俄军同样是欧洲的落后军队之一，他们的情报能力并不比奥匈帝国军队强多少。在进攻加利西亚时，俄军西南集团司令伊万诺夫就是希望如果奥匈帝国的军队向东移动，就会与有实力的俄军第3、第8军团遭遇；如果奥匈帝国的军队向西进军，俄军西南集团军的第4、第5军团就会从北而下，将奥匈帝国军队的后翼切断。

俄军在战争伊始，进展并不顺利。俄军的第4军团在俄国领土的最西端，在尼古拉大公的催促下，在没有完成集结，缺少给养的情况下，就开始向南移动，去进攻加利西亚。而俄军的第4军团在没有预料到的情况下，与向北推进的奥匈帝国的第1军团相遇，相遇时双方都十分惊讶，但很快双方都开火了。此次战役被称为克拉希尼克之战。

在克拉希尼克之战中，奥匈帝国的军队人数众多，从兵力上来看，显然占有巨大优势。因此，在邓克尔将军的率领下，奥匈帝国以优势兵力从俄军的侧翼包抄俄军第4军团，并将俄军第4军团逐回俄国本土。

俄军在克拉希尼克之战的失败，让康拉德更加得意，他让奥匈帝国军队继续进攻。俄军的统帅尼古拉大公与伊万诺夫对俄军的这次失败，感到十分震惊，但是他们仍然认为原先的计划还是完美无缺的，他们没有认真总结就轻易地做出判断，认为打败俄军第4军团的只是奥匈帝国军队的一小股力量。于是他们为了颜面，也是急于扳回失败的不

利局面,下令普列韦的俄军第5军团掉头,向西部攻击奥匈帝国军队的侧翼和后方,想切断奥匈帝国军队的后路,企图消灭掉这股奥匈帝国军队。

▲伊万诺夫

不得不说,俄军统帅的这个作战计划只是他们的一厢情愿。俄军第5军团在他们错误的命令下,转向攻打奥匈帝国军队的后方和侧翼,却不幸地将自己的侧翼暴露在向北进攻的奥匈帝国军队前面。

于是俄军第5军团与奥匈帝国军队相遇后,爆发了一场大战,此次战争被称为科马罗夫之战,在这次战争中,俄军损失惨重。其主要原因是俄军统帅一味要求俄军部队向西回转,而奥匈帝国军队在俄军的攻势下,却向南转向,俄军第5军团在双重压力下作战,其侧翼部分遭到了严重损失。

当天黄昏,俄军第5军团很快要被奥匈帝国的奥芬贝格军团包围了,整个军团面临全军覆没的危险。

非常幸运的是,奥匈帝国军队骑兵又一次出了错。由于奥匈帝国军队急于收网,却出现了致命的后果。搅乱了奥芬贝格军团的攻势,导致战况迅速逆转,俄军第5军团这才逃过一劫。

俄军的逆转

俄军的逆转发生在俄军突然杀向伦贝格,使奥匈帝国奥芬贝格军团的补给路线和后路被俄军切断了……

其实俄军的行动刚开始时,是小心而又谨慎的,这给了奥匈帝国军队一种错觉,被认为俄军对奥匈帝国的军队并没有威胁力。因此,奥匈帝国军队也就继续轻视俄军。

面对奥匈帝国军队不利局面,奥匈帝国参谋长康拉德却沉迷在战事刚起时取得的战果中,他对奥芬贝格军团被切断补给线和后路的局势,并不十分重视,居然命令实力比较

▲俄军士兵

弱的,位于伦贝格附近的奥匈帝国第3军团去救援奥芬贝格军团,而且他只让奥匈帝国第3军团仅仅抽出了3个师的兵力。同时,康拉德还意外地批准,让第3军团剩下的部队迅速离开伦贝格向东进军,攻击俄军的主力部队。另外,他还让第2军团从多瑙河开到这战场附近的斯坦尼斯劳。

康拉德之所以如此轻率用兵,是因为他对俄军的错误估计,认为俄军的兵力并不强。为此,奥匈帝国的第3军团非常轻率地向俄军的

主力部队展开攻击，并且制定了很多准备非常不充分的攻击计划。可他们攻击的俄军在数量上非常占优势，这时俄军与奥匈帝国军队的兵力比是5：2。奥匈帝国盲目攻击的后果可想而知。奥匈帝国军队攻击失败，损失惨重，陷入一片混乱，不得不撤退。而奥匈帝国第3军团救援奥芬贝格军团的3个师部队，也被俄军打得落花流水。这天晚上是奥匈帝国军队的痛苦之夜，在战场后方40千米的伦贝格，留下了无数奥匈帝国军队士兵的遗体，而且到处都是奥匈帝国军队逃兵。

第二天，康拉德不得不硬着头皮收拾残局，他下令损失惨重的第3军团向着伦贝格撤退，又鲁莽地命令奥芬贝格溃不成军的3个师的兵力归还给他。而且，康拉德还下令，让北进的奥匈帝国的两个军团停止前进，准备救援溃退下来的奥匈帝国军队。后来的情报显示，俄军并没有打算追击奥匈帝国的溃兵，于是康拉德改变了计划，收回了命令。

俄军的统帅伊万诺夫和康拉德想的正好相反，他一直相信有大量的奥匈帝国军队正在与自己的部队对峙，为此，他也不再贸然进攻，而是决定停止战斗48小时。伊万诺夫认为，有了这48小时，他的军队就可以尽可能地靠近格尼拉里巴，并在这里展开战略部署。这是伊万诺夫不了解奥匈帝国军队的实情，如果他果断进攻，很有可能以迅雷不及掩耳之势击溃惊恐中的奥匈帝国军队。坐镇统帅部的尼古拉大公清楚地看到了这一点，他听到伊万诺夫暂停进攻的消息非常生气，立即给伊万诺夫下令，让他马上恢复伦贝格的进攻。

"将在外，君命有所不受"，虽然俄军总司令尼古拉大公下达了进攻的命令，但是前线的具体指挥情况却不是总司令能够直接掌控的。战场的执行者伊万诺夫掌握着部署兵力的权力，他并不积极执行尼古拉大公的命令，远在国内的尼古拉大公也是无可奈何。

伊万诺夫依然坚持停止战斗48小时，这使得俄军丧失了宝贵的攻击时间，俄军的攻势一直到30日才全面展开。即使这样，伊瓦诺夫也没有让奥斯基指挥的俄军第3军团执行主要攻势任务，而是让布鲁西洛夫的俄军第8军团展开进攻。

布鲁西洛夫接到命令后，夜里趁黑带领俄军第8军团先向北迂回，然后用右翼部队对防守伦贝格的奥匈帝国军队的一处防线进行猛烈攻击，奥匈帝国的军队受到重创，奥匈帝国军队在后撤的路上死伤惨重。事后有亲历者回忆："到处都是奥匈帝国军队逃兵，还有奥匈帝国军队丢弃的各种武器和火炮，他们逃窜的情景很狼狈"。不过，俄军第8军团的行军速度太慢，3天才走了18公里，而奥匈帝国军队后撤速度非常快速，不用一天的时间就走了同样的路程。由于俄军进军的速度赶不上奥匈帝国军队撤退的速度，奥匈帝国军队又

▲战斗中的俄国士兵

一次得到了喘息的机会,应该说,这个机会是俄军给予的。

后来,俄军第 8 军团终于赶上了奥匈帝国军队,并且突破了奥匈帝国军队在伦贝格的防线,使奥匈帝国的防线出现了一个大缺口。奥匈帝国军队顿时恐慌起来。康拉德这时也焦急起来,他带着奥匈帝国的军队在伦贝格一直苦苦支撑,直到 9 月 2 日,他再也支撑不下去了,只得放弃了伦贝格。可这时,俄军却没有乘胜追击,又给了康拉德撤退的机会。

▲奥匈帝国士兵

奥匈帝国军队开始反击

奥匈帝国的军队撤退后,于 1914 年的 8 月 30 日开始反击。奥匈帝国军队奥芬贝格部的两翼悄然出现在俄军普列韦第 5 军团侧翼。同一时间,奥匈帝国将领邓克尔也率领所属的右翼部队像木楔子一样嵌入两个俄军军团之间。

当时的奥芬贝格对自己的军事行动很自信,他自认为反击俄军胸有成竹,于是请求康拉德宽限两天,以期部队做好准备,彻底打败俄军。这时,宽限两天的要求,并不容易被奥匈帝国参谋部批准,因为奥匈帝国的主力处境十分恶劣。奥匈帝国军队的北面军团的交通线与俄军鲁斯基、布鲁西洛夫军团之间仅仅隔了 50 千米,而且中间还聚集了一大群受惊的市民。最终奥匈帝国参谋部还是批准了奥芬贝格的请求,让其宽限两天再反击俄军。

30 日夜里,准备充分的奥匈帝国军队奥芬贝格部的两翼将俄军第 5 军团彻底包围。使俄军第 5 军团面临全军覆没的危险,俄军司令不得不下令突围迅速撤退。奥匈帝国军队奥芬贝格部经过这两天的准备时间,已经把这场包围行动组织得十分严密了。危急情况下,俄军能否顺利突围,只能依靠运气了,也许,俄军第 5 军团就会困死在奥匈帝国的包围圈里了。

就在这关键时刻,一件意想不到的事情发生了,第 2 天早上,奥匈帝国军队奥芬贝格部包围俄军第五军团的两翼没有立即合拢,而是退却了。原来,这两翼的奥匈帝国军队是各由奥匈帝国的两位亲王,约瑟夫和彼得领导。约瑟夫控制右翼,彼得控制左翼。这两位亲王正想指挥奥匈帝国军队合围时,有一架奥匈帝国军队军机在侦察敌情时,错把一小队俄军骑兵看成了一个师的兵力,而且把这个错误的情报报告给了约瑟夫。得到情报后,约瑟夫信以为真,连忙抽调大批部队前往狙击所谓的俄军一个师。在另一翼的奥匈帝国军队骑兵也收到了同样的假情报,彼得也被这个假情报误导,将全部兵力抽调来保护他的后方。

一个错误的情报调动了两位奥匈帝国亲王,使他们将包围俄军两翼的兵力调开,为俄军让开了一条突围道路。俄方被围的第 5 军团部队在无人阻挠的情况下顺利地从奥匈帝国的包围圈里撤退。一时间,奥芬贝格精心设计的包围圈成空,奥芬贝格听到了消息后,悔恨不已,急忙下令急追突围的俄军第5军团,但已经来不及了。

再次发动进攻

康拉德不是一个轻易认输的人,他又开始计划一场规模更加庞大的进攻计划。为此,他让奥芬贝格所率的奥匈帝国军队自北而下,给鲁斯基与布鲁西洛夫的俄国部队以攻击;同时,他还让奥匈帝国的第二军团到达战场,按照他事先拟定的计划,从南攻击这些俄军的侧翼,并且包围他们的后方。

从战略上看,这个进攻战计划是一个非常好的作战计划,但后来因为俄军战略部署的改变,他的这个计划成为泡影。

原来俄军统帅伊万诺夫征得将领布鲁西洛夫的同意,命令俄军鲁斯基军团往北移动,这样一来,追击第5军团的奥匈帝国军队侧翼与后部就暴露在俄军鲁斯基军团面前,俄军鲁斯基军团只需继续移动,就可以追击奥匈帝国军队,并将其打垮。

▲奥匈帝国士兵

▲奥匈帝国士兵向战场进发

俄军这个行动自然影响了康拉德的计划。因为俄军鲁斯基军团向北打击向南前进的奥匈帝国军队,并不只是为了打击奥匈帝国军队,而且挤压了奥匈帝国军队奥芬贝格部的生存空间。

如果奥匈帝国军队的军事素养良好,能够快速行动,俄军对他们是无可奈何的。然而奥匈帝国军队战斗力低下,作为军队的统帅康拉德却不注意这一事实,这就导致了他经常制定与现实背离的计划。

由于康拉德的计划不切实际,奥匈帝国军队所处不利局面越来越严重,康拉德所率奥匈帝国军队左端的俄军也是越来越多,由一个军团变成两个军团了。这因为俄军新成立的第9军团在维斯瓦河失败后,已经休整完毕,被俄军统帅部调来支援第4军团。第4军团因此实力大增,缠住邓克尔的奥匈帝国军队第1军团,使其动弹不得。接着,俄军第9军团绕到了奥匈帝国军队邓克尔部的后方。这样一来,奥匈帝国的所有军队可能撤退的路线全部被俄军切断了。

在康拉德的命令下,奥芬贝格率领奥匈帝国的军队朝南前进。另外,根据康拉德的指示,约瑟夫亲王所部的几个师负责断后。同时,奥匈帝国军队误认为受重创的俄军第5军团也会转头紧随其后,于是,奥匈帝国军队奥芬贝格部在拉瓦——罗斯卡设伏,准备给俄军第 5 军团侧翼以沉重打击,这时他们却突然遭遇俄军鲁斯基军团。由于突然地遭遇,双方都非常吃惊,并没有与对方持续地交战,而俄军鲁斯基军团,在慌乱中却放过了奥匈帝国军队奥芬贝格部。

在战场的另一边,康拉德的另一部分奥匈帝国军队,执行康拉德的进攻计划时,更没有取得效果。这支奥匈帝国第 2 军团,刚刚赶到战场,就因为士兵体力不支,导致整体战斗力不强,但却要执意要攻打俄军。当天夜里,奥匈帝国的第 2 军团在没有炮兵支援下,进行连串混乱的强攻,不但没有斩获,而且引起己方的恐慌,不得不停止了无意义的强攻。

随后俄军向北转移。康拉德得到这个情报后,再次不顾奥匈帝国军队的实际战斗力,又构想了另外一个计划。9 月 8 日黄昏,康拉德向奥芬贝格下达命令,要求他率部牵制面对他的俄军;同一时间,奥芬贝格的两个奥匈帝国军团也被康拉德要求离开防御位置,朝北袭击俄军。可是到了 9 日,康拉德的这个计划又泡汤了。原来俄军布罗西洛夫军团在奥匈帝国军队发起进攻时,也对奥匈帝国军队发动了攻势,双方誓要消灭对方的部队,结果却打成了僵局。

康拉德仍然不死心。他在当天晚上再次下达新的命令,他要求奥匈帝国的所有军团"朝伦贝格敌军发起向心攻击"。他还不放心,在第二天早晨亲自上战场。他自信地认为,他亲临战场,一定能够鼓舞士气。但是当时的通信手段落后,他在奥匈帝国军队这条80 千米长的战线上的某一处出现,是无法让所有奥匈帝国军人都看到的。

康拉德亲临战场后,对奥匈帝国军队第 2 军团司令下达了一条紧急命令,在这个命令中,康拉德还在计划进攻,他要求第 2 军团的所有奥匈帝国的士兵"应不计损失,不停地进攻、猛攻"。不过这样的命令对于奥匈帝国的士兵们来说,已经不新鲜了,因为在这次大战中,像这样的进攻命令,不知被传达了多少次。对于康拉德来说,他认为他的命令似乎有着一种魔力,只要有命令就能够有力量。但此时,对于执行

奥匈帝国军队大撤退

▲俄军士兵在行军途中

命令的奥匈帝国士兵来说,已经没有多少信心了。

康拉德本希望奥匈帝国的军队按照他计划,追击俄军然后消灭俄军。他错误估计了奥匈帝国军队的作战能力,反而把追击中的奥匈帝国军队推入到陷阱里。这时的战局对于奥匈帝国军队来说,除非出现奇迹,否则将全军覆没,陷入万劫不复的境地。

此时的战况是:奥匈帝国军队在伦贝格附近追击俄军,反被俄军逼近他们的后方,切断了他们的后路;奥匈帝国的邓克尔军团被俄军孤立围在西北方,为了让奥匈帝国的其他

主力军队顺利突围,他们正竭尽全力牵制兵力比它大一倍的俄军第4、第9军团。但最终邓克尔电告康拉德,他手下的军队已经力不从心,支持不住了,为了保全剩余的军队,他的军团必须撤退到桑河的后方。这还不是康拉德面临的最糟糕的境遇,更为糟糕的是,在奥匈帝国军队邓克尔军团内侧与俄军鲁斯基军团之间,存在着一条48千米宽的空隙,这个空隙成为一个天然的运兵通道,俄军普列韦军团与一个师的俄军骑兵正通过这个空隙,朝着战场迅速推进。

▲战斗中的奥匈帝国炮兵

就在这个千钧一发的时刻,一份命令救了康拉德和奥匈帝国军队。11日早晨,奥匈帝国军队的情报部门截获一封俄军的无线电命令。俄军当时的电报通信有个习惯,命令并不加密,这份电报也是这样。所以,奥匈帝国军队的情报部门很容易就得知这份命令的内容:俄军统帅部中要求俄军的普列韦军团的左翼将于当天夜里到达距离拉瓦——罗斯卡后方很远的某一地点。于是康拉德决定利用俄军调动的时机,令奥匈帝国的部队撤出战场,全速后退到桑河的后方。

此后的奥匈帝国情报部门屡屡截获俄军的无线电命令,这些命令帮了奥匈帝国军队很大的忙。通过这些俄军的命令,奥匈帝国军队在后撤的路上,能够预知俄军的动向,避免了被截击,保全了奥匈帝国军队士兵的性命。

在奥匈帝国后撤的部队中,奥芬贝格部队的后撤最为困难,因为这支部队处在俄军的后方,只能往南方撤,才可能避免俄军的追击。于是康拉德命令奥芬贝格部队与奥匈帝国军队第3军团会合,确保能够共同撤退出来。

1914年9月16日,当俄军先头部队已接近奥芬贝格部队和奥匈帝国军队第3军团时,预先知道俄军动向情报的康拉德就下令,让他的这些部队撤往更西的地方,即130千米外的杜纳耶茨河。然后康拉德让这两支奥匈帝国军团在普热梅希尔要塞停下来,凭借坚固的要塞狙击俄军。这次康拉德又过于自信了,他的这两支军团不但没将俄军成功阻击,反而被俄军击败,只得仓皇地撤往更西的地方。这两支军团在后撤的路上,士兵伤亡惨重,共有35万人伤亡,剩下的残部要长距离行至240千米之外的地点,这才顺利撤退。就这样,奥匈帝国军队

▲列队的俄国士兵

为了顺利撤退,不得不放弃加利西亚地区。就此,加利西亚战役宣告结束。

罗兹战役,俄军未能进入西里西亚

在东线战场,罗兹战役是一场重要的战役,在战役中,德军将一个俄集团军包围在罗兹,然后他们自己又被俄军完全包围了。双方都尽力使己方摆脱被包围歼灭的遭遇,在筋疲力尽的情况下,俄军固守罗兹到12月6日。经过此战役,俄军伤亡惨重,不得不进入休整阶段,这使俄军进入西里西亚的愿望彻底破灭了。

德军向华沙进攻

加利西亚会战后,法国要求俄军开赴维斯瓦河左岸集结,并直接入侵西里西亚。毫无疑问,此举是进入德国心脏的最短途径。

俄军在加利西亚会战中,击溃奥匈军队,实际上已具备进袭德国东南部的条件。但是德军对东普鲁士北部设防区的控制仍然表明,北方对俄军有很大威胁,所以,俄军对西里西亚采取的军事行动会面临来自北方的致命危险。俄军指挥部在拟订进攻加利西亚作战计划时,开始变更部署,把西北方面军的第2集团军从纳雷夫河和涅曼河一线调到华沙一带,而把西南方面军从桑河调往华沙至桑多梅日地段,上述集团军再加上华沙筑垒地域的部队共有50余万人和2500门大炮。

▲冯·马肯森

加利西亚会战中大败的奥匈帝国军队在桑河后面重新集结,他们的军队支离破碎,组织涣散,士气低落,一片令人悲哀的凄惨景象。德军总参谋长法金汉面对的,不只是奥匈帝国的求援申请,而且还有奥匈军队总参谋长康拉德的严厉指责,因为他保证的德军支援未能及时到达,所以导致奥军状况凄惨。幸好这时坦能堡大战结束,使法金汉得以从兴登堡的德军第8集团军抽调出4个军组建了新编的第9集团军支援奥匈军队。德军统帅部计划以新编第9集团军和奥匈第1集团军,对俄军西南方面军北翼和后方迂回突击,阻止俄军的进攻,从而支援奥军。

奥古斯特·冯·马肯森

《王制》奥古斯特·冯·马肯森(1849 – 1945),德国统帅,"一战"中五位大铁十字勋章获得者之一。1869年入伍,曾参加普法战争,后任步兵第17军军长。"一战"中任东线第9集团军司令,因对戈尔利采的突破大败俄军而于1915年晋升元帅。后任德奥第11集团军司令,转战巴尔干半岛,在2个月内横扫塞尔维亚,1916年率德国集团军群攻占罗马尼亚,任驻罗占领军司令直至"一战"结束。

1914 年 9 月 28 日，兴登堡将军指挥德军第 9 集团军从克拉科夫和琴斯托霍瓦一带向维斯瓦河挺进，于 10 月 8 日进至维斯瓦河和桑河，直逼伊万哥罗德。此时遭遇俄军第 4、第 9 集团军所属兵团的顽强抵抗，奥德联军多次企图强渡维斯瓦河和桑河，均未成功。10 月 9 日，德军在科杰尼采和拉多姆一带组建马肯森军队集群，并由南向北进攻华沙，德第 9 集团军的其余部队继续在伊万哥罗德至桑多梅日地段对俄军发起攻势，以掩护德军主力对华沙方向的进攻。

在发起进攻的当天，德军从格鲁耶茨附近的一具俄军尸体上发现的一份命令，得知了俄国的计划，兴登堡通过这份计划了解到，在通往华沙的路上，有 60 个满员的俄军师正向他 18 个减员几乎过半的师开过来，德军处境十分危险，得迅速撤离，但兴登堡还认为进攻华沙更加重要，于是决定快速行军，与俄军拼速度。不过他们采取了预防措施，一旦进攻华沙遭到失败就迅速撤退。10 月 11 日，俄、德双方的军队在华沙和伊万哥罗德附近遭遇。华沙－伊万哥罗战役爆发。

在这次战役中俄军击退德军对华沙的多次进攻，德军的攻击逐渐减弱，在此战局下，俄军的西北方面军和西南方面军的各集团军由新格奥尔吉耶夫斯克、华沙、伊万哥罗德和桑多梅日一线地区相继转入进攻。

对于兴登堡领导的德军一味攻打华沙，形同自投罗网，俄国人非常满意。兴登堡这时也发现，随着德军向前挺进，遭到了不断集结的俄军的抵抗，这支军队人数越来越多。这时候，德军马肯森军的 4 个师离华沙已不到 30 千米，已经占领了城市边缘的一个重要铁路枢纽站，华沙已经在望。可鉴于俄军人数上的优势和防线的漫长，德军向康拉德提出要奥军给予支援的紧急请求，但得到的是否定的回答。兴登堡再也不敢坚持下去了，于是下达了撤退令，将马肯森所率军队从华沙附近撤走，德军放弃了他们的全部占领区，秩序井然地退到他们的边境，同时炸毁桥梁，实施焦土政策和大规模的破坏，阻止俄军的追击部队，从而结束了波兰西南部战役。10 月 21 日，奥匈第 1 集团军企图增援德军，向伊万哥罗德发起进攻，但在遭遇战中被俄军击溃。10 月 27 日，德奥联军开始向原出发阵地全面撤退，从 19 日起，俄军从姆拉瓦河到桑河的整个战线进军，以便占领向德国纵深进军的有利地形。

德军在 6 天之内退却近百千米，中途不止一次停下来作顽强抵抗，到 10 月底他们基本上都回到了出发点。虽然德军敌得过两三倍人数的俄军，但是很显然，奥军没有能力与俄军一对一地作战。而此时，俄军由于指挥上的失误及后勤缺乏准备，各集团军进展缓慢，德奥联军虽损失惨重，但终免于全军覆没。至 11 月 8 日，俄军各集团军推进到乌涅尤夫、瓦斯克、普热德布日、梅胡夫和塔尔努夫以西地

▲ 今日罗兹

区,德国的西里西亚再次处于危险之中。

刚被任命为奥德东部战线司令的兴登堡了解到,面对俄军重新实施的推进行动,已无兵力增援,唯一可用的只有第9集团军了。德军眼前最迫切的需要是粉碎俄军对西里西亚的入侵,德军第9集团军在对华沙的进攻中损失了4万人,它必须毫不拖延地再次出击,以保全德国自身免遭入侵。

▲俄军在战壕里

血战罗兹

俄军结束华沙 – 伊万哥罗德战役后,大本营制订了以西北方面军第2、第5集团军及西南方面军第4、第9集团军为主力,继续进攻的计划,目的在于深入德国境内。进攻开始日期定为1914年11月14日。德军指挥部从截获的无线电报中获悉了俄军这一计划,立即决定先发制敌,夺取战略主动权。

德军于11月10日展开了向波兰北部的进攻,马肯森率德军第9集团军沿维斯瓦河挺进,俄军第2、第5集团军在向西里西亚涌进时,突然发现自己的右翼遭到了来自托伦方向的德军猛烈攻击。俄军抵抗不力,德军战果显著,在3天时间里,德军抓获俘虏1.2万余人,并击退俄军右翼部队,使其陷入一片混乱,所有的俄军溃败部队都向罗兹后退。俄军总司令尼古拉·耶维奇果断行动,当即把第5集团军从南线调来支援,另外,俄军第2集团军司令依据当前情况将部分兵力北调,并在罗兹以北地域设防,而西北方面军司令鲁兹斯基令第2、第5集团军向北方变更部署。德军也不甘示弱,为从东、南两面包围罗兹,马肯森令谢费尔将军的德军突击集群不顾重大伤亡迂回到俄军第2集团军右翼,进到该集团军后方的罗兹至彼得罗库夫路段,至此德军已经包围了罗兹。罗兹城内大概有15万俄军陷入包围圈。德军满怀信心地准备收网。

11月17日夜间,正当德军歼灭包围圈中的俄军的时候,俄国大本营命令驻守西南防线的整个第5集团军转过身来反方向进军,击退前来包围的德军的左翼,以拯救第2集团军。德军突击集群在此迎战俄第5集团军。从11月18日起的3天战斗中,德军从西南方和南方迂回到罗兹以便与谢费尔突击集群会合的企图被粉碎了,俄军第1集团军在沃维奇一带组建的突击集群从北方实施进攻,协同第2集团军封闭了罗兹以东布列兹纳城附近的一段战线。结果使迂回到俄军第2集团军后方的德军陷入重围,谢费尔突击集群被击毙和

▲罗兹战役中的德军士兵

▲被德军俘获的俄军士兵

罗 兹

罗兹是波兰第二大城市,罗兹省首府。位于波兰中部,维斯瓦河与瓦尔塔河的分水岭上。14世纪始见记载,1798年建市。优越的地理位置和市场,吸引了附近许多廉价劳动力,1820年后纺织工业迅速发展,成为波兰全国纺织工业中心,并与周围城镇共同构成了波兰纺织工业专业化地区,生产波兰40%以上的棉制品和丝制品,针织品、毛、化纤制品亦占重要地位。其他工业部门有纺织机械、电机、电影机械、化学、印刷和食品等。罗兹为重要的铁路、公路枢纽,是华沙－乐斯瓦夫铁路的运输中心。

被俘多达4万人。德军不但未能围困罗兹城的俄国大军,反而遭到反包围,四面受敌,俄军封锁了德军的每一条退路,战局就这样完全颠倒过来了。

德军的失败结局确定无疑。此时,俄军将领莱宁坎普夫却错误地把包围德军沃维奇突击集群大部兵力调往其他方向,仅留西伯利亚第6师扼守被围德军的退路,而该师又无能力完成阻击任务,致使在罗兹被包围的德军第25后备军于11月24日突围成功,战俘和缴获的火炮均全部得以带出。

罗兹战役中,25万德军与60万俄军相对抗,德军几乎包围了一个俄集团军,但他们自己却被俄军反包围了。俄军虽包围了6万名德军,但最后未能将他们俘虏,双方都尽力使自己摆脱了被歼灭的命运,在筋疲力尽的情况下,俄军固守罗兹到12月6日,然后他们在华沙以南重新部署了防线。罗兹战役后,伤亡惨重的俄军不得不休整,这使俄军进入西里西亚的愿望彻底破灭了。

此时,从西线抽调的德军和新动员的德军开始源源不断地赶到,加强了德兴登堡的实力,德军实力雄厚,俄军无力进攻,到1914年年底的严冬,东线局势平静下来。此时的东线战场,奥匈帝国的军队势力大减,已无力有所作为。

俄国人也彻底衰弱下来——他们已耗尽了兵力。更为危急的是,他们的后勤供应系统已经崩溃。

俄国克伦斯基攻势

俄国经历了三年战争,国民经济即将崩溃,人民哀声怨道,资产阶级的"二日革命"

因此爆发,沙皇被推翻,代表资产阶级利益的临时政府上台。以克伦斯基为首的俄国临时政府为了巩固其统治,配合西线英法联军作战,决定于当年6月对德奥联军发动大规模进攻,史称"克伦斯基攻势"。

克伦斯基的计划

克伦斯基的计划是以俄西南方面军向利沃夫方向对德奥联军实施主要突击,以北方面军、西方面军和罗马尼亚方面军实施辅助突击。在主攻方向上,俄军步兵和炮兵人数分别是德奥联军的3倍和2倍。此次俄军将动用是最精锐的部队,包括许多西伯利亚人和芬兰人组成的部队。协约国希望数百万俄国大军在1917年战胜德国。

克伦斯基攻势开始

6月29日,"克伦斯基攻势"在加利西亚开始。布鲁西洛夫指挥着为数不多的还有战斗力的俄军部队向伦贝格进攻。进攻从7月1日发起,俄军第11、第7集团军从波莫尔扎内以东、别列扎内地区向利沃夫实施突击,企图楔入德南方集团军防线,但不久受阻。在南线与奥匈军作战的拉夫尔·科尔尼洛夫将军指挥的俄军第8集团军却推进了30多千米,其侧翼的罗马尼亚军队和俄国军队也取得了一些战果,但这只是短暂的胜利。被俄军的攻势所震惊的德军统帅部将13个德国师和3个奥匈师由西线调到东线,使其兵力几乎增加了1倍。随着德军抵抗的增强,以及俄军后勤供应的中断,俄军的战斗热情和纪律性急剧衰退。7月19日,温克勒尔将军指挥的德奥联军队从佐洛切夫、波莫尔扎内地域转入反攻,沿利沃

▲克伦斯基

▲"一战"中的俄军士兵

夫至捷尔诺波尔铁路实施主要突击。俄军第11集团军无心恋战,几乎未作抵抗,便大批撤出阵地,向后方退却。

20日,马尼亚方面军所属俄罗各集团军向福克沙尼、多布罗加发起突击,一度进展顺利并粉碎德奥联军的反突击,但因其他战线失利,被迫于26日停止进攻,后在德奥联军反击下撤至国境线。25日,德军攻占捷尔诺波尔,迫使俄西南方面军在28日撤至原出发地以东布罗德、兹巴拉日、兹布鲁奇河一线。

此时,俄国战线实际上已经瓦解,成建制的部队逃亡,在这之后很少有激烈的战斗,德军和奥匈军如入无人之境。在1918年到来之前,德奥联军队已经清除了俄军在加利西亚的残余。在整个7月间,俄军仅西南方面军就损失13万多人,各方面军伤亡和失踪的总数超过15万人。俄国6月进攻没有取得进展的主要原因是士兵厌战、不愿替资产阶级打仗,俄军之间协同不紧密,各方面军内的指挥不力,而且弹药物资缺乏,后备兵力不足。

▲"一战"俄军士兵图

1917年9月1日,冯·胡蒂尔指挥德军第8集团军攻击俄军战线的北端,并在德维纳河的西岸实施牵制性进攻以威胁里加。与此同时,德军三个师通过浮桥渡过该河并包围了要塞,同时准备对俄第20集团军发动进攻。长时间的预先炮火准备已被省去,代之以短促而猛烈的集中射击,随后步兵立即实施攻击。俄军第20集团军陷入一片惊慌,并向东逃窜。

此时的俄国国内,经过"十月革命",列宁领导的布尔什维克与工人代表苏维埃已获得了政权。

此时的俄国经历了三年战争,国民经济濒临崩溃,大部分工厂因缺乏原料而无法开工,各种生活必需品十分紧张,工人和农民的不满情绪日益高涨,无产阶级专政的阶级基础受到削弱,苏维埃政权面临着严重的经济和政治危机,在这种情况下,结束战争以争取喘息的机会就显得尤为重要。列宁根据当时苏维埃国家刚刚建立,红军正在组建之中,国内反革命力量还很猖獗等情况,为了巩固新生的苏维埃政权,苏俄必须迅速退出这场帝国主义战争。

1918年11月8日,列宁签署《和平法令》,宣布俄国退出第一次世界大战。

第四篇 其他战场

　　"一战"的其他战线指的是南线、意大利战线、中东战线与远东战线。南线又称巴尔干战线,在巴尔干战线主要作战方是塞尔维亚、罗马尼亚对阵奥匈帝国,意大利战线中的意大利本是同盟国的一员,后站到了协约国的作战行列中。在中东战线上,爆发了西奈与巴勒斯坦战役、美索不达米亚战役、高加索战役、波斯战役和加里波利战役五场战役。在远东战线则发生了青岛战役,日军通过这次战役打败了德军。

烧到非洲的战火

"一战"前，德国在东非有自己的殖民地，而且建立了殖民政府，"一战"爆发后，协约国一方的英国、比利时和葡萄牙都准备得这块殖民地，但是一直到"一战"结束，德国政府正式投降了，协约国也没有占领这块德国殖民地。这是因为，这块殖民地的守卫者是福尔贝克，他的一生，就从来没打过一场败仗。

福尔贝克的部队

1914年2月，福尔贝克担任德属东非的殖民部队司令官。他的这支部队是一个拼凑起来的部队，包括几百名德国本土派来的军官和预备军官，还有少数欧洲志愿者。但是福尔贝克这支部队中的大多数作战的士兵是在德军中服役的非洲土著组成的"阿斯卡里"部队。

不同于英军对殖民地士兵的歧视态度，福尔贝克对这些非洲土著士兵的，就像对德国士兵一样关心。福尔贝克对这些土著民兵依照同样的普鲁士标准进行训练，而且，福尔贝克在战争中身先士卒的英勇行为，也赢得了这些土著士兵的爱戴。在福尔贝克的指挥中，也看不出他对于黑人和白人有着任何的区别对待。

福尔贝克欣慰地看到，这些土著民兵经过他系统化的训练后，在战斗中和他们的欧洲同伴一样拥有巨大的战斗力。有些土著士兵甚至比德军还要勇敢、还要有战斗力。福尔贝克在他的回忆录中还不忘赞扬这些土著士兵，他怀着极大的骄傲写道：这些土著士兵的自信随着每次对英军的成功作战而得到增长。

"一战"前期

1914年8月，"一战"爆发。德国在海外的殖民地距离德国本土遥远，实际上被强大的英国海军同德国本土隔离开来。在这些殖民地，只有相当少的德国卫戍部队防御。英国人非常乐观地预计，德国这些孤立的殖民地将不会保有，将会被英国人轻易地握在手

福尔贝克其人

福尔贝克，1870年3月20日出生于普鲁士王国的萨尔路易，父祖辈都是军人，他的祖先在七年战争和反抗拿破仑的战争中就参加了普鲁士军队，在战争中表现勇猛，获得功勋。他的家庭可谓军人世家。他的父亲也是普鲁士陆军军官，后来晋升成为上将。

1899年，福尔贝克在军事学院毕业，进入部队，成为炮兵军官。1904年到1908年，福尔贝克在德属西南非任职，参与镇压霍屯督人和赫雷罗人起义，在这期间，他了解到在丛林进行战争的困难性和当地部队的作战能力。

1914年2月，一纸任命状下来，晋升福尔贝克为中校，并任命他为德属东非的殖民部队司令官。在此后的1914年至1918年的四年当中，也就是第一次世界大战期间，他据守的德属东非殖民地遭到了协约国一方的英国，还有比利时和葡萄牙的争夺，但是，他率领不到15000人的军队，用游击战的方式，与英国、比利时、葡萄牙三国在非洲的30万人周旋，这期间，他从来没有打过一次真正意义上的败仗。他也是第一次世界大战期间，唯一没有尝过败绩的德军司令。

▲福尔贝克戎装照

中。英国人已经做好了计划,打算以最低成本,将这些殖民地合并到他们的殖民帝国中。但是,英国的这个美好计划,就像大多数战前的计划一样,只是个海市蜃楼,这个计划被证明是错误的。

在英国的努力下,一些德国的非洲殖民地还有南太平洋殖民地迅速被英国占领,成为英国的殖民地,但是德属东非却始终控制在德国手里,准确地说是控制在德属东非的指挥官福尔贝克的手里。英军在东非对德军的这场战役,事后被证明,对英帝国来说,是一场完全的灾难。福尔贝克的才华和英雄品质,是这场持久的战役成功的关键。

第一次世界大战爆发后,和德军在欧洲战场纵横捭阖一样,福尔贝克也没有因为他手头上的兵力弱小采取消极态度。在1914年8月间,福尔贝克带领他手下的德军和土著军士兵主动攻击了英国在肯尼亚的铁路。就是从这场战役开始,福尔贝克开始了他在东非大地上的战争。1914年9月,他又发起了一次大的进攻,试图夺取蒙巴萨。但是,这次进攻的战果并不大,福尔贝克尽管有"柯尼斯堡"号巡洋舰的火力支援,他最终还是没有夺取蒙巴萨,但是给这里的驻军以极大的打击。

为了占领德属东非,英国开始向非洲增兵,1914年11月3日,一支大型的英国和印度入侵部队在坦噶登陆,这支协约军的规模很大,他们与德军比例达到了8:1。简而言之,福尔贝克凭借手头的那些兵力,是很难打败英军。但是,就是从此刻起,福尔贝克却开始了他一个人的表演,他用积极的军事行动向世人展示了他伟大的战术素养。

面对英军和印度部队的登陆,福尔贝克自知如果与之硬碰硬,是无法获得胜利的,他将自己的部队后撤了一段距离,以避开英军的锋芒,但他这并不是撤退,他早就做好了准备。但英军以为福尔贝克害怕了,在贸然追击的时候,才发现福尔贝克的撤退是将他们

▲尔贝克在非洲的部队

引入内陆的交叉火力网。原来福尔贝克利用地形,设置了一个"口袋阵",他利用英军轻敌和不熟悉情况的特点,诱敌深入,然后在包围圈内对其施以了灾难性打击。最终,这支刚刚登陆的英国和印度部队返回了坦噶湾,他们没有敢在陆地停留,直接撤回到登陆船上。

可是,英军和印度部队的噩梦并没有结束,当他们撤离海湾,登上舰船的时候,福尔贝克事先埋伏在这里的德军现身了,顿时间,英国船只成了德军的机枪和火炮的靶子。在德

军的猛烈火力下，英国登陆舰队遭到了重创。这场战争结束后，英军战死了 2000 人，另外还有 2000 多人受伤，德军的损失却很小，仅仅只有 15 名德国人和 45 名民兵伤亡。此外，福尔贝克不仅因为赢得战争高兴，他高兴的是他还从这场胜利中缴获大量的武器和弹药。因为福尔贝克远离德国本土，无法得到本土的武器弹药以及后勤物资的补充，所以，他不得不靠缴获物资来支持手下部队的战斗。这是最为一边倒的一场胜利，让不可一世的英军尝到了

▲福尔贝克在战壕里

彻底失败的滋味，事后，英国政府掩盖了这场羞辱，直到这场东非战役结束之后，也没有披露这次战斗。

英军因为这次失败，在东非的作战变得谨慎起来，在随后的 18 个月里，英军奉霍雷肖·赫伯特·基钦纳之命令采取了守势。但是福尔贝克并不是一个"人不犯我我不犯人"的将领，他从来就没想让英国人平安度日。福尔贝克这次看上了邻近的英国殖民地肯尼亚和罗得西亚，他又一次发动突袭，将当地的沿着铁路及运输线而建的要塞彻底摧毁。而且，他手下德军和土著士兵还摧毁了 20 辆火车，这些摧毁的物资中就包括一长段英国的铁路，英军却对此无可奈何。

当英国海军面对福尔贝克的攻击，不得不在鲁菲吉河迫使"柯尼斯堡"号自沉之后，福尔贝克将"柯尼斯堡"号的人员俘获，而且将其编入自己的部队，为己服务。他不满足于此，还设法打捞起"柯尼斯堡"号上的大部分火炮，发挥他工兵方面的才能，为这些火炮制造马车底座，然后用马车拉着这些火炮在陆地上使用，就这样，他的战地炮兵部队的实力大大地增强。

▲史末资

"一战"后期

英军再也无法容忍福尔贝克，痛定思痛，于 1916 年 3 月，决定对福尔贝克采取毁灭性的打击。英军将领扬·克里斯蒂安·史末资带领着一支 45000 人的军队从南非出发，在非洲大地上一路横扫过来，要对福尔贝克发动大规模攻击。福尔贝克自己知道，他的部下数量少，而且装备落后，不能和占据 10:1 这样绝对优势的英国部队正面交锋，于是，他决定避敌锋芒，率部缓慢地向南撤退。

英军看到福尔贝克撤退，又以为他害怕了要逃跑，赶紧不顾一切地追上去，但英军穿越复杂的地形时，福尔贝克毫不犹豫，调头向英国人发动诡计多端的奇袭。这次奇袭让

▲比利时军队

英军措手不及,史末资不知道如何应对,英军行动迟缓,完全被福尔贝克牵着鼻子走,损失惨重。再加上非洲恶劣的气候、崎岖的地形以及无处不在的热带病。英军面对福尔贝克的每一次袭击都会有损失,都被迫停顿数个星期乃至数月以恢复、整顿和补给。史末资率领的英军没有打败福尔贝克,就消耗殆尽了,最后不得不放弃这次进攻,但他对他的对手福尔贝克的勇气、荣誉和正直表示了自己的钦佩和尊敬。

1917年,协约国以英军为首的联军再次加大对福尔贝克的攻击力度,他们不能容忍一个远离德国本土的德军孤军在非洲大地肆无忌惮。福尔贝克带领这支孤军在非洲这个异国他乡又开始面对压倒性的敌军。英军从肯尼亚和罗得西亚、比利时军人从刚果、葡萄牙军从莫桑比克分别对福尔贝克发动进攻。福尔贝克一下子面对多方的围攻,而且围攻他的部队都是武器精良和后勤充足的部队,他自己却面临弹药、食物、和衣服等给养严重不足的困境,他决定轻装简行,不再据守某一个地区,放弃伤员和俘虏,展开完全的游击战。

福尔贝克是一位游击专家,他利用自己的军事知识,指导他拼凑起来的这支部队如何在这片土地上生存、如何制作衣服和药品,以及如何在没有后勤补给的情况下,靠自己的双手获得足够的食物。1917年10月15日到18日,福尔贝克率领这支游击队在马希瓦猛烈阻击英国将军比维斯所部,这支英军部队有4倍于福尔贝克兵力,但是,在福尔贝克的打击下,英军伤亡1500人,而福尔贝克的"杂牌军"仅伤亡100人。此战后,福尔贝克因为他的游击队缺乏后勤补给、弹药、步枪和炮火的匮乏,这给福尔贝克的作战带来了极大困难。到1917年12月,因为缺乏补给,他的这支游击队出现了生存危机,几乎要被英军逐出德属东非。这时福尔贝克敏锐地发现葡萄牙人在莫桑比克边界处的要塞群拥有充足的给养。

▲福尔贝克在行军中

福尔贝克是不会放过这些给养的,他带领他的游击队发动了一系列令人惊讶的攻击,结果,福尔贝克没有损失一个人就占领了这些要塞。福尔贝克在这些要塞成功地夺取了他的4000人部队所需要的所有军需品。

有了军需品补给,福尔贝克的游击队实力大增,他不再撤退,而是决定全面转入反攻。福尔贝克随后率部于1918年7月1日挺进到沿海的克利马内,打败了据守在这里的英军后,并于 9 月末返回德属东非。接着他攻入协约国控制的罗德里亚要塞群,这次他采用各个击破的战术,将要塞群的敌军逐个打败,并攻陷了全部要塞。11 月 13 日,他率部夺取了卡萨马。

有了这一系列胜利作为积累,福尔贝克计划接下来对英军指挥中心发动一个大规模的攻势。这时候传来了不幸的消息,是从一个英国战俘那得知的,那就是德国已经承认在第一次世界大战中战败,与协约国已经签订了停战协议,而且这个停战协议已于 1918 年 11 月 11 日生效。福尔贝克苦苦支撑,本想能够得到德国本土的支援,可是他听到的却是德国战败的消息,作为德属殖民地的总司令,他必须与德国国内保持一致,现在不得不仔细考虑他今后的道路。

福尔贝克纵观他手下的这支部队,他拥有至少维持对英继续作战 2 年到 3 年的物资,而且他手下还有 3000 名作战经验的士兵,而且此时的英军等协约国军队是难以对他发起有效的攻击的。但是他是一名德国军人,是一名服从命令的军人,他觉得有义务对德国签订的停战协议表示尊重。11 月 23 日,这位从来没有败仗的福尔贝克在阿伯康正式向英军投降。英军也给予了这名著名的对手以尊重。

受到对手的养老金资助

福尔贝克返回德国后,利用他的巨大声望,开始步入政坛,成为坚定的保守派。1929 年 5 月到 1930 年 7 月期间,他担任德国的国会议员。他在任期内曾试图组织保守派在议会中反对纳粹政党,但未能成功。这次政治斗争的打击让他对政治失去了信心,不久后他决定退出政治,开始平常人的生活。他的战争回忆录《我的东非回忆录》,在他回到德国不久就很快以英文版的形式出版,畅销至今。

在第二次世界大战后,德国战败,福尔贝克已经被大部分德国人遗忘,已是风烛残年的他像大多数德国人一样,生活十分窘迫。这个时候,他以前的对手,被他在东非战场上打得一败涂地的史末资听说福尔贝克生活窘困的情况后,为了表示对曾经的对手的尊敬,他联络了以前的南非和英国军官为福尔贝克提供了一些养老金。史末资这份养老金一直支付到 35 年后,即福尔贝克以 94 岁高龄在汉堡去世为止,福尔贝克逝世的时间是 1964 年 3 月 9 日。

投降后,福尔贝克没有立即回德国,而是仍然留在非洲,安排德军士兵和战俘的遣返工作,他必须对他的士兵负责,也必须对他的战俘负责。1919 年 1 月,他才返回德国,但他抵达德国后才发现自己已经被提升为少将,可是因为消息隔绝,他根本不知道这个消息,他在德国被当作民族英雄来纪念。

在东非的战争中,福尔贝克从来没有指挥超过 12000 人的兵力。但是,总计 30 万人的英国军队和 130 名将军,都被他成功地击败,都成为他的手下败将,他造成了敌军 60,000 名人员伤亡,其中战死者包括 20,000 人。

英军在对福尔贝克的战斗中,不仅人员伤亡很大,而且花费巨大,按今天的物价标准,英军为了打败福尔贝克花费了英国 150 亿英镑,但是英国人却没有获得什么有意义的战果,因为英军从来没有能够在战斗中抓住或者击败福尔贝克。

▲常胜将军福尔贝克

福尔贝克留下的经验

福尔贝克在军事史上是一位非常成功的、极具天赋的游击战指战员之一。在任何时候,他都能够反败为胜,打败实力远远超过己方的敌人。同时,他也是一位纯粹的职业军官,他有着军人的素养,同时他又极为灵活和机智,作战从来不拘一格,他经常使正规而保守的英军对手惊慌失措。他面对 20 倍左右的敌军,毫不畏惧,而且将这些敌军打败,只是因为第一次世界大战的正式结束,他不得不投降。

可以说,福尔贝克从未在战场上被征服过。他和压倒性的优势敌人作战,将这些敌人打得一败涂地,他获得了他的战士——无论黑人和白人——的一致热爱,而且他的敌人对他尤为尊敬和钦佩,虽然他态度严肃,有时冷淡而不易接近,但是他手下士兵对他绝对忠诚。第一世界大战结束多年后,他访问非洲,他的数百名非洲老部下仍然集合列队欢迎他。

罗马尼亚战争,令人反思

罗马尼亚于 1916 年 8 月 27 日参战,首都布加勒斯特就在同年 12 月 6 日陷落,并迅速被灭国。这段短暂的战争,却给世人一个可以引以为鉴的教训,即军队的数量不如组织人员的素质重要,优秀的组织工作加上能干的指挥官,就会降低对方"数量优势"的价值。

"一战"开战前一年,罗马尼亚民众参战的民意逐渐整合。他们一致希望参加协约国这

一支先天不足的军队

一方。到了 1916 年夏天,协约国一方的俄军在布鲁西洛夫率领下战果丰硕,鼓舞了罗马尼亚人踏出重要的一步,即参与协约国作战。就是这一步,几乎使罗马尼亚陷于永不见天日的深渊。

罗马尼亚的军队在为期 2 年的准备中,数量虽已倍增,但实质上军事素质却大为降低。即德奥军队在艰难困苦的实战经验中,已壮大了他们的火力与装备;相反,罗马尼亚由于与外界的绝缘,军事将领的无能,军队一直无法从粗陋的民兵形态转型为现代化劲旅。

罗马尼亚步兵既无自动步枪、毒气装备、战壕迫击炮,又缺少机关枪。罗马尼亚 10 个现役师中,每一营仅 2 挺机关枪;而新成军的 13 个师中,8 个师完全没有机枪。罗马尼亚的炮兵也不足,空军简直微不足道。罗马尼亚开战时仅储备了 6 个星期的弹药。而在布加勒斯特的一次兵工厂爆炸中,又有 900 万发小型武器弹药被摧毁。其盟友则无法履行维持每日 300 吨补给的承诺。罗马尼亚的后勤补给堪扰。

罗马尼亚的战略形势很不利,这是其另一大弱点。罗马尼亚国土呈现倒 L 状,位于底部

罗马尼亚

罗马尼亚面积为 23.84 万平方千米。位于东南欧巴尔干半岛东北部。北和东北与乌克兰、摩尔多瓦接壤,西北与匈牙利为邻,西南与塞尔维亚相界,南依保加利亚,东南临黑海。海岸线长 245 千米。地形奇特多样,境内平原、山地、丘陵各占约 1/3 的国土面积。罗马尼亚有一小段位于黑海边的海岸线,和塞尔维亚、保加利亚之间主要是以多瑙河为界,是东南欧面积最大的国家,在欧洲排名第十二。首都布加勒斯特是该地区最大的金融中心。

▲今日罗马尼亚

▲罗马尼亚步兵

的瓦拉几亚,刚好夹在特兰西瓦尼亚与保加利亚之间。它的边界线则远大于国土纵深,又缺横向铁路,首都距离保加利亚边界仅48千米。更严重的是,多瑙河另一边的罗马尼亚多布罗加地区是德军最易入侵的地点。

而英法俄等盟国对罗马尼亚军事行动的建议,也是各行其是,不成体系,这样就强化了罗马尼亚内部矛盾与地理上的缺陷。具体来说,英国参谋本部希望罗马尼亚向南进攻保加利亚,使保加利亚能在罗马尼亚与萨洛尼卡盟国军队的夹击中败亡。俄国却主张罗马尼亚调兵西进,这样可以与俄军的布科维纳攻势作紧密配合。罗马尼亚当局认为,保加利亚的领土充满天险障碍,若要发动有效进攻,罗马尼亚现有部队是办不到的,于是,罗马尼亚采纳了俄军的建议。

兵分三路发动攻势

罗马尼亚于1916年8月27日与28日夜间分三路,从西北方向穿越喀尔巴阡山隘口发动攻势。每一路包括4个师的兵力。罗军的计划是,先向左转,然后往右回旋,占据匈牙利平原之后,进攻西面的德奥联军防线。罗军另有3个师准备守护多瑙河,3个师戍守多布罗加的"后院"。此外,俄国也曾答应派遣1个骑兵师与2个步兵师前来支援。其实,罗马尼亚原先与俄国约定的是,俄国支援的兵力多达15万人。

罗军在发动攻势之后,进展缓慢而谨慎。奥军在罗奥边界原有5个实力较差的师担任守卫。为了防止罗军攻击,奥军破坏了桥梁,阻止罗军前进,以便统率部有时间调集德军5个师与奥军2个师到毛罗什河前线发动反击。法金汉强调,这些准备工作将使"马肯森军团拥有充裕的武器装备。这些武器至今不为罗军所知,包括重炮、掷雷筒、毒气"。

因此,战事一开始,罗马尼亚以23个师的兵力对付7个师德奥联军。但不到一星期,德奥联军就增至16个师。由于罗军胜利

▲罗马尼亚骑兵

机会降低,罗军只得加速行动。正当罗军各路人马朝西向特兰西瓦尼亚缓缓前进时,马肯森率德奥联军于9月5日猛攻托图卡亚桥头堡。他击溃了守卫多瑙河防线的3个师的罗军,也因此使自己侧翼安全无恙。于是他继续向东攻击,进入了多布罗加地区。这是一次深谋远虑的进攻,它对罗军士气的影响甚大,还达到了牵制住即将调往特兰西瓦尼亚地区的罗军预备队的战略效果,使得罗军的特兰西瓦尼亚

攻势不得不停下来。由于兵力分散,各处罗军兵力都十分单薄。因此,当法金汉于9月18日抵达罗马尼亚边界,准备指挥德奥联军在特兰西瓦尼亚地区进攻时,发现罗马尼亚军队攻势呈现静止状态;罗马尼亚各路部队也分散在宽达320千米的防线上。

▲罗马尼亚军队

德将法金汉决定先集中兵力攻击已越过卢特图尔姆隘口的罗军南路军,同时派出小股兵力,阻止罗军其他军队前往支援,但被罗马打败。幸运的是,德国阿尔卑斯军在3日内行军80千米,越过崇山峻岭,迂回包抄罗军南侧翼,然后与德奥联军预备队一起以高超的作战技巧直接击溃在锡比乌,就是赫曼施塔特的罗马尼亚部队,迫使罗军经山区撤离。

罗马尼亚沦陷

罗军遭遇德军后,表现得不知所措。罗军将领一面要求进军特兰西瓦尼亚的部队静止不动,一面改变预备队作战计划,并派遣预备队在拉可佛附近渡过多瑙河攻击马肯森所率德军的后部。然而,罗军渡河攻击完全失败,这给了德奥联军集中攻击罗军中路军的机会。10月9日,法金汉再次成功驱退罗军。不过,由于忙中有错,他没有包围与歼灭罗军部队。

法金汉坐失这次良机,影响了整个德军进军计划,也几乎拯救了罗马尼亚。因为到此时为止,所有能通过山区的隘口,仍在罗军手中。罗军正顽强击退企图强行进入该国后方的德奥联军,并且迫使德奥联军原地踏步等待援军。其间,法金汉还命德奥联军向更南的伏尔康与查尔杜克隘口发起过快攻,不过攻击受阻。不久,冬雪降临。就在一切攻势随天气即将停止之际,德军在最后一刻发起了攻势。11月11日至17日,德军突破隘口到达阿尔古日乌。德罗双方在瓦拉几亚平原上展开一场快速追逐战之后,德军将罗军逼退到阿尔特防线上。

马肯森和法金汉率领的两地德奥联军在巧妙协调计划下,准备下一波攻击行动。马肯森目前只留下一小撮兵力据守多布罗加的北部地区,却将庞大兵力向西撤往西斯托弗。11月23日,他即从此处渡过多瑙河,由侧面迂回包抄了阿尔特防线上的罗军。不过罗军在新任参谋总长普列山将军的指挥下,立即

法金汉

埃里希·冯·法金汉(1861－1922),又译为埃里希·冯·法尔肯海,德国军事家、步兵上将,1914年至1916年间任德军总参谋长。法金汉于1896年至1903年在中国服役,参与了八国联军入侵中国的战争。1913年,他出任普鲁士战争部长(相当于德国国防部长)。萨拉热窝事件爆发后,各国纷纷宣战,他一开始并不主张德国卷入全面战争,但是很快就改变了立场,敦促德皇威廉二世向英国、法国宣战,是"一战"的发动者之一。

▲罗马尼亚战役中的德国炮兵

▲罗马尼亚战役中的德国炮兵

▲战役中德国炮兵屡建战功

发动了计划相当周全的反扑使马肯森的联军陷于危机，而且其侧翼差一点遭罗军包围。但罗军的反击很快被德奥联军化解。自此之后，马肯森与法金汉的兵力集中在一起了。罗军在阿格苏防线虽发起最后的绝望的抵抗，但终不敌德奥联军的强大兵力。12 月 6 日，德奥联军进入罗马尼亚首都布加勒斯特，并乘胜追击在多布罗加地区活动多时的罗俄联军。罗俄联军迅速被驱至从塞列特到黑海的防线上。罗马尼亚绝大部分国土，包括麦田与油田，都被德奥联军占领，其军队也彻底被摧毁。罗马尼亚刚加入协约国作战就被灭国，这使协约国在精神上所受的打击，远大于协约国原先所期盼看到的。

一场引人反思的战争

罗马尼亚战争相比第一次世界大战中的其他战役，一向鲜为人知，也鲜有人下功夫研究。但罗马尼亚战争有其独特之处，从罗马尼亚战争中可归纳出协约国的基本缺点与德国的基本优点。

这场战争说明，人们对于数字的迷恋及拿破仑式的名言"上帝常站在具有数量优势的一方"是错误的，也证明了亚历山大大帝式的重质不重量法则的正确。协约国虽具有人数的优势，却被一支相信人类耐力的德奥军队打得七零八落。还有，德奥联军以 3 个月时间，快速征服罗马尼亚的举动，是非常值得当时的协约国反思的。因为这场战争基本上是动态型战争，作战范围涵盖艰难困苦的自然条件，包括地形上的与气候上的各种自然条件，可是协约国并没有吸取教训。

总之，这个短暂的战役给人们一个可以引以为鉴的教训，即人数不如组织素质重要，相反，优秀的组织加上能干的指挥官，即会降低敌方"数量优势"的价值。至于部队武器与训练的品质，更是远比注重"人数"重要。

意大利"背叛"，卡波雷托灾难

　　"一战"前，意大利与德国、奥匈帝国组成"三国同盟"，但意大利在"一战"中却加入了协约国，并在 1915 年 5 月 22 日对奥匈帝国开战，根据德国与奥匈帝国的同盟国关系，也就意味着意大利要对德国开战。但意大利财政枯竭，而且惧怕德国，决定暂不对德国宣战。直到 1916 年 8 月 28 日，当意大利认为国家安全得到了保障，不再惧怕德军报复，这才对德宣战。德国鄙夷意大利，视意大利这种行为为背叛。奥匈帝国的康拉德将军称意大利为"背信弃义的意大利"。

坐山观虎斗的意大利

　　在"一战"前，意大利是"三国同盟"中的一员，"三国同盟"是一个包括德国、奥匈帝国和意大利在内的共同防御公约组织。"一战"刚开始，德国最高统帅部就对意大利放心不下，担心其加入协约国一方，从而改变战局，使奥匈帝国遭受打击。所以德国人对意大利不抱什么幻想，不过在"一战"爆发前，德国为了让意大利在奥匈帝国侵略塞尔维亚的战争中保持中立，还是征询了这个盟国的态度。

　　意大利当时保持了中立，但意大利逐渐看到了德国和奥匈帝国在战场上失利的表现，譬如，1914 年奥匈帝国在东线遭遇了挫折，而德国也被裹挟进来，为了对付即将冲过喀尔巴阡山山口和扫荡匈牙利平原的俄国人，德国不得不支援奥匈帝国，另外，奥匈帝国对塞尔

▲"一战"时的意大利士兵

维亚轻率的进攻也又一次损失惨重，意大利人觉得保持中立无利可图，不愿意再保持中立，产生了加入协约国的打算，这样一来，战局就会改变，使奥匈帝国遭受更大的打击。

　　德国看情况不妙，决定支持意大利对于领土的要求，以换取意大利继续保持中立。但意大利要求的这块领土属于奥匈帝国所有，奥匈帝国不愿意拱手让给意大利，于是，意大利一边与奥匈帝国谈判，一边秘密同协约国谈判。

　　随着俄国的猛烈进攻，奥匈帝国已不可避免地失败了，意大利人也对德国和奥匈帝国彻底死心。意大利认为，在奥匈帝国垮台之前，他必须与奥匈帝国撇开干系，正式加入协约国，这样他们才能参与对垮台后的奥匈帝军的瓜分。而且，协约国对于意大利对奥匈帝国的领土瓜分的要求，更为慷慨。

▲"一战"中的意大利士兵

意大利的"背叛"

意大利最终在 1915 年 4 月同协约国秘密签订了《伦敦条约》，这个条约规定，协约国将给予意大利蒂罗尔、的里雅斯特、伊斯特拉、达尔马提亚海岸的一部分和希腊人聚居的多德卡尼斯群岛的领土。还允许意大利扩大其非洲的殖民地和参与瓜分奥斯曼帝国。

意大利作为对协约国的回报，将在 1915 年 5 月 22 日对奥匈帝国开战，根据德国与奥匈帝国是同盟国关系，也就意味着意大利要对德国开战。但意大利财政枯竭，而且惧怕德国，决定暂不对德国宣战。直到 1916 年 8 月 28 日，当意大利认为国家安全得到了保障，不再惧怕德军报复，这才对德宣战。德国鄙夷意大利，视意大利这种行为为背叛。奥匈帝国的康拉德将军称意大利为"背信弃义的意大利"。

意大利加入协约国，却成了协约国的一个累赘。在经济上，协约国必须承担对意大利援助的义务，因为意大利的装备太拙劣了，既缺乏生产重武器的手段，又没有钱购买。英国过去还可以依靠法国的煤来提供能源补给，可如今法国东北部的煤矿被德国占领了，英国自己不能就地得到煤炭补给，却不得不把自己国内宝贵的燃料运给意大利，以供其工业和船舶之用，因为只有意大利海军能把奥地利潜艇围困在亚得里亚海。

若在一个厚道而灵活的领导人手下，意大利军队是可以装备完善的。但意大利军队总司令路易吉·卡多尔纳将军不是这样的人，在他的管理下，意大利军队战斗力非常弱。不过，意大利加入协约国，对于"一战"战局的改变，还是起到了一定作用的。

双方的战场形势

意大利参加协约国一方，对奥匈帝国的打击很大，奥匈帝国康拉德将军对意大利发出一连串的武力威胁，但没有力量付诸实施。因为奥军正在俄国战线挣扎求存，只能抽 1 万士兵来守卫奥匈帝国和意大利的边界。

奥－意战线 770 千米长，有曲线的山脉障碍，南部和东北部环形战线上的任何对意大利的进攻或防御，都有利于奥军。意大利将军卡多尔纳知道，向多洛米特或卡尼克山脉突击，将招致全军覆没。这里的阿尔卑斯山脉有险峻的山口和隘路，只有受过专业训练的阿尔卑斯山地部队才能攀登。

在西北部，在对意大利形成威胁的特兰提诺（南蒂罗尔的一部分），奥军在参差不齐的山顶后面掘壕固守。意军要在这里进行任何突击，得攀登深沟高垒的阿迪杰山谷，而且可能会在特兰托狭长深谷甚至更为崎岖的勃伦纳山口遇到伏击。在东面，奥匈帝国在亚得里亚海的唯一港口的里雅斯特的入口也有天然的障碍相阻隔，这里似乎为意大利进军提供了某种希望,但只是与两个其他防区对比而言。伊松佐河从尤利安阿尔卑斯山脉的峡沟倾泻而下,然后缓慢地流成沼泽,最后注入亚得里亚海。奥军的据点就设在伊松佐河东岸的渡口上。在这些集中防御的中央,是戈里齐亚这个设防城市;在它的北面是巴因西扎高原;这个城市的南面是海拔 270 千米、陡峭、荒芜、尖削的石灰石悬崖的卡尔索高原。

在这些障碍后面,是耸入云端的德军阿尔卑斯山峰,由训练有素的德国阿尔卑斯军守卫

▲行进中的意大利士兵

着。一位战略家总结道,意大利的困境是:"不攻占山脉,伊松佐河是不能渡过的,而不渡过这条河,山脉是不能攻占的"。

在对的里雅斯特、伊斯特拉和其他领土提出要求之后,意大利政府知道,这些领土首先要靠武力征服来获取。意大利路易吉·卡多尔纳将军没有其他更好的办法,不得不命意军在特兰提诺沿着伊松佐河发起攻势。

11 次血腥而徒劳的战斗

意大利与奥匈帝国的伊松佐河战役,是从 1915 年 6 月至 1917 年 9 月,在一条 96 千米战线上进行的,双方共进行了 11 次血腥而徒劳的战斗。当然,西方协约国是非常乐意唆使意大利卡多尔纳将军去冒险的。英法认为,如果能够迫使奥匈帝国两线作战,东面对付俄国,南面对付意大利和塞尔维亚,奥匈帝国这个君主国就要崩溃。即使协约国估计有误,德军为了支撑摇摇欲坠的奥军,也得从西线调兵,这样就能缓解协约国在东线战场上的压力。但事情的发展却是完全不同。

意大利的卡多尔纳将军无视伊松佐河缓慢地蜿蜒流向亚得里亚海沿途的泥淖平地和沼泽,只看到不远处的平坦平原。他毫不在意戈里齐亚城堡所保卫着的笔直的高山悬崖,带领意大利军队试图夺取面对戈里齐亚的 96 千米宽的桥头堡。卡多尔纳还决定让意大利军队沿着 200 千米特兰提诺前线进攻。

伊松佐河防区的指挥权表面上由德奥联军大公欧根·冯·哈普斯堡掌握,但实际上掌握在斯拉夫将军博罗耶菲茨·冯·博伊纳手中,他的部队包括有经验的山地部队在内。卡多尔纳用 2 个意大利集团军来对付这些山地部队,力求占领特兰提诺突出部。意军经过代价高昂的战斗,于 1915 年攻占了突出部的边缘,但在其他地方,意军则都失败了。

沿伊松佐河的战斗于 6 月 23 日开始,尽管战斗的激烈程度时常变化,但结果依然不变。的里雅斯特就在意大利军队眼前,然而对于卡多尔纳来说,他永远无法获得这块领地。

意军的血战历经夏秋两季,其间有短暂的间歇期以补充人员、器材和给养,但是到

12 月初这个防区冰封之时,意大利人虽付出了巨大代价,不过只在敌人防线上留下几处孤立的突入点。

在 1915 年年末至 1916 年年初整个冬天,奥匈战线相对来说处于休战状态。但春天阳光的温暖,激起了康拉德将军要攻下罗马的雄心。他集合了阿尔卑斯军的奥匈军队 2 个师,趁春天融雪的时刻发动进攻,直扑没有准备的意军。奥军把意军赶过伦巴第原,这促使意大利的维克托·艾曼努尔三世要求沙皇发起进攻,以围魏救赵,缓解意军的压力,结果,俄国的勃鲁西洛夫将军进攻了,进攻意军的奥军于是被抽调去对付俄国人。

奥匈帝国的多民族军队中的斯拉夫人,对俄国人并无恶感,同俄军的作战显得心不在焉,有时竟给他们自己的日耳曼军官捣乱。但他们对意大利的背叛的愤恨却是始终存在的,这是他们在沿意大利战线获胜的一个因素。他们一经被调往东线后,意大利战线剩下的奥军就退守山区了。卡多尔纳利用这个情势的有利条件去进攻特兰提诺,但他唯一的所获是几平方千米的阿尔卑斯山的岩石而已。在 1916 年余下的那段时间里,意大利和奥匈帝国军队只有些边界的小摩擦。

1917 年夏,俄国的崩溃使德国和奥地利得以腾出手来向意大利发动联合进攻。到 9 月,德国奥托·冯·贝洛将军已经组成一支包括精锐的阿尔卑斯军在内的 8 个德国师和 9 个奥地利师的军队。贝洛采用了新的突击战术,这个战术在里加用来对付在数量上占优势的俄军,都可轻松获胜。

维克托·艾曼努尔三世

维克托·艾曼努尔三世(又译伊曼纽三世,1869－1947),意大利国王(1900 年 7 月 29 日－1946 年 5 月 9 日在位)兼阿尔巴尼亚国王(1939 年－1943 年在位)。1900 年其父亲翁贝托一世遇刺,他随后即位,他接受自由派内阁,赞同意土战争(1911－1912),"一战"中主张意大利在同盟国一边参战,并作为名义上的最高统帅亲赴前线,直到战争结束。1944 年,他任命王储翁贝托元帅(即翁贝托二世)为摄政,本人放弃一切权力,但保持国王称号。1946 年逊位,意大利实行共和国制以后,与子流亡国外。

德军的部队集结,意大利的卡多尔纳将军是看到的,这本是德军进攻的预兆,但他置之不顾。9 月初,两个开小差的罗马尼亚军官给意大利军队带来了详细的计划,表明德军的进攻将从卡波雷托地区开始。卡多尔纳对德军的进攻仍没有做多少准备。他命令意大利第 2 集团军和第 3 集团军构筑纵深防御阵地,但未再费心去监督他们的部署情况。

卡波雷托灾难

由于卡多尔纳对于意大利军队福利不甚关心,还拒绝给他们提供最基本的休息设施。至于对违犯规章的处分,他采用了文明军队废弃已久的野蛮刑罚。所以,卡多尔纳的专制主义造成他的指挥官们对他的不敬。他颁发的命令常被下级所忽视。譬如意大利第 2 集团军指挥官路易吉·卡佩洛将军,无视卡多尔纳保卫卡波雷托的命令,擅自决定在卡波雷托东南 16 千米左右的托尔米诺附近进行反击,因此在防线上留下了一个巨大的缺口。

1917 年 10 月 24 日破晓前，约有 25 万德奥联军蹲伏在卡波雷托待命，他们对于卡佩洛将军留下的缺口一清二楚。滂沱的寒雨和浓雾为他们提供了隐蔽条件。奥德军的大炮对准意军阵地，开始用烟幕弹和毒气榴霰弹交替密集轰炸。

当惊慌失措的意军盲目地东冲西突，窒息而乱成一团时，贝洛将军开始指挥奥德联军依次弹幕射击，缓缓推进，后面紧紧跟着用手榴弹和轻机枪装备的突击部队。当火力达到它的射程限度时，德奥联军就冲过意大利防线的缺口，绕过孤立地区的抵抗，从后面包围残敌。当意军想摸索着逃跑时，德奥联军的高爆炮弹又劈头盖脸地打来。

意军溃退下来，卡波雷托战线垮了

战争持续到 24 日下午，贝洛率领的德奥联军已渡过伊松佐河，意军全面溃退。第二天，奥德联军继续前进，这时的战局已经清楚地表明，意军只有有秩序地退却才能挽救这个局势。但卡多尔纳直到两天后的 10 月 27 日才下令意军撤退，此时卡佩洛的 25 个师意军已遭受严重打击。很多意军毫无斗志，不是投降就是逃跑。

当幸存的意军向后方跑了 110 千米，在皮亚韦河后面重新集结时，奥德联军以 16 个师的兵力打败意军的 55 个师，一举夺回了先前意军以 100 万人死伤的代价、沿着伊松佐河进行了 11 次血战所得到的几平方千米领土。卡波雷托之役几乎使意大利投降。在这次战役中，意军有 1 万人死亡，3 万人负伤，29.5 万人被俘，此外意军还丧失了大量的武器和装备。

把意大利从灾难的边缘拉回

意军逃到皮亚韦后，协约国方面急忙出手援助，他们调集了 6 个法国师和 5 个英国师去支援他们。由于这些增援，意军得以坚守在皮亚韦河，抵抗奥德部队。12 月 26 日，德奥联军因兵力耗竭而撤退了。未能在意军逃跑前俘虏他们，使奥德联军懊丧不已，如果德奥联军当时能够集合起两三个新的骑兵师和装甲车辆，意大利也许就被彻底逐出战争。

在意军参谋部，卡多尔纳被阿尔曼多·迪亚兹将军所取代，迪亚兹或许称不上一个较好的战略家，但至少比较关心他的部队。因为德奥军队入侵意大利的国土，意大利举国上下又出现了一片民族团结的气象，迪亚兹改编军队遇到的阻力很小，使自己的想法得以贯彻。

▲ 原始人钻木取火的工具

把意大利从灾难的边缘上拉回，对协约国说不上有多大的安慰。意大利虽然侥幸脱险，但德国东线战场上的俄国人却被打败了，大批的德国部队解脱出来投入到西线战场，

▲阿尔曼多·迪亚兹

与协约国的作战,协约国必须不惜一切代价使意大利继续进行战争,以牵制部分德军兵力,缓解西线战场的压力。

为此,法国的斐迪南·福煦将军急忙赶往意大利罗马,同意大利人协调法英各师与意大利军队协同作战的行动计划。

11月7日,在拉巴洛召开的高级紧急会议上,协约国的英、法、意的首相和总理,以及伍德罗·威尔逊总统的特使,在融洽的气氛中进行了会谈。此次会议的最大成果是各方同意组成以斐迪南·福煦为主席的最高军事委员会,以处理协约国急迫要解决的军事和政治问题。这为1918年"一战"的胜利创造了重要条件。

青岛战役,日军打败德军

青岛战役,是第一次世界大战期间,日本和英国共同攻占当时由德国控制的中国青岛的一场帝国主义之间的非正义战役。战役于 1914 年 10 月 31 日开始,至 11 月 7 日结束。日本在这场战役中获胜,占领青岛。这是"一战"期间,日本首次与德国正面交锋,同时也是日本首次与英国联合参战。

仰口湾登陆

1914 年 9 月 2 日,日本军部调动以第 18 师团为主力的陆军 4.5 万人,在山东龙口强行登陆。这支军队配备了包括数百门重型攻城重炮、山炮、野炮在内的火炮和多架飞机。日军在 15 天内先后侵占了黄县、掖县(今山东省莱州市)、平度、即墨以及胶济铁路沿线城镇,最终屯兵李村向青岛逼进。

当时德军在青岛构筑了两条防线,外围防线是浮山、烟墩山、四方山等制高点,在这些制高点上,德军驱逐中国劳工修筑了临时炮台,

▲今日青岛仰口湾

并挖掘壕沟工事等,备战态度还算积极。但由于当时驻扎青岛的德军总兵力不足 5000人,几乎是日军进攻兵力的 1/10,因此处于外围防线之外的仰口湾,只有少量德军的轻骑兵负责警戒。登陆日军没耗费多少弹药,就击退了德军的警戒部队,从而在仰口湾登陆,然后向李村挺进,与南下的日军主力会合。

日德双方的战备

为了对胶州湾进行封锁并从海上攻击驻青岛德军,日本海军出动了 60 余艘军舰,然而由于德军在胶州湾内布下大量水雷,因此在青岛东侧登陆几乎成了日军唯一的选择。数日后,又有一队约 2000 人的英军也在仰口湾登陆,史料称其中还有印度士兵。英军是来和日军联合作战的。

就在日军主力出发的同时,日本国内已开始修建战俘营。兵力集结完毕后,1914 年9 月 26 日,日英联军开始向青岛外围发动进攻,逐步占领了孤山、楼山、罗圈涧等处的德军外围阵地。

就在日军从仰口湾登陆的第二天,德军即派 58 名官兵来到浮山高地设置了观察哨,并建立了 5 个防御工事,储备子弹 6 万发、手榴弹 300 枚、照明弹 2000 发及足够坚持 8

▲青岛战役中，德军在青岛建的防御炮台

天的食品和水，准备与日军周旋一段时间。而日军要想摧毁德军在青岛市区各个山头的炮台，就必须在纵深地带安装大口径重炮，但德军在浮山设置的观察哨使日军无所遁形。

德军向日军投降

1914 年 9 月 28 日凌晨，大地还处在一片黑暗之中，日军派出两个中队的兵力摸黑向浮山摸去，准备发动偷袭。凌晨 3 时 30 分，这些日军突然遭到德军步枪的射击，由于辨不清对方的位置，日军只好派出 15 人的小分队迂回到德军阵地的东南角展开搜索，其余日军散开继续向德军阵地推进。

4 时 30 分，日军再次遭到德军的猛烈射击，只好就地卧倒，观察周围地形。5 时，天微微泛白，日军的能见度已达二三十米的距离，终于发现德军阵地主力位置，于是在先头分队的射击掩护下，大队人马继续向德军阵地逼近。在激烈的对射中，5 时 20 分，日军中队长佐藤嘉平次阵亡。接替他指挥的日军中尉冈千太郎，冲至德军阵前约 40 米处时也中弹身亡。

5 时 30 分许，天色大亮，日军各个小队距离德军阵地只有 15 米左右。日军在近乎垂直的山崖上发起冲锋。而驻守的德军士兵依然猛烈阻击，许多日军被击中后滚落山崖。随后日军改变战术，派大部队在高地的东侧猛攻，吸引德军的注意力，同时派士兵爬上高大凸起的巨石，在德军的头顶向下射击。接着，日军又派出敢死队爬上山崖，并集中数名狙击手封锁山崖方向的德军。

▲日军攻占青岛后，举行占领青岛入城式

上午 10 时，日军的大股部队集中于山脚下向驻守浮山的德军射击。上午 11 时 30 分，德军只好竖起白旗向日军投降。中午 12 时许，日军全部攻占了浮山一带高地，俘虏德军士兵 58 名，缴获大批武器弹药。

随后，在日英联军的猛攻下，德军掌控的青岛要塞陷落，日英联军获得战争的胜利。在此次战役中，日军 270 人战死、113 人负伤，防护巡洋舰"高千穗"号沉没，水上航空母舰"若宫"号重创；英军 160 人战死、23 人负伤；德军 199 人战死、504 人负伤、4715 人被俘，"伊丽莎白皇后"号巡洋舰，1 艘鱼雷艇，4 艘炮艇自沉。

达达尼尔海峡之战

在第一次世界大战时期，英国的海军大臣丘吉尔提出一个作战计划，即达达尼尔计划，要求英国皇家海军发动达达尼尔海峡战役，一举攻下奥斯曼土耳其的达达尼尔海峡，进而占领当时的奥斯曼土耳其首都伊斯坦布尔。从战略上看，这是一个伟大的设想，如果英军在此战中获胜，就可以切断土耳其欧洲部分和亚洲部分的联系，让奥斯曼土耳其受到重创，逼其退出"一战"。其次，上述的联系被切断，那么德国通过土耳其运输石油的通道也相应被

▲达达尼尔海峡俯视图

切断了，德国的飞机大炮军舰都有可能因为没有石油而无法开动，德国的战斗力会因此下降。再次，英军控制达达尼尔海峡后，英国的船只可以顺利通过这个海峡对盟国俄国进行海运补给，让在困境中的俄国迅速恢复活力，好投入更多的兵力在东线牵制德军，这样就可以减轻英法在西线对德作战的压力。

英国遭遇德国的挑战

英国是欧洲大陆以外的一个岛国，一直小心翼翼地避免与其他欧洲国家订约结盟，并巧妙地运用平衡外交手段，使英国在欧洲各国之间处于超然的地位。久而久之，英国就以解决欧洲国家冲突的仲裁者自居了。英国的这种超然地位在19世纪末遇到了挑战者。当时的德国获得了统一，其经济发展十分迅速，一跃成为欧洲强国，变成了英国强劲的对手。

此时德国的发展十分快速，在1870年，德国通过王朝战争实现了统一，恰逢第二次工业革命爆发，德国全国上下紧紧抓住这个机会，大力发展化学和电气工业，并取得了巨大的成就，到1900年，德国的工业生产总值已跃居世界第二位，已经超越英国，仅次于美国。与经过彻底的资产阶级革命的英国不同，德国容克地主阶级占据着统治地位，他们有更强的侵略性和掠夺欲。总而言之，德国是一个军事主义传统浓厚的国家。

德国因为崛起太晚，英法国家已经将世界瓜分完

▲"一战"时的丘吉尔

毕,德国无法向海外扩张。此时德国工业高速发展,又迫切需要到海外去攫取工业原料和海外的倾销市场,所以德国就像一头饿极了的恶狼,想从英国这个"日不落帝国"手里争夺殖民地。所以,英国成为德国人的眼中钉、肉中刺。

英国面对德国的扩张势头,深感不安。更让英国恐慌的是德国全国上下全力发展海军的举动。英国的海上霸权,是其拥有广大殖民地的军事保证,如果德国对英国的海上霸权产生了挑战,英国的霸主地位就会受到威胁。

▲海上霸主:英国海军

早在 1898 年,德国就通过了《海军法案》,开始大力扩建海军,1900 年,德国又通过了《海军建设案》,全面指导德国海军建设,使得德国海军从原来的世界第六位一跃成为世界第二位。英国对德国的威胁感到担心。特别是《海军建设案》的序言中,德国赤裸裸地写道:"德国必须提高海军的作战水平,即使和世界最强大的海军交战,德国也要有打败这支海军的军事优势",这能让英国放心吗?

进入 20 世纪,德国变得更加咄咄逼人。面对这样的威胁,不与其他国家结盟的英国已经显得力不从心了。后来担任英国首相的约瑟夫·张伯伦就说过一句精辟的话:"英国这个巨人现在已经变得筋疲力尽了,再也无力支撑如此大的家业了。"

于是英国开始与别的国家结盟,寻求盟友帮助和支持,建立广泛的反德"统一战线"。英国首相帕麦斯顿曾经说过一句至今有影响的话:"我们没有永久的朋友,也没有永久的敌人,我们只有永久的国家利益,我们的一切国家行为都是以这些国家利益为转移的。"

英国此后的国家政策就是以这句话为依据来制定的。英国寻求法国、俄国结盟,于是英法俄相互签订条约,形成了协议国阵营。同样,德国也针锋相对,联合一些国家组成了同盟国阵营,与协约国阵营对峙。

英国选择法国结盟,是有考虑的。法国是德国的死对头,法国在 1870 年的普法战争中,就惨败在普鲁士手上,战败的法国因此受尽屈辱,不得不割地赔款。高傲的法国人是不会忘记这段屈辱史的,他们随时准备报仇雪耻。而普鲁士就是德国的前身,法国人也就顺其自然把这笔仇算到了德国身上。英国人看到了这点,所以首先将法国作为反德统一战线的争取对象。而法国也意识到,法国如果与英国联手抗衡德国,胜算更大。所以,法国和英国在相互利用的基础上,达成了协议,并于 1904 年正式签订协议,结为盟国。

德国的扩张,也引起了俄国的警惕。英国争取与俄国结盟,正是因为看到俄国与德国之间的利益冲突。对俄国来说,他的老对手奥匈帝国在德国的支持下,正在向巴尔干半岛扩张,巴尔干一直被俄国人看成自己的势力范围,岂能容许别国染指? 所以俄国愿意与英国结盟,以遏制德国对奥匈帝国的支持。

就这样,由英国、法国、俄国三国组成的协约国与由德国、奥匈帝国、意大利组成的同盟国正式形成了两大对立的营垒。这两大军事集团互相对峙、互不相让,逐渐呈现出一种剑拔弩张的局面,致使整个欧洲,乃至整个世界危机迭起、战云密布。

达达尼尔计划出台

1914年初秋,土耳其人感受到了这一年从达达尼尔海峡(或称恰纳卡莱海峡)吹来的咸湿的海风,似乎比往年的都要大。人们站在海边的他们交头接耳,议论着刚刚过去的夏季在欧洲爆发的那场战争。据从海上回来的人说,德意志帝国、奥匈帝国、法国都参加了这场大战。他们不太明白这场战争要干什么,但是德国和土耳其是有些交情的,所以他们纷纷力推德国,希望德国胜利的概率大些。

说起来,德国人出现在君士坦丁堡,已经有12个年头了,他们和土耳其人进行贸易往来,而且对中东地区的经济发展表现出了极大的兴趣。这些德国人常常发表意见,并给予土耳其军队一些金钱上的资助,有时还给他们带来一些武器装备,说是无偿送给土耳其的。

到了1907年,不少土耳其人听说英国人与俄国人达成公约,这让土耳其对英国顿失好感,因为俄国是他们的宿敌,他们之间达成公约也就是公然和土耳其过不去。这样一来,土耳其人更愿意和德国人来往,土耳其为了加强两国之间的友好关系,土耳其政府要求德国派一个军事使团来君士坦丁堡,帮助他们训练军队。

很快,德军的桑德斯将军于1914年12月带领一小批军队抵达了君士坦丁堡,他被任命为土耳其陆军的监察长。第二年的7月,英国参战的消息令土耳其人感到了威胁,他们赶紧向德国提出秘密结盟的计划,德国人愉快地答应了。

实际上,德国一直等待土耳其投入自己阵营的这一天。而这时,英国人为了加强海军军备对抗德国,决

丘吉尔的身世

1895年,丘吉尔从军校顺利毕业,被分配到第四骠骑兵团任中尉。

1899年9月,丘吉尔从军队退伍,正式踏足记者行业,以《晨邮报》记者的身份前往南非,在随英军士兵行进途中被南非人俘房。3个月后,丘吉尔极为大胆地独自一人越狱成功,逃到了英国领事馆。丘吉尔也因此名声大噪。丘吉尔决定抓住机会,由此踏入政坛。

1911年10月,丘吉尔获任命为海军大臣,他要求下属官员严格服从自己的权威,并允许基层官兵发表批评自己长官的言论,使得隶属于海军大臣的四名海务大臣感到不满。丘吉尔这时感受到德国对英国的军事威胁,主张改变过去海军部一味要求裁减军费的做法,要使海军与德国海军进行军备竞赛,确保英国在海上的军事霸权。就在丘吉尔担任海军大臣的1914年7月,第一次世界大战爆发。

▲英国人绘制达达尼尔形势图

▲ 土耳其国旗

定征用英国造船厂正在为外国海军制造的所有军舰。这些军舰中,正好有 2 艘是为土耳其建造的战列舰,该舰战斗力都很强。英国人没有考虑到土耳其人的敏感情绪,不打招呼就把 2 艘战列舰征用了。得知自己的新军舰成了泡影,土耳其政府相当愤怒,于是开始喋喋不休地向德国人诉苦。

"为什么啊?英国人真是太过分了!"他们叫嚷着,发泄着心中的不满,而德国人淡淡地说了一句:"不如,我们送给你们 2 艘巡洋舰吧?"土耳其人一听,顿时感激涕零。

其实,这只是狡猾的德国人的计谋罢了。要知道,那 2 艘送给土耳其的巡洋舰,是被困在地中海根本没有希望返回德国的战列巡洋舰"格本"号和轻型巡洋舰"布雷斯劳"号。

在德国人看来,土耳其人简直太好骗了。德国人无非希望土耳其在德国需要租借他那具有重要战略地位的海峡和领土时,能够慷慨大方一点儿。德国人和土耳其人的亲密关系,让英国人感到了不安。

土耳其抛弃英国,转而投向德国,是英国人一系列错误政策的结果。而这些错误政策中,最糟糕的一项就是上述丘吉尔"征用"土耳其订购的超无畏级舰举动。可以说,是丘吉尔把土耳其推向了同盟国阵营。海军大臣丘吉尔的做法的确有些因小失大。土耳其订购的超无畏级军舰被英国皇家海军扣留后,改名"爱尔兰"号,在英国皇家海军服役,在第一次世界大战的表现平平,没有为英国争取到什么战果。

但也有历史学家认为,这是丘吉尔故意为之,其目的就是为了激怒土耳其,为自己的达达尼尔计划的顺利实施创造条件。

1914 年 9 月,就在土耳其倒向同盟国之后没多久,丘吉尔就向首相提交了达达尼尔计划。这个计划也称为从海路进攻土耳其的计划,丘吉尔在计划中建议夺取加里波利半岛,而后杀进马尔马拉海,直接威胁伊斯坦布尔。只可惜,

丘吉尔的家族

丘吉尔的远祖名叫约翰·丘吉尔,此人在英国"光荣革命"中慧眼识珠,选择支持威廉三世,而且又亲自披挂帅印,以军队总司令之职,率领英国军队对西班牙和法国的作战,取得巨大的胜利,因此,在 1702 年,安妮女王以约翰·丘吉尔的功劳巨大,封其为马尔巴罗公爵。约翰·丘吉尔建立的马尔巴罗家族十分显赫,在 19 世纪英国 20 个王室以外的公爵家族中,该家族名列第十。

马尔巴罗家族传到丘吉尔的父亲伦道夫·丘吉尔勋爵,已历经八代,伦道夫·丘吉尔是马尔巴罗公爵七世的第三个儿子,还是英国保守党"樱草会"的创办人。"樱草会"是英国保守党中的一个小派系,其成员以工人阶级为主,代表着工人阶级的利益。伦道夫·丘吉尔还曾在英国内阁中担任财政大臣,这是仅次于首相的重要的内阁大臣。丘吉尔的母亲珍妮·杰罗姆是美国人,她是美国百万富翁、《纽约时报》股东之一的伦纳德·杰罗姆的女儿。

当时的英国都把目光盯在西线和德国的鏖战中,对于攻打奥斯曼土耳其的兴趣不大。在那一段时间里,只有丘吉尔一个人对土耳其有着浓厚的兴趣。不过,一年后的出现的一个事件,让丘吉尔的达达尼尔计划成为英国战时委员会热烈讨论的议题。

▲伦道夫·邱吉尔

一封来自沙俄的电报

1915 年 1 月 2 日,英国政府收到了俄军总司令尼古拉斯大公的电报,电报是这么写的:"请求英军采取某种对付奥斯曼土耳其帝国军队的行动,以牵制土耳其的军队,海军方面的或者陆军方面的行动均可。"其意思是说,俄国请求英国海军对土耳其军队采取强制性行动,以牵制土军的兵力,这样就可以减轻俄军的压力。此时土军正在对高加索地区用兵,俄军疲于应付。其实,这也反映出一个事实,那就是俄国自第一次世界大战开始以来,国内的军需物资就非常缺乏,难以应付土耳其参加同盟国后对它形成的巨大压力。俄军在此前曾经不惜一切代价答应法国的要求,用大部分兵力在东线进攻奥匈帝国和德国,以减少英法在西线的压力,这是导致俄军军需物资消耗过大。同时,俄国对英国发这个电报,也有要求英国对俄军此前的进攻行动给予回报的意思。

针对俄军的请求,英国国内也形成了两派,一派认为英国的海陆军要联合行动,进攻加里波利半岛和达达尼尔海峡,为了使此次进攻万无一失,最好集合英国、法国、印度和希腊等国的军队,进行多国联合行动。另一派不同意英国陆军过早地掺和地中海地区的军事行动。这时身为海军大臣的丘吉尔不失时机地表示:只需要英国的皇家海军出动,就可以独自占领达达尼尔海峡。为此,他还向当时英国皇家海军指挥东地中海舰队的海军上将卡登介绍此项建议,卡登给了丘吉尔正面的回答,他认为"不能使用突袭的方式攻下达达尼尔海峡,但是,可以通过持续性的行动来对达达尼尔海峡进行攻占。"这样的回答意味着卡登上将接受了丘吉尔的建议,丘吉尔感到非常满意,更令丘吉尔高兴的是,卡登上将还建议,为了做好攻克达达尼尔海峡的土耳其军修建的各个要塞的战争准备,应该将英国皇家海军的第一艘装备 15 英寸大炮的"伊丽莎白女王"号战列舰,进行射击试验,确保这艘舰能够在攻克达达尼尔海峡的作战中一举获胜。丘吉尔答应了这个建议,并且着手完善

▲坦能堡会战中的俄国战俘

他的达达尼尔计划。在 1915 年的 1 月 13 日，也就是俄国发来请求英军攻打土耳其电报后的第 11 天，丘吉尔在战时委员会向他的海军同僚们解释了他的达达尼尔计划。

▲ 今日土耳其加里波利半岛

其实，达达尼尔计划简单地说，就是英法军队为了在南部牵制德军，减轻协约国国在西线以及东线的军事压力，打通英法军队与俄军的联络通道，对德国的盟国土耳其发动的一次大规模进攻。这个计划包括两个部分，第一部分需要英国、法国、澳大利亚、新西兰和印度等协约国以及英国的殖民地的军队共计 7.5 万人，统一行动，向达达尼尔海峡西北部的加里波利半岛发起猛烈的攻击，随后再一举攻克当时的土耳其首都伊斯坦布尔。土耳其首都陷落，自然也就失去了继续参与"一战"的本钱，也就不得不退出"一战"了。第二部分是英国在 1915 年初，指派英国皇家海军攻克达达尼尔海峡，这就能截断海峡两岸土耳其军队的往来，打通与俄军的联系，为俄军运送战争物资。同时，英国攻下达达尼尔海峡，也是对俄军的一个巨大的精神鼓励，也会影响一些摇摆的巴尔干地区国家，使他们因此加入到协约国阵营中来。

要攻占达达尼尔海峡，一个关键点是拿下加里波利半岛，因为加里波利半岛是达达尼尔海峡的优良防御阵地，牢牢地保卫着达达尼尔海峡的欧洲一边。从地形上看，加里波利半岛是土耳其欧洲部分西南地区的延伸区域，长达 60 公里，此时这个地区只是一个荒芜的陡坡，整个半岛只有一条泥土公路，不过这个半岛俯瞰达达尼尔海峡，军事地位十分重要。

▲ 丘吉尔（右）和费希尔（左）

为了确保达达尼尔计划万无一失，丘吉尔建议俄国也出动兵力从黑海地区对土耳其发起进攻，形成两面夹击土耳其之势。丘吉尔的建议完全是从战术角度考虑的，但俄军却对此不感兴趣，因为俄军已经蓄谋已久，要并吞土耳其的君士坦丁堡和达达尼尔。丘吉尔的建议与俄军的这个战略意图形成矛盾。当然英国方面对于俄军觊觎达达尼尔海峡和君士坦丁堡的想法很不满意。英国认为，达达尼尔海峡和君士坦丁堡应该被英国占领，而不是俄国。

沙皇俄国对于英国的这种做法也很不满意，因为伊斯坦布尔又名君士坦丁堡，在信奉东正教的俄国人眼里是神圣的。俄国人历来自称"第三罗马"，是"第二罗马"拜占庭帝国的继承人，这样一来，君士坦丁堡可是东正教徒们嫡出正溯的圣地。而英国和法国信奉的是新教或者天主教,让这些人染指君士坦丁堡,对于俄国人来说,将是对"第三罗马"最大的侮辱,从宗教情节上来说,俄国人是难以容忍的。撇开宗教,单从地缘政治上考虑,让英国人分享君士坦丁堡,未必是件好事,因为英国占据君士坦丁堡之后,与俄国便成了邻居,如日中天的英国将威胁俄国富饶的南方。面对英国的威胁,俄国人为减少对自身安全的担忧,还不如让衰弱的奥斯曼帝国继续在自己的身旁苟延残喘。但是,俄国人又迫切希望英国人能够敲打一下土耳其,牵制土耳其的兵力,减轻对俄国的军事压力。另外,英国攻下达达尼尔海峡,能够为俄国输送急需的战略物资,也是俄国人愿意看到的。所以,俄国人不帮助英国人攻打达达尼尔海峡,却也不反对。

英国人在实施达达尼尔计划之前,还得考虑法国的态度。法国虽然与英国结盟了,但是法国国内对英国还是有防范之心的。法国在历史上与英国之间的矛盾非常复杂,他们害怕英国又与历史上的做法一样,借助欧洲国家忙于大战无暇顾及英国的机会,在欧洲以外扩充英国的势力。所以法国认定达达尼尔计划是英国侵占中东地区的一个阴谋,最初是不愿意参与远征达达尼尔海峡的战争中去的,但是法国念及与英国的协议,不得不派出较少的兵力跟随英国参与达达尼尔计划。

在英国的决策层,达达尼尔计划却受到了普遍的欢迎。英国战时委员会的秘书汉基回忆了会议期间的情况:"战时委员会就俄国发来的请求英国攻打土耳其的电报讨论了一天了……大家都比较疲倦,我也一样,似乎永远都讨论不出结果,但这时候,丘吉尔先生发言了,他滔滔不绝地讲述着达达尼尔计划,顿时间,这个计划引起了所有人的关注,会场上的散漫气氛一扫而过,大家都变得兴奋起来,再也没有倦容了。"战时委员会认为,英法军队在西线与德国厮杀得难分难解,前途暗淡,丘吉尔提出在地中海的达达尼尔海峡发动攻击的计划,让大家看到了光明。特别是海军部的人,对于这个计划充满了信心。战时委员会很快就达成了一致意见,通过了一项首相拟就的备忘录,准备在1915年的2月份开始远征达达尼尔,并责成以丘吉尔为首的海军部为2月份的远征计划做好准备。

在随后的时间里,丘吉尔和他的同僚开始了攻袭达达尼尔海峡的准备工作。不过丘吉尔逐渐感觉到,前任海军大臣,如今海军部顾问费希尔对英国皇家海军单独对达达尼尔海峡的攻击行动并不热心,费希尔找到战时委员会的秘书汉基,告诉汉基,他要起草一份报告,警告丘吉尔,抽调英国皇家海军去地中海,就会缩小北海地区英国海军对德国海军的优势,这将会给英国海军带来危险,并抱怨进攻达达尼尔海峡仅仅是由英国皇家海军完成,而英国陆军却对这个计划置之

▲阿斯奎斯

不理。

费希尔和丘吉尔,一个前任海军大臣,一位现任海军大臣,两人对于达达尼尔计划的实施产生了矛盾。丘吉尔为了消除矛盾,在战时委员会讨论达达尼尔计划的会议再次召开前夕,特别请首相阿斯奎斯去游说费希尔,但是费希尔还是不赞成达达尼尔计划,他主张英国皇家海军应留在北海,在北海沿岸对德国采取行动,从而打开波罗的海的通道。阿斯奎斯自知无法说服费希尔,只好直截了当地说,达达尼尔计划一定会继续进行下去的。然而,当战时委员会再次开会,讨论达达尼尔计划时,费希尔没有当面反对丘吉尔的这个计划,也没有赞成这个计划,而是煞有其事地从开会的会议室离开,他通过沉默的方式表达了对达达尼尔计划的反对,他这么做,是可以让他与达达尼尔计划扯开关系,他以后不用为达达尼尔计划的失败承担责任。费希尔是唯一一个反对达达尼尔计划的人。因为当时战时委员会的人都认为达达尼尔计划十分完美,根本没有反对这个计划的理由,哪怕是从这个计划的某个细节上挑刺,那也是很难的。

丘吉尔的记者生涯

1895年10月,英军的骑兵中尉丘吉尔利用假期和朋友一起来到古巴。丘吉尔来古巴是为了亲身体验西班牙镇压古巴当地人民的起义。丘吉尔因为他父亲的原因,他的这次旅行被赋予了新的使命,就是英国情报部门要他负责收集西班牙军队所使用的枪弹的情报。丘吉尔还得到了《每日纪事报》的聘请,要他充当随军记者,为该报报道沿途的见闻。

丘吉尔在古巴目睹了西班牙军队对游击队阵地的袭击,这是他从军以来第一次看见活生生的人被枪杀的惨状,从此以后,丘吉尔对战争的残酷性有了直观的认识,但并不妨碍他在两次世界大战中精彩的表现。在古巴期间,丘吉尔还撰写了5篇战地报道,发表在《每日纪事报》上。丘吉尔的这些报道在英国引起了轰动,英国读者对大洋彼岸发生的战争产生了浓厚兴趣。

从细节上看,达达尼尔计划的设想,是通过英国皇家海军的战舰上的炮火覆盖土耳其军队设在达达尼尔海峡的要塞,等到这些要塞全部被炸毁之后,英军再鱼贯而入,穿过达达尼尔海峡。这些主要由英军的"伊丽莎白女王"号战列舰来完成,因为这艘战列舰是最先进的,火炮射程较远,可以在土耳其人的炮火射程之外发射炮火,避免己方被摧毁。但英军的其他舰船因为老旧、射程短、速度慢,在交战时,必须近距离炮击土耳其人的要塞,这样就很难摆脱土耳其人的炮火,很容易就被摧毁。所以这些舰船起不到多大的作用,而被摧毁的概率会很高,容易让英国皇家海军远征军造成损失惨重。但丘吉尔认为,可以让这些老旧舰船遇到土耳其的炮火攻击后,就停下来,给土耳其人造成这是一种牵制土耳其人、援助英法联军和俄军的"佯攻",进而掩盖英军在地中海采取行动的真实意图。所以,丘吉尔认为,如果攻击达达尼尔的行动能够成功,就需要协约国联军在君士坦丁堡地区采取行动,以造成土耳其人相信"佯攻"的假象。经过丘吉尔的反复请求,英国决策层答应派出一个陆军远征师,即29师,加强原先由澳大利亚、新西兰和法国军队组成的远征军。

战役打响了

在正式打响达达尼尔海峡之战之前,丘吉尔担心的还是加里波利半岛那里的土耳其军要塞。达达尼尔计划的关键就是加里波利半岛的土耳其要塞能否被英国皇家海军攻克。因为加里波利半岛的地理位置太重要了,从土耳其地图上看,加里波利半岛就像一只土耳其国内伸向爱琴海的东北方向的靴子,从这支靴子的鞋底开始到小腿部分与小亚细亚半岛之间形成了细长的达达尼尔海峡,这个区域的海峡非常窄,最窄的"鞋跟"部分仅有不到两公

▲当记者时的丘吉尔

里宽。当然,英国皇家海军只要通过达达尼尔海峡这段狭窄地段后,就可以顺利地进入土耳其的内海马尔马拉海。

对于土耳其方面来说,一旦加里波利半岛失手,当时的土耳其首都伊斯坦布尔就会彻底暴露在英国皇家海军的舰炮射程之内。因为伊斯坦布尔就在马尔马拉海和黑海之间的博斯普鲁斯海峡之上。

攻克加里波利半岛上的土耳其要塞,对于达达尼尔计划的实施,十分重要,虽然沙皇俄国断然拒绝了丘吉尔提出的南北夹攻土耳其的建议,但丘吉尔已经下定决心了,他才不在乎北边的俄国人按兵不动,他要坚持单干。只可惜丘吉尔在军校学的是骑兵专业,对海军一窍不通,他虽然坚持,但终究只是个政客,他看到加里波利的价值是从国家战略的角度考虑的,没有从军事角度来看,如何夺取它,具体实施还得靠英国皇家海军的将士。

英国的海军将领们对达达尼尔海峡和加里波利半岛的情况极不熟悉,特别是先前支持丘吉尔的英国地中海舰队司令萨克维尔·卡登上将,犯了轻敌的毛病,认为只要大英帝国皇家海军的舰船一旦驶到达达尼尔海峡,加里波利要塞的土耳其士兵将会不战自溃。

就这样,在卡登上将的指挥下,英法联合舰队向土耳其的达达尼尔海峡出发了,丘吉尔的达达尼尔计划正式开始实施。这支英法联合舰队由11艘战列舰、1艘战列巡洋舰、4艘轻巡洋舰、16艘驱逐舰、7艘潜艇、一艘飞机运输舰组成。这些战舰从英格兰海军基地出发,在地中海上浩浩荡荡地行驶着,穿过爱琴海,就将到达达尼尔海峡入口处。

▲炮击达达尼尔海峡土军阵地的英国战列舰

　　卡登上将的舰队在未进攻之前就遇到了一个问题,他们得给舰队在达达尼尔海峡所在的爱琴海找到一个基地。丘吉尔给这支舰队加强了火力,但却未能在爱琴海为这支舰队找到一个合适的前进基地。卡登上将勉强在离达达尼尔海峡入口以南15海里的一个特尼多斯岛找到了一个锚地,但这里设备不全,舰队的紧急修理在这里只能凑合地完成。最后,经过丘吉尔与希腊政府的协商,得以在希腊的利姆诺斯岛的穆琢港建设了一个两栖基地。利姆诺斯岛的地理位置对于卡登的舰队来说,是比较适合的,它位于达达尼尔海峡入口西南50海里处。但是穆琢港的基础设施很差,1915年初穆琢港只是一个小渔村,锚地很小,水面宽广风又很大的锚地只有一个小码头。但这已是卡登上将找到的最适合前进的基地了,适于战时装卸军舰的最近地点是亚历山大军港,这个军港离达达尼尔海峡700海里,而最近的舰队基地离达达尼尔港更远,在遥远的马耳他岛。

　　1915年2月19日上午,英法海军对达达尼尔海峡的攻击开始了。英军司令官卡登上将站在战列巡洋舰"坚强"号上,目光坚定,通过望远镜,他看到左前方的岸上有2个要塞,其侧翼有海勒斯角和附近的塞迪尔巴希尔村作为掩护,背后是加里波利半岛的高地,褐色的灌木丛覆盖着峻峭的山峦,偶尔有几棵矮小的松树露出一点儿幽绿;舰队右前方附近的海岸上,还有2个要塞,而它们背后是更陡的山丘,易守难攻。

▲防守达达尼尔的土耳其守军

　　渐渐地,晨雾在冬日太阳的驱散下消散了,达达尼尔海峡露出了完整的容貌。卡登一声令下,英法联合舰队在最大射程处开始向这4个要塞开炮。炮火有条不紊地持续着,巨大的炮声和爆炸声在海峡内回响,士兵们忍受着高强度的噪音,手中的动作毫不迟缓。土耳其炮手也不示弱,抡起胳膊站在火炮前,对准海面上的英法战舰,不间歇地发射炮弹。由于居高临下,土耳其方面的炮火攻势看起来更加强大。土耳其4个要塞均没有因为英法舰队的炮火受到太大损失。密集的炮火使海峡上空被浓烟和火焰笼罩,在长达6小时的炮战中,英法舰队的炮火依然没能压制住土耳其的火力。

　　为了进一步加强炮火攻势,卡登下令出动达达尼尔海峡地区的联合舰队全部兵力,但依旧没有对土耳其人的要塞造成创伤。

　　接连几天的炮战都打得很辛苦,舰队没什么进展。

　　在随后的一星期里,卡登上将不断地派遣英国水兵和海军陆战队的爆破组组成的突击队,去上岸炸毁舰队没有破坏掉的火炮。在军舰炮火的掩护下,英军突击队起先只受到远处零星步枪的骚扰,进展顺利。但土耳其人用堑壕战向前推进。这是德军顾问帮助修建的深深的堑壕,使得土耳其军避免了海军炮火的轰击。土耳其军利用堑壕,打死打伤20多名英军突击队员,但这没有阻止突击队的进攻。在突击队的不停地爆破作业后,到 3 月 4 日基本将土耳其暴露的炮台打哑,卡登上将指挥舰队畅通无阻地深入海峡约 6 海里。卡登中将宣布第 1 步目标已经达到了。

这消息使英国战争委员会欢欣鼓舞,丘吉尔没有随舰队远征,他留在英国国内,此时不幸患上了流行性感冒,正在接受治疗,当丘吉尔听到前方传来的捷报,仍然兴奋不已。经过丘吉尔的反复请求,英国派出的陆军第 29 远征师在登船出发前,英国国王在布兰德福德进行了检阅,丘吉尔不顾生病的身体,也骑着马出现在检阅式上。后来,丘吉尔在回忆录里说,他当时感到"无比自豪,满怀激情"。

这消息却在土耳其国内引起了恐慌。因为人们认为英军很快就会通过达达尼尔海峡,打通援助俄军战略物资的通道,俄国国内很快就可以将其多余谷物出口了。希腊政府也趁机"巴结"协约国,提供 3 个师去加利波利登陆,但作为协约国三巨头之一的俄国,对希腊人通过加里波利进入他们心中的圣地——君士坦丁堡很不满意,他们反对接受希腊人提供的军队,他们也对君士坦丁堡有企图,打算一旦守卫伊斯坦布尔(君士坦丁堡)的土耳其军队投降,俄国立即派 1 个军去占领这个城市。

英国皇家海军的第一次炮击虽然战果颇丰,但也有遗憾之处。卡登上将打算派遣的突击部队,虽然登上了达达尼尔海峡入口处的海岸,但因为没有派飞机校对目标,突击队仅仅毁掉了岸边的土耳其军队炮台,土耳其军队布置在纵深区域的堡垒,突击部队却没有发现,更谈不上将其摧毁。

▲"一战"时用于侦察的飞机

其实卡登上将的舰队是有装无线电的水上飞机的,这些飞机的作用就是被用来确定土耳其火炮的位置。但是,达达尼尔的海面在大部分情况下,不是浪太大就是海况不稳定,飞机根本无法顺利地在海面起飞,更很难以飞高,无法完成侦查任务。

就在卡登上将准备命令突击队进一步扩大战果时,突击队遇到了麻烦,土耳其人已鼓起勇气反击了。隐蔽在杂草中的土耳其士兵对准英国突击队员猛烈地开火,把英国突击队员打得措手不及,伤亡惨重,就不得不撤到战舰上。

这样一来,英国皇家海军的首轮攻击是以失败而结束了。卡登上将非常失望,他以为对达达尼尔海峡进行攻击后,英国的米字旗就能像他想象中那种产生让土耳其人望风而逃的威力,看来这只是妄想。丘吉尔也为登陆行动没有取得预期战果而忧心忡忡,他指责卡登上将没有按照他的达达尼尔计划,进行猛烈的炮击,而且他认为卡登上将的指挥杂乱无章。虽然丘吉尔在给朋友的信中说,英国皇家海军已经到达达尼尔海峡,已经胜利在望了,其实他已变得焦躁不安了。作为直接的指挥者,卡登上将就更加心急了,在忧心忡忡中,卡登上将病倒了,不得不被当作伤员送回英国,在历史文献的记载上,称

▲水雷

卡登上将生病的原因是"长时间紧张"。

丘吉尔没想到卡登上将身体竟然这么差，无奈之下，卡登上将的助手，中将约翰·罗德贝克中将接过了指挥权。接下来发生的事，证明了卡登上将病的恰是时候，英国皇家海军在罗德贝克中将的指挥下，对达达尼尔海峡依然是久攻不下。他们做梦没想到，阻碍英军登陆的最大障碍却是土耳其人布在海峡里的水雷。

这些水雷是德国人帮助土耳其布下的，这些德国顾问们军事素养非常高，他们认为，在达达尼尔海峡这种狭长水道中，水雷是最有效的非对称武器。于是，德国顾问们指挥着土耳其人，在达达尼尔海峡密密麻麻地布置了十道由300多颗水雷组成的封锁线。除此以外，土耳其人还在达达尼尔海峡的下游3海里处的凯费兹岬外海布设了新的雷区。

土耳其人还在德国顾问的指导下，新增设了保卫雷区的炮台，为了防止英军在夜间派出扫雷艇扫雷，他们还装上了探照灯。为了对付英军的登陆行动，土耳其人还在从入口到凯费兹岬之间高高的海岸上安装了可以移动位置的榴弹炮。达达尼尔海峡的土耳其人的防御工事非常坚固，但他们防卫的也有缺陷，唯一的缺陷就是火炮的大口径炮弹不足。由于土耳其和德国之间隔着俄国及中立国，炮弹无法从德国直接运到土耳其。

就这样，英国皇家海军被这些水雷挡在了海峡口。

新的攻势

罗德贝克转而准备实施第二步计划，即在海峡里扫雷并且打击海岸土耳其炮兵。但这个时节正逢爱琴海风暴肆虐，海面上的能见度很低，这种气候条件导致英法联合舰队的进攻更加缓慢。每天清晨，英法联军战舰都进入海峡，对两岸进行炮轰，但土耳其人活动的榴弹炮隐藏在灌木丛中，瞄准它很有难度。而排雷的进度则令人恼火。进行扫雷的船是临时召集的，是没有武器装备的木质拖网渔船，行动力很差，在海峡流速4节的水里常常无法前进；扫雷的人员不是专业士兵，而是从英国北海港口招来的普通渔民，没有经验，并且根本不善于发现和排除水雷。因此，扫雷行动拖了联合舰队的后腿，使得进攻时间一拖再拖。

2月26日夜晚，扫雷船又被派了出去，但它们被土耳其守卫部队的探照灯照射得一清二楚，见此情况，扫雷的拖网渔船掉头就跑，全无战果。当时接到报告的丘吉尔生气地发了一封电报："我不明白为什么扫雷船受到海岸炮火的干扰，竟没有造成任何伤亡！只要能扫到海峡最窄处，伤亡二三百人的代价不算大啊！"

在丘吉尔的指示下，英国舰队鉴于操作扫雷船的渔民无法适应战争状况，从各战列舰中抽调出现役军官指挥每一艘拖网船,并在扫雷兵中加进了海军军士。对扫雷兵进行一番整顿之后,在扫雷作业中,果然取得了戏剧性的效果。扫雷船深入凯费兹雷区,在土耳其要塞发出的激烈的炮火下,虽然中弹很多次,扫雷工具都被打掉了,但伤亡却很小,只有5人死亡4人受伤。但是,英国扫雷舰无法夜间作业的问题,却仍然无法得到解决。一旦夜幕降临,英国的扫雷舰都要退回到安全水域,土耳其军在这个时候,就在德国顾问的指导下,连夜重新布雷。

▲ 海峡的蜂腰处:恰纳卡莱

这样一来,达达尼尔海峡上就出现了极为奇妙的一幕:白天英国的扫雷舰在英国战舰的护卫下,小心翼翼地作业,打扫海峡里的水雷,这刚扫出一片干净水域,天就黑了,英军扫雷舰就不得不离开海峡,回到安全海域。到了晚上,土耳其人就连夜在这片干净海域布下扔一堆水雷。第二天,英军扫雷艇又得重新扫雷,如此反复。

在英国扫雷艇扫雷的同时,英国的军舰也炮击海岸上的土耳其炮兵。每天清晨,英国军舰都跟随着扫雷舰进入达达尼尔海峡向两岸炮击,但是,无论英国如何猛烈地炮击,都收获甚微。原来,土耳其军队在德军顾问的指导下,采用了新型的活动榴弹炮。这些活动榴弹炮隐藏在灌木丛中,可随时对英军军舰射击,但英军军舰轰击榴弹炮的时候,榴弹炮就不停地移动,让英军军舰上的火炮根本无法瞄准。

不到一个星期,达达尼尔海峡的战事就证明了卡登上将病得是多么恰逢其时。3月11日,丘吉尔对于英国皇家海军久攻不下达达尼尔海峡很不满,下令再进行一次大规模的进攻行动,罗德贝克中将指挥整个舰队,进行大规模进攻,又遇到了水雷的阻拦,不得已只得让扫雷舰先去扫雷,登陆部队跟随前进。在罗德贝克的命令下,第一个倒霉的是最前沿的扫雷渔船,这些英国人驾驶着拖网渔船改装的扫雷舰,径直杀向了海峡的蜂腰处——恰纳卡莱,这是土耳其人重兵防守的地区。这些英国人的下场可想而知,他们自杀式扫雷的行动受到了土耳其大炮的猛烈轰击,英国人死伤惨重。而跟随扫雷舰上岸的英国登陆部队也遭遇到埋伏在半岛沿岸制高点的土耳其士兵的突然开火,而当时,英国登陆部队的突击队员正在攀岩,根本无法还手,很快就被土耳其军队击溃,他们灰溜溜地撤退到海上的军舰上。

▲ 罗德贝克

要命的土耳其人的雷区

罗德贝克的表现让丘吉尔很不满意,他不能忍受英军和土耳其军队围绕着扫布雷拉锯了整整一周,使英军还没有前进一步,不耐烦的丘吉尔觉得扫雷舰的扫雷工作太慢了,他不能再等待慢腾腾的扫雷工作结束,他给罗德贝克下命令,让英军扫雷舰舰队一口气扫出一大片水域,只有这样,英军的全体舰队才能一起出动,集中火力炮轰达达尼尔海峡纵深的土耳其要塞上的炮台。

罗德贝克接受丘吉尔的命令后,于3月13日晚,亲自下令,派遣英国巡洋舰"紫石英"号冒险出击,率领6艘扫雷舰径直闯入土耳其雷区。由于太过冒险,这次冲锋行动使得英国的4艘扫雷舰被炸沉,就连"紫石英"号巡洋舰也未能幸免,被岸上的土耳其军队打来的一发冷炮击中,狼狈退出战斗。

坐镇伦敦的丘吉尔不在乎前线海军的死活,即便英军舰队在达达尼尔海峡付出这么大代价,在3月15日,丘吉尔还指示英国海军部通知达达尼尔的英国舰队,不要再纠结于达达尼尔海峡的扫雷进展,舰队必须3天后攻入海峡纵深。罗德贝克将军从卡登手里接下的舰队指挥权就是个烫伤山芋,他甩也甩不掉,只能硬着头皮,带着舰队用猛烈炮火向前进攻。不过,罗德贝克在心底里还是对水雷威胁有着清醒的警惕,因为他知道不管英军的扫雷舰队在白天怎么努力,到了晚上,扫雷舰队撤出达达尼尔海峡,土耳其的布雷船都会准时来到海峡,整夜布雷。这对缺乏夜间作战的英军舰队无可奈何。

3月18日,罗德贝克指挥的联合舰队出现在达达尼尔海峡。罗德贝克把威力最大的4艘战列舰"伊丽莎白女王"号、"亚加米农"号、"纳尔逊勋爵"号和"坚强"号排成一排,部署在最前列,向海峡最窄处进攻。它们对着土耳其要塞轰击了半个小时,总算对要塞造成了部分损伤。随后,法国军舰在英国后援部队的支援下,对海峡最窄处的要塞连续攻击,炮火持续了大约2个小时。

土耳其人的炮火被稍稍压制了下去。但他们仍然坚持炮击,这些炮弹从两侧海岸和正面投射过来,在法国战舰的甲板上引起爆炸,大火不断蔓延。突然,又一枚炮弹直直抛射下来,嗒的一声,打穿了一艘法国军舰。

罗德贝克立刻召回受到损伤的法国军舰,命令后边的4艘英国军舰迅速上前。一艘法国战列舰急忙向右转舵,却不幸撞上了土耳其人布下的水雷。轰!战列舰发生爆炸,碎片四处飞溅,舰上的600多名士兵随着战舰沉入海底。要塞里的土耳其人爆发阵阵欢呼。

罗德贝克意识到问题的严重性,如果这些战舰还继续进攻,他接手的舰队将会有全军覆没的危险,他不想再有闪失了,于是对舰队下

▲ 触雷沉没中的法国战舰

令,所有没有遭遇水雷袭击的幸存舰艇停止进攻,全部返航爱琴海的安全水域。

可是这些舰队进入达达尼尔海峡容易,但要离开达达尼尔海峡,却不是那么容易的事情了,等舰队越过达达尼尔海峡出口时,又有3艘英国战列舰舰体碰触水雷,导致爆炸,沉没到达达尼尔出海口的海底,永远地留在了那里。

等罗德贝克带着幸存下来的舰艇退回爱琴海的安全水域,他统计舰队的伤亡情况,悲痛地发现,在这一天的战斗中,英法舰队共计有1273人死亡,647人受伤,而土耳其军却只有124人死亡。强大的英军皇家海军与武器装备落后的土耳其人的对战,双方伤亡比例竟然如此悬殊。

关于这段伤亡惨重的海战,英国历史学家有过这样的详细记载:

3月18日,罗德贝克将军执行英国海军部长丘吉尔的命令,把英法舰队开进达达尼尔海峡,罗德贝克依旧依据丘吉尔达达尼尔计划,继续和土耳其军用大炮对轰。一开始,因为当天天气晴朗,海面平静,英军的水上飞机得以起飞,对土耳其的炮台进行火力校对,英军舰队的炮击得十分准,土耳其人伤亡惨重,仅一个早上,达达尼尔海峡沿岸的土军炮群就被打哑了。

由此可见,英国战舰这些几万吨的大家伙不是吃素的,它们的火炮十分厉害,特别是"伊丽莎白女王"号战列舰,这可是英国舰队的主力舰,它拥有381毫米的主炮。这座主炮开火,顿时间天崩地裂,没有哪一座土耳其军的堡垒能受得了这种庞然大物的轰击。

然而,罗德贝克将军还没来得及开香槟庆祝胜利,到了下午,海面上的情况忽然急转直下,罗德贝克和他率领的英法舰队在不知不觉间就跑进了土耳其军队设下的雷区,这些战舰

▲触雷沉没中的法国战舰

还以为这片海域是安全海域呢,以为在这之前,英国的扫雷艇在这一带清理过,而且清理得很干净,但谁也没想到,就在前一天的晚上,一条土耳其军的小木船载着一队土耳其人又来这里,悄悄地布了一批新水雷。更不幸的是,被命令要求驶在舰队前列的英军扫雷舰队因为长时间扫雷,扫雷兵们已经变得神经敏感了,他们在遭到土耳其军的几声炮击之后,敏感的神经又一次起作用了,竟然自顾自地掉头跑了。这些英国扫雷兵估计是前些天在雷区受的惊吓太大,再也不希望再为那些躲在厚钢板后面皇家巡洋舰的海军们当替死鬼。罗德贝克看到扫雷舰逃走了,他从内心感受到这次大规模进攻已经失败,英法舰队不会迅速突破海峡了。

在土耳其人布设的雷区里,法国人的舰队率先倒霉,因为法国人对达达尼尔计划不热心,派来的都是些老式战列舰,法军的一艘老式战列舰"布韦"号在返航的途中触雷。难以理解的是,法国人见自己的战列舰触雷,并没有立即停下来,而是继续往前开,估计

是法国人已经十分厌战了,一旦中雷,就像孩子遇到了狼,吓着赶紧回家找妈妈,这艘战列舰边开边沉,最后舰长和六百余名船员也没有能够幸存,他们再也无法回到自己的祖国了,就随着这艘战列舰一起沉没在这达达尼尔的海峡里。

▲ 今日爱琴海

之后触雷的舰船是英国人的"不屈号"和"不可抗拒号","不屈"号战列巡洋舰是英军派往达达尼尔海峡的舰队的旗舰,它触雷后,虽然经过罗德贝克的尽力救援,撤出了达达尼尔海峡的战场,但是不幸的是,这艘旗舰最终还是搁浅在博兹加岛附近。"不可抗拒号"战列舰是一艘老式战列舰,它触雷后,在沉没前,还拉了一个同伴垫背。原来,与"不可抗拒号"战列舰同为老式战列舰的"海洋"号战列舰见战友触雷,赶紧前往救援,"不可抗拒号"战列舰在试图去拖带"海洋"号战列舰时,不但没有救出"海洋"号战列舰,自身还触发了水雷,这枚水雷在两战列舰之间爆炸,两船都受到重创,相继沉没。

看着"布韦"号、"不可抗拒"号和"海洋"号三艘无畏舰相继沉没,观战的英军军官们不禁叹息,他们万万没有想到,在小小的水雷面前,这些战列舰居然如此外强中干。相反,"不屈号"战列巡洋舰在雷区纵横穿越,竟然没有碰触水雷,体现出了十分强悍的生存能力。英国因此丢脸了,花费数百万英镑,用几万吨钢铁打造的战列舰在几颗猥琐而便宜的老式水雷面前,变得如此狼狈,为了避免英国剩下的颜面也跟着那三艘无畏舰一起沉到达达尼尔海峡的海底里去,罗德贝克赶紧下令幸存的舰只撤回爱琴海。

守卫海峡最窄处要塞内的土耳其军队和他们的德国顾问,看到英国和法国的战列舰伤痕累累地撤退了,十分高兴。而这时的土耳其要塞经过这么长时间的战斗,损失也很大,许多土耳其火炮不是被摧毁了就是被拆卸了,弹药也用掉了一大半,所以土耳其人知道,如果英国的战列舰横下心来,穿过了雷区,他们是很难将这些强大的战列舰击溃的。就是说,这些战列舰与达达尼尔海峡的最窄处只有一步之差了。土耳其人没有沉溺于这次小的胜利,他们认为英国的军舰很快就会重新进攻,面对英国海军的下一次进攻,他们未必能够抵挡得住。于是,土耳其守军向伊斯坦布尔报告了这一消息,土耳其政府也自知自身实力不济,无力保卫伊斯坦布尔,已经做了弃城的最后准备。城内的一些黄金、艺术珍品和其他珍宝都被装上了车,做好了转移的准备。

英法海军大败

就这样,英军的军舰在这一阶段的进攻损失惨重,达达尼尔海峡还是横亘在英国皇家海军面前的一道坎,而且,英国的海军舰队,以及法国的舰船,此刻是无法独自越过达达尼尔海峡了,因为英国舰队仅剩下的舰船中,"坚强"号和另外 2 艘被炸的法国战列舰不得不离开舰队去马耳他修理。虽然身为海军部长的丘吉尔向罗德贝克保证,他们海军部很快就会补充军舰,但这需要一段时间的准备。另外,罗德贝克把那些从渔民们中征召的排雷兵打发回家了,他在实战中亲身体会了,没有训练、没经过实战经验的士兵是会坏事的,他得临时从英军的海军系统召集驱逐舰排雷,这也需要时间。可以说,英军的这一阶段的行动,是失败的。而且,在下一阶段的行动中,海军的重要性下降了。

▲ "坚强"号

英军的失败,不是因为丘吉尔在制定达达尼尔计划时所忧虑的土耳其人的炮火攻击,而是土耳其人铺设的布雷区明显地阻止了英军舰队的前进步伐。而英军使用的一些扫雷舰也是民用的拖网渔船改装的,没有战列舰那样灵活,而且防卫能力不强,很容易成为敌人的目标,再加上临时征召渔民充当扫雷兵,这些渔民很难胜任炮火下的扫雷工作。如果把舰队中的某些驱逐舰改装成扫雷舰,完成达达尼尔海峡的扫雷任务,就不会出现这样的问题了。但是,无论卡登上将,还是随后接手指挥的罗德贝克,都没有用驱逐舰去扫雷,这样一来,因为扫雷舰没有完成好扫雷任务,英军的上一阶段的进攻最终失败了。

到这个时候,英国国内出现了异样的声音,和当初一致推崇达达尼尔计划的情势已不一样了,英国国内已经有不少人,不再看好达达尼尔计划了,有人认为达达尼尔海峡战役是一项不受欢迎的军事行动。丘吉尔面临了巨大的压力。但是,丘吉尔并不认为达达尼尔计划结束了,他还要继续他的达达尼尔计划。

海陆联合行动开始

在英国国内,因为达达尼尔计划实施后,并没有取得丘吉尔所说的战果,反而以失败而告终,罗德贝克作为前线的指挥官,这个倔强的英国人并没有因为进攻的失败而放弃,他希望尽快发动猛烈进攻,他甚至不惜暂停对扫雷部队的重建工作。

罗德贝克发现英国海军受到重创,单纯依靠海军,已经是无法夺取海峡了。所以,罗德贝克决定海陆一起上,搞一次陆海军联合战役。

毫无疑问,陆军的登陆地点在加里波利半岛,这里地理位置重要,俯瞰达达尼尔海峡,而这上面的土耳其要塞内的炮台能够炮击海峡内的英国海军战舰,更重要的是,每天夜晚到海峡布水雷的土耳其布雷船就是从这里出发的。占领了这里,英国排雷船就可以大摇大摆地排雷,再不惧怕土耳其人的炮火,而且土耳其人也无法反复布雷了。但从加里波利半岛的什么位置登陆? 这却是个大问题,但这个问题应不属于英国海军考虑的,可接受此项任务的英国陆军部也没想好。

英国陆军部接到加里波利登陆任务后,任命伊恩·汉密尔顿爵士为登陆部队的统

▲汉密尔顿

帅。英布战争时,汉密尔顿任英军司令基钦纳的参谋长。相比较军事素养,汉密尔顿的文学素养更高。他是当时英国著名的诗人,写了很多诗歌,诗歌方面造诣非常高,这位著名的诗人一接到任命,就激情四射地行动起来。他冲进书店买了一本伊斯坦布尔的旅游指南,还有一本介绍 1912 年的土耳其陆军操典的书,将两本一起放进包里,就坐着高头马车走马上任了。

上任后,由于汉密尔顿对陆军组织不力,导致陆军与海军之间出现了矛盾,3 月 22 日,一直急于马上进攻达达尼尔海峡的罗德贝克却赌气地告诉汉密尔顿,他决定推迟即将开始的进攻,直到能与陆军发起联合进攻。原来,针对海军和陆军的联合行动,陆军却单方面地采取了一系列的拖延措施。在 2 月到 3 月期间,陆军就扣住原本已经定下来,用于支援达达尼尔海峡的英国海军的陆军第 29 师不放。陆军扣下第 29 师的原因是,他们认为英国在西线的战争非常激烈,谁也无法预料西线战场会突然需要料想不到的支援。丘吉尔对陆军的做法非常生气,他提出了强烈抗议,而且他认为,这种抗议并非随口说说,是非常正式的,为此,他执意要把他的意见写在战时委员会的备忘录记录上,他特意在抗议中加上了这一句:如果因为没有足够数量的部队而在土耳其遭到惨败,那他不负一切责任。

▲费希尔

丘吉尔之所以如此心急,不惜抗议陆军的拖延,是因为他担心土耳其人在英军海军停止对达达尼尔海峡进攻的这段时间里养精蓄锐,更加难以打败。实际上,土耳其的确充分利用这一间隙来构筑工事加强加里波利的防御。这样一来,英军的登陆部队在登陆时就会造成重大伤亡,而且失败的概率也会加大。为了不让达达尼尔海峡两岸的土耳其军有喘息的机会,丘吉尔决定立即恢复英军海军对达达尼尔海峡的炮击。他为此草拟一份给达达尼尔海峡英法舰队前线指挥官罗德贝克的电报,这份电报得到了众多英军决策层的支持,但海军部顾问费希尔又一次与丘吉尔唱反调,他认为丘吉尔不在达达尼尔海峡的前线,不了解前线的情况,瞎指挥是会出问题。所以,他拒不赞同任何试图向战场指挥官施加压力的做法。因为费希尔的这个意见,丘吉尔草拟的这份电报最终并没能顺利发出。

除了让陆军尽快地配合海军联合行动,当时英军决策层还在争论在达达尼尔海峡重新开始一项海军的行动，彻底打败土耳其守军。海军将领康莫多尔·凯斯身处前线，对前线的情况十分了解，他认为海军攻击土耳其守军的大好时机已被错过。海军应该在第一轮攻击的最关键时刻，不该撤退而是坚持进攻，因为那时候的土耳其大炮缺乏弹药而得不到补给，很难再抵抗住海军的炮火了。但如今，海军进攻机会已经不会再有。

康莫多尔·凯斯的建议似乎有正确的部分，但其他有指挥权的海军指挥官却不同意他的看法。

在丘吉尔等人的要求下，陆军和海军作了妥协，英国陆军的部分兵力终于能开赴达达尼尔海峡的战争前线了，协约国其他国家也重整旗鼓、改变计划，决定进攻达达尼尔海峡附近的加里波利半岛。为此，协约国在埃及仓促集结了各地派来的陆军士兵，组成一支近8万人的远征军，这支远征军中，主力部队不是英国士兵，而是由澳大利亚和新西兰军队组成的联军。这支联军在接下来的登陆加利波利的战斗中表现英勇，也因此次战役而闻名于世，世人称呼这支联军为"澳新军团"。土耳其的宿敌希腊，对于协约国攻打土耳其的军事行动很是热情，愿出兵3个师从西面进攻伊斯坦布尔，但俄国激烈反对，此事因此作罢。

这支远征军由汉密尔顿任统帅，他军事知识浅薄，却又不愿意了解敌情。甚至他连达达尼尔海峡布有水雷都不知情。

土耳其方面，驻守的是土耳其新建的第5集团军，该军的指挥是德国将军赞德尔斯，他比汉密尔顿更早地预料到联军的登陆地点，因此把几个作战勇敢的土耳其师预先布置这些登陆处，严防死守，以确保联军无法登陆成功。

土耳其临阵换帅

这一天，英法联军的统帅汉密尔顿站在船头，沿海岸从北向南航行，仔细观察着狭长的加利波利半岛中部。他想寻找一个理想的登陆场，最后相中了加巴泰普岬稍北处的一个地点。这个地点的海岸开阔，直接通往半岛上高高的山脊，是个部署炮火支援的绝佳地点。一旦英法联军占领了这里的高地，就能利用炮火切断土耳其的补给线和增援部队。联军登陆作战时，同时在博拉耶尔和库姆卡莱佯攻，就能牵制加里波利半岛南部的所有土耳其兵力，从而给英军第29师充足的时间去占领塞迪尔巴希尔。

汉密尔顿在脑海中勾画好蓝图，脸上的神情十分愉悦。可不幸的事发生了，第29师从英国运来的运输舰，没有按照战备状态的要求装载，这令他十分恼怒。由于火炮和弹药被分装在不同的船上，机关枪被压在了货物的底下拿不出来，附近又没有海岸设施重新装船。于

▲澳新军团

是汉密尔顿命令整个英国运输船队返回亚历山大重新装船。这个低级失误,耽误了英法联合舰队宝贵的准备时间。在汉密尔顿的亲自监督下,这支运输队总算重新装船完毕,姗姗来迟。不久,由罗德贝克发出了汉密尔顿的"联合行动命令"。英法海军与陆军部队开始进行登陆演习。

联合舰队的进攻时间,终于确定在 4 月 25 日上午。联军并不清楚,土耳其的军事指挥权已经易主。就在联合舰队 3 月的那一次总攻过后,土耳其政府便把加里波利半岛的指挥权交给了德国军事使团头目桑德斯将军。上任之后的桑德斯将军把所有能用的火炮都调到了加里波利半岛,又加强了要塞的火炮力量,并调入一支步兵师参战。桑德斯对土耳其士兵进行了强化训练,并且命令土耳其人在联合舰队所有可能登陆的滩头处,都挖筑好相互连接的堑壕。

土耳其人在战壕里挖掘,他们的面容很平静,给人一种临危不惧的感觉。让他们更加安心的是要塞和岸边密布的机枪火炮火力点和连绵不断的铁丝网。有了这一切,这些土耳其人什么都不怕了。

土耳其的援军到了

▲土耳其军掘壕据守

英法联合舰队总攻的阵势非常强大,这天傍晚,200 多艘英法军舰起航,它们运载着对博拉耶尔实施佯攻的约 1 万名海军步兵和要在库姆卡莱进行牵制性登陆的约 3000 名法国士兵,和在加巴泰普岬附近进攻的约 3 万名澳新军团士兵。而在海勒斯角登陆的 1.7 万名英军也在其中。

漆黑的海面上,汉密尔顿和罗德贝克乘坐"伊丽莎白女王"号,跟随着联合舰队主力舰队前行。按照计划,联合部队将在太阳跃出地平线之后,立刻展开攻击。

由于想打敌人一个措手不及,联军澳新军团的伯德伍德将军命令先头部队在黎明前就开始登陆。士兵们从战舰上下来,乘坐小船向预定海岸靠近,他们没有灯光引路,因而在黑暗中迷失了方向,偏离了位置,到达的是距离登陆地区以北 1 海里的地方。他们小心翼翼地查看环境,没有看到平缓的坡地,抬头望去只发现了陡峭的山崖。他们无比郁闷地背着武器弹药往上爬,不一会儿就遭到了在高处设防的土耳其人的步枪和机关枪的火力攻击。他们冒着枪林弹雨奋力攀爬,总算踉跄着上去了,因为附近的土耳其守军人数不多,他们没有遭受更强烈的攻击。

等到晨曦来临,登陆部队的主力跟了上来,他们看清这可怕的地形之后,纷纷倒吸一口冷气,心想这就是汉密尔顿选择的登陆点? 来不及抱怨,澳新军团小分队硬着头皮一支接着一支爬上岸边的山脊,好不容易登了上去,结果却发现:山那边是更为陡峭的山岭。澳新军团的登陆作战因为找错了地点而变得异常艰难。

▲汉密尔顿选择的登陆点

按照作战计划,总数约 5000 人的英法联军部队应当分别在 V 海滩两翼的 S、W、X 和 Y 海滩登陆。X 和 W 海滩的战斗虽然艰苦,许多登陆艇被打得遍体鳞伤,但这两处海滩上的登陆部队都已顺利冲入内陆,并与土耳其军队展开了交战。站在"伊丽莎白女王"号的甲板上观察作战形势的汉密尔顿满意地点着头,命令"伊丽莎白女王"号绕过海勒斯角,他要去查看 V 海滩的战斗情况。

他举起双筒望远镜,对准 V 海滩观察时脸色大变。亨特·韦斯顿将军带领的约 3000 人承担着进攻海勒斯角的任务,他们的登陆点就是 300 米宽的 V 海滩。这是一个小海湾,边缘处比较狭窄,由沙滩往上地势逐渐升高,高处便是土耳其人的战壕,其东侧是塞迪尔巴希尔要塞。离海岸不远处,停靠着刚刚改装成步兵登陆艇的运煤船"克莱德"号。他们登上海滩之初还十分顺利,但短暂的平静背后是土耳其人猛烈的火力网。

战壕里和要塞的碎石工事后面的土耳其人痛下狠手,举起步枪和机关枪不断地向英国人扫射,暴露在海滩上的联军士兵纷纷倒地,有的还没能进行一次还击就被数不清的子弹射穿了身体。不远处的"克莱德"号也没能躲避火力的攻击,船上的英国人躲在沙袋后面用机关枪反击,打一枪便缩回身体,沙袋被打成了沙漏。没有不久,岸边和几艘驳船上倒下了一具具英军尸体,他们的鲜血染红了岸边的海水,残破的尸体随着海水四处漂散。几个勇敢的登陆士兵刚刚冒着火力冲上陡坡,很快便中弹身亡。看到这样的惨状,藏在"克莱德"号上的近千人的后续部队开始慌乱,他们考虑该不该不要命地上岸。海滩的登陆作战一直持续到了暮色降临,土耳其狙击手的视线模糊了,那些小艇里的步兵终于趁机冲上了海滩,"克莱德"号上的后续部队也冲了出来,往山坡上拥挤。他们一整夜都握着枪,时不时对要塞里的土耳其人放一枪。

这一夜,是英国士兵和土耳其人的不眠之夜。与此同时,冲上 Y 海滩的两营英军被土耳其人发现了,遭到了土耳其人整夜的火力袭扰,他们终于熬到清晨,由于没接到进攻命令,立即乘小艇撤退了。此时,其他海滩上的进攻部队仍在坚守。登陆作战坚持到了 27 日,总算有了一些起色,只要再加一把劲,联军就能

▲澳新军团登陆作战

攻入内陆。但此时的英军第 29 师的官兵已经 3 天没有睡觉了,他们无法再进行进攻。就这样,与土耳其军又僵持了一天,等到联军接到了继续进攻的命令,而从博拉耶尔和库姆卡莱赶来的土耳其增援部队到了,联军的总攻计划再次失败。

▲战场上堆满了协约国士兵的尸体

英法联军羞愧无比

汉密尔顿还不死心。8 月 6 日,他又选择了一个登陆地点,展开了登陆作战。他增派了两个师的兵力给澳新军团,命令他们在苏夫拉湾登陆,试图将加里波利半岛拦腰切断。但是,他们再一次没有对地理环境做出合理勘查。在他们面前,矗立的是像刀子一样陡立的山脊和一道道无法逾越的沟壑,攀爬技术不好的士兵不是摔成重伤,就是摔死。

一个由英国人和尼泊尔人组成的混合营顺利爬上了高处,迎接他们的是土耳其人的枪口,于是他们进行了艰难的抵抗,拼死与眼前的土耳其人展开厮杀。机关枪突突作响,随后又是肉搏战,每个幸存的士兵身上都裂开了血口,汩汩地往外淌着滚烫的血。他们终于到达了制高点,俯视着达达尼尔海峡只一会儿,周围又响起了一阵炮火声,这次他们遭到的是爆炸力极强的炮火轰击。他们只有躲避并没有还击,并且一直坚守阵地,可是凯末尔带领的土耳其军队冲了上来。

凯末尔也 3 天 3 夜没有睡觉了,但为了驱逐英法联军,他严厉地命令精疲力竭的土耳其士兵进行反击,土耳其人经过一场血拼,把英国人赶回了滩头。这次的作战使协约国部队尤其是英国军队蒙受了重大损失,而各个协约国部队之间配合不当,没有默契,且领导不力,是汉密尔顿的计划再次失败的原因。此后,土耳其和协约国军队的战斗进入了僵持阶段。比登陆作战要顺利的,是协约国的潜艇活动。从 4 月底到 12 月期间,数量不多的英法潜艇艇员经常驾驶小小的潜艇出航,穿过达达尼尔海峡进入马尔马拉海巡逻并寻找机会对土耳其船队实施打击。在马尔马拉海,他们用一两艘潜艇的火力袭击了土耳其的船队,这种袭扰一直持续了约 7 个月。

▲凯恩·默多克

此外,这些潜艇袭击了一些运送补给的土耳其船只和后勤部队,还炸沉了 2 艘停泊在君士坦丁堡的军舰,时不时寻找机会对土耳其海岸进行小规模袭扰。这种袭扰，一度让土耳其放弃了海上输送权，而改用骆驼或牛车运输大部分的补充物资。

战斗惨烈，死伤无数

澳新联军在此次战役一战成名，但奥新联军也牺牲惨重。

澳新联军在汉密尔顿的指挥下，一登上滩头，就凭借着勇敢的冲锋，获得了多次胜利。5月1日，协约国军队开始对南面滩头阵地开始进攻，经过三天的激战，协约国军队死伤三分

▲土耳其军进行猛烈攻击

之一，而且死伤的大部分是澳新联军和英军的士兵，但进攻却失败了。炎热的5月，加里波利的疟疾和痢疾使协约国士兵死亡增加，并不宽阔的战场上布满了8000名双方的尸堆。为了防止疫情发生，协约国联军与土军协议停战9小时，各自挖掘深沟，掩埋尸体。

到11月，一场倾盆大雨使沟溪成为咆哮的奔流，冲下了大量人畜尸体。大雨还带来了寒冷的天气，仅苏弗拉弯一处，冻疮患者就达到5000人。

这场战役再也打不下去了。

新闻封锁，无人知晓死伤情况

由于新闻封锁，在英国、法国、澳大利亚和新西兰这些国家的国内百姓，并不了解加里波利战役的惨状。

澳大利亚报业集团的记者凯恩·默多克，他来到加里波利战役的战场采访。在澳新军团前线采访时，一位英国战地记者告诉默多克很多内情。这位战地记者目睹了很多死伤情况，但是他公开报道的新闻都必须接受检查，所以不能把这些内情见诸报道。

> ### 君士坦丁堡
>
> 君士坦丁堡，现为伊斯坦布尔。公元330年至1453年期间，是东罗马帝国的首都。君士坦丁堡位于巴尔干半岛东端，临博斯普鲁斯海峡，扼黑海门户，是欧、亚交通要冲，战略地位十分重要。公元395年，东西罗马帝国正式分裂，君士坦丁堡作为东罗马帝国首都，成为地中海东部政治、经济、文化中心。

默多克回到伦敦后，给澳大利亚总理写了一封信，讲述了澳新军团的伤亡惨重的情况，而且指出这是指挥官汉密尔顿的无能导致的。澳大利亚总理赶紧将此事告诉英国首相阿斯奎斯。阿斯奎斯将此信复印，在内阁传阅，英国高层十分震惊。24小时后，加里波利战役的指挥官汉密尔顿将军被免职。

协约国军参加加里波利登陆作战的士兵达50万人。战斗结果是，英军（包括澳新联军）伤亡21万人，法国伤亡4.7万人。但这次计划却丝毫没有获得进展，协约国联军自始至终没有攻占达达尼尔海峡。

▲今日安详的达达尼尔海峡

作战将领蒙羞受罚

协约国的英法联军精心制订了撤退计划，首先让澳新军团的士兵与平时一样对土耳其要塞实施步枪和火炮射击，多次攻击之后，使土耳其人对他们随时进行下一轮攻击深信不疑。接下来的5个夜晚，各国部队按照事先确定好的时间表组织撤退。在此期间，留在岸上的人，在4个白天都继续进行火力攻击，并且佯装人员充足。此外，英国派出狙击手在白天威慑土耳其人，被其精准的枪法吓着了的土耳其人不敢在白天出来侦察，自然也无法识破英国人布下的伪装。

忽然有一天，土耳其人发现澳新军团不见了。他们疑惑地下来查看阵地才发现他们已经全部撤退了，不禁大感意外。为了不让更多的联军逃走，土耳其赶紧加强了海勒斯角的兵力，土耳其人这才发现，海勒斯角地区的大部分英军也成功撤退了。

面对余下逃走的联军，土耳其人发动了猛烈进攻，但他们毕竟不擅长

萨克维尔·卡登

萨克维尔·卡登爵士（1857－1930），英国海军上将，1912年8月，他被任命为马耳他的港口总督。1914年9月，他被任命为英国皇家海军地中海舰队司令并接受一位法国海军上将的领导。在加里波利战役中，卡登的计划是沿着达达尼尔海峡破坏土耳其的防御工事，并在两岸同时进行慢慢的广泛的扫雷行动。1915年3月3日，联军的首轮登陆行动宣告失败，卡登上将因为生病也被当作伤员送回英国。因为健康状况及战况的不利他被解除指挥权。他后来在英国被授予海军上将军衔。

这离开要塞和战壕作战，只能眼睁睁地看着英军继续撤离。在1个多星期里，英国军队顺利地撤走了全部步兵和炮兵，没有遭到土耳其人更多的追击和火力打击。

土耳其人不是没有能力追击，而是他们对于联军部队的武器火力有些畏惧。而且，联军部队的撤离其实是他们一直期盼的结果，只要能守住达达尼尔海峡，他们就已经出色地完成了使命，没必要再进一步对付联军部队并且也要浪费子弹和炮弹。

由于联军部队在撤退时纪律严明，并严格遵守了时间安排，这次撤退被认为是战争史上最出色的一次两栖撤退。尽管战争的结果是失败，但他们也没有完全输掉颜面。

虽然国家的颜面勉强保住了，那些失败的将领却无法洗清这一身污点。加利波利半岛惨败之后，协约国的许多高级决策者受到责罚。丘吉尔因此战失败，而名誉扫地，被逐出了海军部；汉密尔顿从此失去了战地指挥权；基奇纳被剥夺了主持战争委员会工作的权力；阿斯奎斯则由于参与了土耳其达达尼尔战役的决定，一直遭受白眼。

耶路撒冷之战，英国唯一大胜

1917 年是英军受挫和伤亡人数剧增的一年，在这年里，夺取耶路撒冷是英军唯一的重大胜利。艾伦比的这一击，如英国首相说，提高了英军的士气，并使土耳其从中欧强国俱乐部中被踢走。这使巴格达的英国部队，毫不费力地打败了土耳其军队。

英军的大意

在 1914 年 11 月 1 日土耳其与德军结盟时，在中东波斯湾的阿巴丹岛，英国为保护英波石油公司的财产，驻扎了一个旅。如今因为英德的敌对关系，土耳其作为德国盟国，将会断绝这个旅的退路的。于是，这个旅为了自保，向北前进，试图夺取底格里斯河和幼发拉底河汇合处的伊拉克的主要港口巴士拉。这个港口属于土耳其。英国在付出了很大伤亡的代价下，于 11 月 22 日攻下了巴士拉。

▲巴士拉美景

巴士拉成了英军的根据地的几个月后，英属印度陆军的高级军官约翰·尼克松将军把他的部队从印度的西北边境省调往巴士拉。至此，在巴士拉，尼克松将军手下有英军一个军，包括两个步兵师和一个骑兵旅。他的对手土耳其在巴士拉地区的驻军实力和英军相等，计有阿瓦士附近的部队 8000 人和幼发拉底的 1.8 万人。

可是，英国人却低估了土耳其的战斗力，尼克松派查尔斯·汤申德将军统帅第 6 印度师去追逐分布在整个巴士拉地区的土耳其主力。汤申德向底格里斯的东岸前进，于 6 月 3 日以微不足道的损失攻占了阿巴拉。其实，阿巴拉是土耳其人主动让出的，此时的土耳其人宁愿撤退，重新集结更多的兵力，也不愿为一个缺乏任何战略价值的城镇去苦守。

接下来，汤申德的英军特遣部队于 1915 年 9 月夺取了库特伊马拉。

这时候，可怕的热病出现了，由于缺乏充分的医药设备，英军中许多伤员都死了。干旱贫

巴士拉

巴士拉，旧译"勃萨罗"、"弼斯罗"，是伊拉克的第二大城市，也是伊拉克最大的港口城市，位于伊拉克的东南端底格里斯河和幼发拉底河交汇的夏台·阿拉伯河西岸，南距波斯湾 120 千米，是连接波斯湾和内河水系的唯一枢纽。以往的巴士拉市风景如画，市内水道和运河纵横交错，曾被称为"东方的威尼斯"，是伊拉克著名的旅游胜地。巴士拉还以其悠久的历史享有盛名。历史上，巴士拉是阿拉伯文化、科学、商业和金融中心。

瘠的底格里斯－幼发拉底流域所特有的作战危险,也进一步威胁着英军。

就在汤申德率领英军,忍受着热病和水源缺乏的威胁,继续沿着底格里斯河前进时,土耳其士兵开始抵抗,而且日益加强。10月初,英军进入阿齐齐亚,那里的河谷,在这个季节,即使最深处也是干涸的。英军大军面临着巨大的缺水危险。谨慎的尼克松感到进一步前进有困难,命令汤申德的英军停止前进。

汤申德的被困

10月3日,英国内阁给尼克松发了一封电报,要求他率领英军继续前进,攻占巴格达。这份电报要求尼克松"可以向巴格达进军,如果他相信他使用的兵力能胜任作战的话"。其实,这是英国内阁的一个狡猾手法,因为他们完全了解尼克松没有胜利的希望。如果进攻巴格达失败,他们将让尼克松承担失败的责任,如果胜利,就会进一步增加英国内阁的信誉。

尼克松,决定让汤申德率领1.4万英印联军去攻打巴格达。在巴格达东南32千米的吉泰西普洪遗址,英印联军与土耳其军遭遇。经过2天的激战,英印联军大败,4500人伤亡。筋疲力尽的英印联军不得不退到库特伊马拉,他们的唯一希望是建壕防守,等待增援。他们随身带着的存粮只能维持2个月。

土耳其军又包围了库特伊马拉,粉碎了一切援救英印联军的尝试。1916年1月,芬顿·艾尔默爵士将军紧急率英军想和被包围的英印联军会合,却遭遇土耳其军攻打,英军损失了6000人。

3月,英军又一次试图解围,还是失败,并再次损失了近5000人。此时,汤申德为了使饥饿的英军士兵有东西吃,不得不下令把1100匹马宰了吃肉。到4月末,被包围的英印联军弹尽粮绝,面临着被土耳其人全部歼灭的命运。汤申德不得不通过无线电向英军的上级发出请求,准备向土耳其军队投降,英军基切纳勋爵批准了。对于英印联军来说,这是一个可怕的决定,因为他们的伤员和瘦弱的被俘人员被土耳其人押着徒步穿越沙漠,而且一路上受到土耳其人残酷的鞭打。

▲今日巴格达

默里的目的

在埃及的英军,也面临着土耳其军的威胁。一直到1915年,土耳其人都在进攻埃及,但因人数不够,始终未能攻克。而土耳其军队在巴格达的胜利,使得他们能够腾出更多的人手,联手进攻埃及。

这一次,土耳其军队在苏伊士运河遭遇了英军攻击。当时,土耳其军队已经渡过运河,但他们还是被英军大批击毙。

这使英军在埃及的势力得以稳固,英军指挥官阿奇博尔德·默里爵士将军决定继续向西奈半岛进军。

默里进军的目的是保护苏伊士运河,并为从西南打击土耳其军创造条件。默里知道,英军在中东地区作战最紧缺的是铁路运输和水源供给,1916 年 5 月,英军到达西奈半岛后,默里立即命令他的士兵和众多土著劳工,开始筑造一条通向西奈海岸的铁路和输水管道的工程。

在缓慢施工时,不时有土耳其的袭击部队来攻打英军,但都被英军一一打退。为保护铁路和水管的修筑,1916 年年底,默里的英军攻占了阿里什,并在那里构筑防御工事。

▲ "一战"中的土耳其士兵

1917 年 1 月,水管终于在巴勒斯坦边界的拉法完工。这里离土耳其据守的通往巴勒斯坦的入口加沙约有 40 千米。

攻占加沙失败

1916 年 8 月,弗雷德里克·S.莫德爵士将军奉命再次策划夺取巴格达的战役。不过英军的首要任务,是在 1917 年春攻占土耳其控制的加沙后再开始对巴勒斯坦的入侵。英国与土耳其的兵力对比为 10:1,即使如此,要不能保证有充足供水,英军也很难进攻巴勒斯坦。

1917 年 3 月 26 日晨雾中,4.2 万名英军步骑兵靠罗盘定方位,向加沙的土耳其军队发动进攻。4000 名土耳其守军在排得紧紧的、多刺的仙人掌树篱的天然栅栏后面掘壕固守。

战役开始后,英军就攻下了沿加沙南 6 千米山脊的几个据点,但因为缺水,英军两个骑兵师被迫退出了战斗,攻势开始迟疑不前。但英军决定蛮冲,试图挽回挫败。但事与愿违,不出一周,英军又退却了,损失了 4500人,土耳其军也伤亡 2200 人。

进军耶路撒冷

攻打加沙失败后,莫德将军率另一支英军上溯底格里斯河,继续向巴格达前进。在巴格达,土耳其以 3.5 万左右的兵力抵抗莫德率领的 12 万英军。这是一次代价很大的战役,英军伤亡了 4 万人才勉强攻下巴格达。这时疾病也给英军造成重大损失,莫德将军本人也因

▲ 向耶路撒冷进军的英国士兵

▲土耳其士兵构筑防御工事

得霍乱而死。

对英国内阁来说,耶路撒冷是最受重视的。英国人知道,夺取这个城市在政治上,是对土耳其的致命一击,而且可以提高英国士气来鼓舞在西线的颓势。在英国首相劳合·乔治看来,在中东,除了艾伦比将军,没有哪个将级军官能够担起这一任务。在接见艾伦比将军时,劳合·乔治告诉他:"我希望你攻占耶路撒冷,作为献给国家的圣诞节礼物。"于是,艾伦比前往中东指挥英军。

英军进攻耶路撒冷,最大的障碍是从加沙延伸到贝尔谢巴的 32 千米宽阔的土耳其堡垒线。土耳其的防御工事不是连绵不断的堑壕系统,而是包括三个等距离的设防地区,这些防区用一连串警戒堑壕连接起来。这些防御工事右侧翼向地中海逐渐稀疏展开,同时左侧翼通向朱迪亚山丘的灌丛和岩石地带。英国远征军只能固守他们的铁路和水管所在的巴勒斯坦边界的沿海狭长地带。

艾伦比的胜利

直到 1917 年 6 月艾伦比来到中东后,英军没有一个人真正懂得如何去对付土耳其军队的防御工事,艾伦比不像前任那样住在开罗的豪华住所里,而是和他的士兵一起生活在战场上。他很快就看出,英军要攻占耶路撒冷,第一目标该是贝尔谢巴——七口水井的所在地。没有这些水的储备,他的部队、马匹和骆驼就不能在向耶路撒冷进军征途中生存下去。

▲埃德蒙·艾伦比

艾伦比分析,夺取贝尔谢巴,要用侧翼突击来对付土耳其人的中央据点,再用密集队形的骑兵带着步兵冲过缺口,到达土耳其人后面,进而包围贝尔谢巴。其他纵队要从左面向加沙进击,以达到佯攻诱敌的目的。

艾伦比手下有澳大利亚和新西兰骑兵旅可供调遣,他们的战斗品质和马术都是一流的,艾伦比还让从印度和萨洛尼卡抽调来的两师部队作为增援。此外,艾伦比还下令征集可用的骆驼和驾驭骆驼的人。艾伦比把进攻时间定在 10 月底,因为那时候天会降雨,土耳其军将会一心修筑到处积水的堑壕,无暇对付英军的进攻。

土耳其军队一直对巴格达的失守耿耿于怀。由于俄国和罗马尼亚已经崩溃,使对付俄军和罗马尼亚军队的最精锐土耳其部队解脱出来,开赴到了巴勒斯坦前线,土耳其的陆军部长恩韦尔·帕夏打算动用这些部队从英国人手中夺回巴格达。恩韦尔·帕夏的意见被德将法尔肯海因将军否定,法尔肯海因将军是在粉碎罗马尼亚军队后,被派来这里帮助土耳其策划防务的。法尔肯海因认为,打败艾伦比才能使土耳其军守住耶路撒冷。

▲ 今日耶路撒冷

艾伦比正在一步步地实施着攻占耶路撒冷的计划,他将部分英军集中在加沙前面的沿海地带,以欺骗土耳其军队,使土耳其军以为英军对耶路撒冷的进攻将从那里开始。

大约就在同时,艾伦比又设计让一名英国骑兵军官暴露在一支土耳其巡逻队前面。土耳其巡逻队立即向这名英军军官开枪,英军军官在马上摇摇欲坠,但最终还是跑掉了。土耳其巡逻队赶到现场,发现了这位英军军官的公文递送箱,内藏夺取加沙的"机密"计划。

土耳其军对这份计划信以为真,他们便按这份计划,调动和集中他们的兵力。此时的艾伦比十分高兴,他知道土耳其人中计了。

10月31日,艾伦比集结兵力,向土耳其军队进攻。英军的实力计7.5万名步兵和7000名骑兵,土耳其为4.2万名步兵和1500名骑兵。但第一次打击不是在加沙的沿海地区,而是内陆贝尔谢巴。短暂的密集的弹幕射击,使英军在贝尔谢巴的土耳其军中炸开了一些宽阔的缺口,艾伦比的骑兵冲过去,在土耳其防守者后面扇形展开攻势。土耳其军被跟在英军骑兵后面进行白刃战的英军步兵击溃。

在日落以前,贝尔谢巴及其水井都被英国陆军所占领。

艾伦比直到这时才把兵锋转向加沙,英军战舰上的重炮轰击加沙。一周后,英军的联合进攻把土耳其军打败了。约有1万名土耳其人被俘。没有伤亡的土耳其人向北退却了几十千米,才重新集结起来,但仍无喘息机会。

11月中旬,土耳其人通向铁路枢纽站的路被英军切断,该站是雅法－耶路撒冷铁路线和另一条向南通往贝尔谢巴的铁路线的交接点。疲乏的土耳其军在耶路撒冷前面的朱迪亚山丘——这个自圣经时代以来的历史上有名的防卫地作了最后一次抵抗。到12月9日,土耳其军突然结束了一切抵抗,向北逃走。

贝尔谢巴

以色列内盖夫地区中心城市。城址位于一个宽约5千米的山口,为内盖夫的北方门户,有道路通往死海南岸、亚喀巴湾与埃及的西奈半岛。设有内盖夫各企业公司的总部、沙漠研究所、内盖夫大学、卡车运输总站与修理站。工业多依靠内盖夫的原料,有化工、瓷器、砖厂,还有大型纺织厂。交通位置重要,历史上长期为军事重镇。

▲英军攻占耶路撒冷后，艾伦比下马步行进入耶路撒冷，表示对这座圣城的崇敬

埃德蒙·艾伦比爵士没有辜负英国首相劳合·乔治，他如愿以偿把耶路撒冷当作圣诞节礼物献给了英国。

埃德蒙·艾伦比爵士，这位胜利的指挥官穿着简朴的军服，徒步走进耶路撒冷这座圣城，开始了英国对耶路撒冷的殖民统治。

1917年是英国受挫和伤亡人数剧增的一年，夺取耶路撒冷是该年唯一的重大胜利。艾伦比的一击，正如英国首相劳合·乔治所预期的，这场战役提高了英军士气，并把土耳其踢出了中欧强国俱乐部。

艾比伦的美吉多战役

在人类战争史上，美吉多战役是决出胜负最为迅速的一场战役。几天之内，英军就通过周密的计划、英勇的战斗，让巴勒斯坦的奥斯曼土耳其军完全战败。在 38 天里，英军顺利推进 350 英里，将整个巴勒斯坦、黎巴嫩和叙利亚纳入囊中。此期间，英军战果丰硕，歼灭了奥斯曼土耳其军队 3 个集团军，俘获了奥斯曼土耳其军人 7.5 万人，而英军的伤亡却不到 5000 人。

▲今日美吉多

美吉多战役概况

1918，第一次世界大战接近尾声，协约国正在逐步取得最终的胜利。在欧洲的主战场上，协约国的军队从东到西，一路横扫同盟国军队，节节胜利。德国军队日暮西山，被协约国军队的反击打得节节败退，逐步退出法国境内。意大利加入协约国一方，打击了奥匈帝国军队，使得奥匈帝国士气更加低落和即将崩溃。而协约国联军对保加利亚的打击，也使保加利亚退出了战争。协约国联军乘胜借道保加利亚，准备进入奥匈帝国境内。

协约国军队不仅在欧洲战场取得节节胜利，在遥远的地中海东岸，协约国军队也准备采取军事行动，进一步取得对同属于同盟国的奥斯曼土耳其的胜利。

1914 年，"一战"开始时，中东大部分地区都在奥斯曼土耳其控制下，奥斯曼土耳其控制这块地区已经有 500 年历史了，就连英帝国生命线苏伊士运河也处在奥斯曼土耳其的威胁范围内。英国因此对奥斯曼土耳其耿耿于怀，总想打败奥斯曼土耳其，在 1915 年，英法军队试图在奥斯曼土耳其身上打开缺口而发动了加里波利之战，但是由于联军本身的因素，以及对沙漠作战的不适应，以及奥斯曼土耳其人的顽强

奥斯曼土耳其帝国

奥斯曼土耳其帝国是突厥人建立起来的大帝国，极盛时势力遍布欧亚非三大洲，东到里海及波斯湾，西到直布罗陀海峡，南到今日的苏丹与也门，北到今日的奥地利和斯洛文尼亚。奥斯曼土耳其帝国占领君士坦丁堡后，将其改名伊斯坦布尔，并定都于此。奥斯曼帝国的君主苏丹视自己为天下之主。

奥斯曼帝国掌握东西文明的陆上交通线达 6 个世纪之久。奥斯曼帝国在世界史上具有举足轻重的地位，对西方文明影响十分巨大。奥斯曼帝国终不能抵挡近代化欧洲国家的冲击，最终于第一次世界大战里败于协约国之手，之后凯末尔领导起义，建立土耳其共和国。

抵抗,联军登陆后,与奥斯曼土耳其的战斗进展不顺利。最终,这次英法联军在土耳其海岸的登陆没有取得战争预期目的,最后不得不撤退了事。这场失败的战争成为英国人的心病,他们在等待机会,想一举击败奥斯曼土耳其,洗刷失败的耻辱。

▲伊斯坦布尔是座老城

时间到了1918年,奥斯曼土耳其经过"一战"的长期战争,这个本已经虚弱的老大帝国渐渐地变得更加难以支撑。英国人瞅准了这个时机,这也是为了尽早结束第一次世界大战,把德国的盟友都一一逐出战争,从而让德国缺乏支援,并最终击败德军,决定再次对德国的同盟国奥斯曼土耳其进行猛烈的打击,并想一举彻底击溃土耳其,控制中东。

英国政府派出负责指挥这场战争的是埃德蒙·艾伦比爵士。埃德蒙·艾伦比爵士是一位著名的军事家,他为了打败奥斯曼土耳其,经过了精心策划和准备,他指挥下的英军刚刚投入战斗,几乎是一下子就击溃了土军。而后,英军和土军的战争过程,就成了英军对土军的追逐和俘虏的游戏了。没有过多久,土耳其军队就军心涣散,并最终彻底投降,进而退出了第一次世界大战。这次战争被称为美吉多之战。

艾伦比来到中东

艾伦比是从"一战"中成长起来的英军军事将领。在1914年,他在西线的法国参加战争时,当时的职务还只是一名师长。但是,他被英军总部调任到中东地区的巴勒斯坦前,被突击提升为集团军军长。之所以提拔他,是因为英军总部看出了他具有在中东作

▲艾伦比在中东

战的军事素养。事实上,英军总部没有看错艾伦比,为了完成这次战争,艾伦比进行了精心准备。从英军与土军作战的实际情况来看,就可知道他的准备和谋划是如此之好,土军遭遇他指挥下的英军,一战击溃。英军之所以取得如此辉煌的胜利,与艾伦比的指挥素质密不可分,他在战前的准备和谋划是这次辉煌胜利的关键因素。

在艾伦比到巴勒斯坦之前,在巴勒斯坦战场上,英军埃及远征军就已经在中东地区作战了。这支英军远征军两年半以来,一直在埃及的西奈沙漠中与一支土军和德军的联军交战,双方互有胜负,英军的战果甚微。因此,英军埃及远征军的将士士气非常低落。艾伦比上任后做的第一件事儿,就是积极地进行人事改

革。他为了使英军低沉的士气高涨起来，亲自抵达前线了解情况，为英军士兵打气鼓劲。艾伦比发现了劳伦斯，这个后来被称为著名的"阿拉伯的阿伦斯"的伟大人物，他积极重用劳伦斯。他的重用得到了回报，英军在中东的军事行动得到熟悉当地情况的劳伦斯和阿拉伯军队的大力支持和配合。

劳伦斯和阿拉伯军队对艾伦比的支持，体现在他们不断地骚扰英军的劲敌土军上，这种骚扰让土军不胜其烦，扰乱了土军的军心。艾伦比得益于劳伦斯和阿拉伯军队对土军的严重骚扰，通过第三次加沙之战，给予土军以打击，并攻陷贝尔谢巴，进而通过进一步的军事打击，迫使土军和德军的联军最终全线崩溃，不得不匆忙后撤，英军乘机先后占领了加沙和耶路撒

劳伦斯
劳伦斯，英国人，曾参加不列颠博物馆考古队。他是一个军人和阿拉伯语专家。他虽然是英国人，但在语言和生活习惯上都融入到阿拉伯人中，从1916年起，他带着对阿拉伯帝国的热情，率领阿拉伯人抗击奥斯曼土耳其军队，他的形象因此而蒙上了神秘的面纱。这年10月，他带领阿拉伯人攻下了大马士革，还出席了巴黎和会。1922年，他却舍弃了公职和传奇式的身份，加入了英国皇家空军，1935年退役。 　　劳伦斯死后，他的传奇事迹被改编为电影（《阿拉伯的劳伦斯》，这部电影夺得多项奥斯卡大奖。

冷，取得在中东地区的辉煌的胜利，保证了英军在中东的利益，为第一次世界大战胜利结束做出了贡献。

美吉多防线的对峙

英军取得对奥斯曼土耳其军和德军的联军攻击的胜利，并顺利攻占耶路撒冷后，土德联军并没有瞬间崩溃，而是以丘陵为依托，在耶路撒冷北边建立了美吉多防线，进行垂死抵抗。德军为了能够打败艾伦比率领的英军，也将将领换成了以坚守加里波利而闻名的奥托·利曼·冯·桑德斯将军。

土德联军之所以选择美吉多坚守，是因为在历史上，美吉多是中东地区通商和行军的必经之地，也是一座著名的军事重镇。这里是一

▲《阿拉伯的劳伦斯》剧照

个交通枢纽，军队和商旅从这里出发，往北能到达黎巴嫩，往东可以到达幼发拉底河。美吉多的地形也是易守难攻的，美吉多城坐落在一个高地上，地势险要，从图特摩斯三世时代开始，美吉多就作为军事要塞正式地出现在历史记录中，一直到公元20世纪，这里都是一个军事要地和重要的交通枢纽。

英军面对美吉多防线的险峻，一时也是无可奈何。这是因为，在土德联军的经营下，美吉多防线十分坚固，而英军因为军队整编、遭遇暴雨、西线要求抽调部队等原因，而使

得本来数量就不多的部队还被抽调了不少兵力前往法国,这样一来,英国凭借有限的兵力,面对坚固的美吉多防线,根本就无法进行任何大规模的积极军事行动。艾伦比虽然做了很多攻克美吉多的计划,但他"巧妇难为无米之炊",兵源不足,使得他还是不得不暂时按兵不动。而土德联军已经处于下风,自然也不会主动出击攻打英军,从而引火烧身。1918 年,一直到秋季,英军和土德联军在美吉多防线的对峙都是平静无事的。

▲土耳其士兵

其实在 1918 年的 7 月,艾伦比把英军进攻的目标转向了另外的地方,他试图在杰里科附近渡过约旦河攻击和截断土耳其军队的交通命脉汉志铁路,但是,中东地区和别地不同,此地的自然环境十分恶劣,英军的这次攻击没有能够成功。

时间到了 1918 年 9 月,艾伦比手头上的英军得到了壮大,这是因为艾伦比得到了从美索不达米亚调来的两个师的英军兵力的补充,而且,更多的印度部队和若干法国部队也聚集到艾伦比的麾下,一时间,在中东地区,以英军为首的协约国的军事力量变得十分强大。5.7 万名步兵在艾伦比的指挥下,于一条 60 英里长、从地中海向东延伸到约旦河并沿约旦河向南延伸到死海的战线上与土德联军对垒。而此时的土耳其军队虽然有少量德军与之组成土德联军,但德军数量过少,几乎可以忽略不计,土耳其军队虽然号称有 3 个"军团",但每个军团实力甚至不如一个师,三个"军团"的人数加起来,一共有约 3.2 万名士兵。他们面对强大向协约国军队,不得不固守堑壕沟,严防死守,做困兽之斗。

不仅以英军为首的协约国的兵力远超过对手,协约国军队与土军的武器优劣的差距更大。可以说,艾伦比在空中力量对比上,占据压倒性优势,在机枪方面,英军也是远远强过土军。另外,英军还拥有 1.2 万名骑兵,在数量上,远远超过土耳其人的 4000 名骑兵,在骑兵的作战素养上,英军骑兵也是强于土耳其骑兵的。此外,土军因为已经败在英军的手里,此时的士气已显得极其低迷。从总体的战争形势来说,对英国是非常有利的。

艾伦比的战略

艾伦比手握重兵,并不盲目用兵,而是充分考察战争形势,依据实际情况,制定了一项战略,这项战略的目的是以一场闪电战役赢得对土耳其的战争。为此,艾伦比计划让英军佯攻土军的左翼约旦河谷,以吸引土军的注意,打乱土耳其军队的部署,但实际上要在土耳其

▲土耳其士兵

和少量德军组成的联军的右翼地中海岸边发动进攻，以打土耳其军队一个措手不及。

在攻打土德联军右翼的时候，艾伦比计划先用步枪在土德联军的防线上猛烈攻击，打开一个缺口，然后让英军的骑兵部队迅速出击，通过这个缺口北进穿过沙龙平原和卡尔迈勒山脉，然后东进，来到艾伦比设定好的目的地，即在敌人后方40英里左右的阿富拉和贝珊地区，这里是土耳其军队的交通和供应线路的必经之地。只要威胁到这两个地区，土耳其军队就不得不通过纳布芦斯到约旦河间的峡谷撤退。

一旦土耳其军队撤退到峡谷里后，英军的飞机和骑兵就再次出击，针对峡谷狭小地区的土耳其军队进行联合追击。土耳其军队成为瓮中之鳖，也就无法顺利撤退逃跑，除了束手就擒之外，只剩下被英军彻底消灭的结局了。消灭了土耳其军队，那么约旦河西岸就没有土耳其的势力存在了。英军就可以乘机向残余的

▲土耳其军队在行进.

约旦河东面的土耳其军队发动进攻。在英军进攻的同时，艾伦比打算让英军骑兵部队协助劳伦斯的阿拉伯部队夺取汉志铁路的会合点德拉。德拉是土耳其军队的后路，一旦被掐断，土耳其军队必定军心大乱，无心再战，只能迅速撤退。这时，英军的其余的骑兵部队就可以趁机攻占大马士革，彻底将约旦河西岸的土耳其部队的退路堵住，然后将土耳其军队彻底歼灭，取得最终的胜利。

艾伦比在战略计划中，提出了一个更为大胆的计划，就是彻底掐断敌人的交通线，然后彻底击败土耳其军队。艾伦比的这个计划，依据的是拿破仑的战争名言："战争艺术的秘诀在于如何掌控交通线"。

对于英军方面具有的明显兵力和实力优势，艾伦比是看得很清楚的，所以，艾伦比认为，英军是有能力控制土耳其军队交通线的。而汉志铁路就是土耳其军队的一条重要交通线，土军所有部队都依赖从大马士革南下的汉志铁路补给线，而且汉志铁路经过德拉、倍伊桑等地也是重要补给要线。德拉是据守约旦河与地中海之间的防线的土耳其军队凯默尔的第7军团与杰法德的第8军团的专门补给线，倍伊桑是据守约旦河以东的土耳其军队杰马尔第4军团的主线补给。艾伦比通过沙盘推演发现，如果英军一举夺占摧毁这条铁路，将使土耳其军队缺乏后勤补给，从而不能正常运作，士气全无，甚至于没有这些补给线，土耳其军队的通信终端将严重受阻。所以说，拿破仑说的没错，艾伦比夺取土耳其军队铁路命脉的计划，就是要使土耳其整个防线陷入混乱的完美计划。

为此，艾伦比要求英军在攻击计划中，特别要攻击汉志铁路沿线上的重要据点德拉、倍伊桑等这些铁路、公路汇集点，这是土耳其军后方的关键据点。

英军如果攻占阿富拉以及倍伊桑这两个与英军驻地仅有60英里的据点，将切断土

军第7与第8军团的对外交通,同时,英军也可以阻绝土军后撤的退路。这时,经过英军的堵截和包围,土军第7、8军团将仅剩下一条向东穿越约旦荒芜地区,路途极其险峻的通道。如果要彻底困死土军,英军就需要攻克德拉,届时英军将切断土军所有三个军团的对外道路,以及第四军团的最佳后撤路线,不过攻克德拉的计划很难实现,因为进攻路线距离英军防线较远。

　　艾伦比的计划十分完美,但要实现这个计划,英军面临的困难也很明显。英军最重要的困难就是如何快速到达这几个攻击目标,为此英军需要寻找一条隐蔽的路线,而且不能让土耳其人发觉他的意图,土耳其人如果知道英军的意图,是不可能让英军得逞的。英军经过侦查发现,靠近海岸的平坦的沙龙平原有一条通往阿富拉和倍伊桑两个城镇的一条走廊,土军在此地的势力很单薄,艾伦比大喜过望,只是这条走廊地势险峻,英军要通过这条走廊,需要途径一道由狭长山隘组成的唯一的关口。幸运的是,关口入口处没有土耳其军把守,不过令艾伦比沮丧的是,英军如果进入这条走廊的入口处之后,就会遭遇土耳其军修建的坚固战壕,在这里有大量土耳其军人牢牢把守,此地易守难攻,可谓"一夫当关万夫莫开"。艾伦比并不惧怕图土耳其人的战壕,他计划利用英军步兵,采用猛烈的炮火,强力在东北方向闯开这道关卡,然后快速清理出一条通道,让骑兵进击。不过,即使英军通过这条走廊的前门,通过狭长的走廊后半截也是巨大的困难。如果土耳其人事先获得预警,是不可能让英军通过的,他们可以大量调集兵力把后门挡住。英军骑兵的速度成为通过走廊的关键,骑兵必须快速通过,使土耳其人没有这么快的反应时间。但是,艾伦比又担心英军的快速进攻抄敌人后路还是面临着敌人的遏制,因为,土军只需要一小部分人马,再利用强大火力的机枪,就可以封死通过中间山隘地带的关口。根据战场经验,骑兵的攻击相对于步兵,并不是很强大。最后,艾伦比决定,为了保证成功,英军不能硬闯这条走廊,需要调虎离山,将土军的注意力与预备兵力引开才行。而要达到这一点,就必须让土军对英国的行动意图不知情,让土军的统帅部的高层既聋又哑又盲。不过,在现代战争中,要蒙住敌方统帅的眼睛,可不是简单的事情。但是只有做到这样,才能轻松而彻底地击败土耳其军。事后显示,艾伦比的这招隐蔽战术正是美吉多战役胜利的最大特色。

　　艾伦比是一位实事求是的将领,他分析了己方的军事实力,认为英军拥有实现上述计划的诸多优势。譬如英军拥有大量的飞机,飞机是在"一战"中成长的新颖而特殊的武器,当时的土耳其军并没有真正认识到这个新战争武器的作用,但艾伦比深深地认识到飞机的战争作用,飞机广阔的视域在侦察敌情中起到了极大的作用,而且飞机还能通过控制制空权限制敌人的行动。而艾伦比非常重视英军飞机

▲英军据守战壕

的训练,他经过长期准备后,可以说几乎完全掌控了制空权。

为此,艾伦比命令英国空军猛烈轰炸土耳其军队设在阿富拉的电报电话通信中心,而且对土军位于纳布卢斯与图尔凯兰的两处军团司令部也进行轰炸骚扰。这样一来,土军电报电话线路遭受轰炸后,就被严重摧毁,再加上土军这两个司令部整日躲避轰炸,他们就无法及时获知各师的消息。

就这样,艾伦比利用飞机轰炸,彻底打聋打瞎了土耳其军队,完成了他计划中的最重要的任务。

另外,艾伦比还命令英国空军投掷"纸弹",对土耳其军人进行攻心战术。为了达到彻底瓦解土耳其军人的军心,艾伦比让投掷的宣传单上印刷上土军士兵安于当战俘的图片。而且劳伦斯和阿拉伯军人也适时地在土耳其军的后方骚扰他们的后勤支援,这让土耳其军心不稳,不胜其烦。其实,在劳伦斯上校主导下的费萨尔阿拉伯军,长期以来就配合艾伦比领导下英军作战,他们一直在承担着骚扰后方的任务,使汉志铁路沿线的土耳其军饱受骚扰之苦。别小看了他们的骚扰任务,他们不但使铁路运输受阻,而且打击土军士气。现在,他们将在艾伦比的直接指挥下,参与到对土军的最后致命一击,为打败土耳其军作出直接贡献。

为了让英军的进攻计划不被土耳其军人发现,艾伦比还进行了一次最周密和最成功的分散敌人注意力的欺骗行动。他命令英军在约旦河谷建立假司令部和假军营,并且他不断地来回调动部队,迷惑土耳其人,在土耳其人放松观察之际,悄悄地把英军兵力移动到自己准备进攻的西线。

艾伦比在整个夏天中,都不断地对英军进行定期换防来迷惑敌人,并借机将一支骑兵队伍留驻在约旦河谷中,大肆操练,以吸引土耳

▲土耳其骑兵

其人注意力并为英军的兵力移动做掩护。而骑兵却在土耳其人不注意的情况下,暗中渡河到达另一边。艾伦比还不放心,他让原驻地增加了1.5万匹帆布制假马。这些假模型从远处看上去就像是在凝视的马匹。为了欺骗土耳其军的侦查,艾伦比白天让英军部队在敌人能够看得到的情况下向西行军,到了夜里,艾伦比又命令部队又回头向东行军,英军就这样重复往复,在第二天又一次重复这一过程。另外,艾伦比在小山挡住了视线的道路上,让骡马在白天拖着雪橇向东飞驰扬起尘土,目的就是让土耳其侦察兵认为,这是大规模骑行军时造成的尘土。艾伦比还从英国国内调来伪装专家,这些专家设置了英军的营地模型,模仿虚拟的向战线东翼增援英军部队的营地。这些专家没日没夜地工作,为了增加这些原始欺骗措施所产生假象的逼真性,这些专家还建议艾伦比,让英军在约旦东侧的特工人员购买饲料,使土耳其的经济情报人员据此推测英军骑兵将在东翼进行

▲英军的工事

一次攻势行动。而且,艾伦比还非常热衷于通讯联系,为此,他与实际上并不存在的司令部(当然更没有军队)之间建立起了活跃的无线电联络网。为了进一步迷惑土耳其的情报人员,艾伦比在耶路撒冷的一家旅馆预订了一套房间,并且高调地住了进去,让所有人都知道艾伦比住在了这家宾馆,以表明他的司令部已经向东转移了。

就这样,在艾伦比一系列欺骗战术的掩护下,愈来愈多的英军部队,以及印度部队通过夜行军渗入近海岸的另一侧,这些部队藏在原来已经建好的营地中。艾伦比隐蔽地将前线即将进攻的地区的兵力从原来的二比一的优势增至四比一的优势。

艾伦比不仅采取了欺骗战术,而且,他为了让土耳其军不知道英军真正动向,艾伦比还注意采取保密措施,他命令英军情报部门建立起了一个空中情报警报电话网,发现土耳其侦察机就发警报,并让英军空军随时待命,随时准备着击落任何有可能对英军战线后方进行侦察的土耳其战机。他这么做的目的,就为了确保遮断敌军的空中观察。艾伦比的这番大动作,大大地增强了英军空军的力量,彻底夺取了制空权,土耳其军的飞机被迫都停留在地面上,没有一架能够起飞,而英军飞机可以对土耳其机场上空保持不间断的巡逻,英军飞机也基本上封锁了土耳其军的机场。

艾伦比不忘劳伦斯的阿拉伯军队的作用,他要求阿拉伯军队展开他们的"拿手好戏",四处展开游击性质的奇袭,这种奇袭让土军不胜其烦,土军不得不调动后备力量以应对这一威胁。9月16日与17日,在艾伦比的指导下,阿拉伯军队突然出击,炸断了德拉以北、以南、以西的铁路。阿拉伯军队的这次行动,对土军造成了严重影响。土军的补给线就因为这次行动,被迫暂时中断。为了消除影响,土军高层不得不在捉襟见肘的预备兵力中再次抽调力量,前往德拉地区抢修和保护铁路。

▲英军飞机

艾伦比作为一个著名军事家,最大的成功要诀就是善于做准备工作。正是这些周密的准备,使得艾伦比的计划实施起来非常顺利,可以说,艾伦比的计划完美地得到了实现。

艾伦比此战的两个撒手锏是英军轻骑兵和空军飞行员,土耳其人面对艾伦比已经处于下风,他们无力阻止英国人正在一步步实现他们的欺敌计划,就连土耳其人的指挥部门,也已经被英军弄得耳聋眼瞎,行动迟缓了。

英军的正式攻击就要开始了……

9月18日夜间,英军再次行动,他们要进行攻击前最后的疑兵行动,这也为后来的英军真正攻击进行初步的准备工作。在艾伦比的部署下,整个防线最右侧的英军第53师,在沿约旦河谷的高地上发动了猛烈的攻击。英军的这次攻击,更加吸引了土军整体防线的注意力,土军做梦也没想到,英军的真实意图是将要在西线攻击。所以,英军的这次疑兵行动大有效果,为英军西线的攻击做了十分重要的掩护。

▲沙漠中的英军骑兵

总之,艾伦比的这项针对土耳其军队的计划是广泛的、有计划的多种谋略。正是伟大的军事家和他这样天才的计划,才使得在后来战争中,英军获得的惊人战果,从而造就了军事史上的隽永杰作,至今仍被很多军事爱好者啧啧称赞。

攻击开始了

到9月18日,经过艾伦比的一系列运作,他已经在英军的战线最西端上调集了大量的英军部队,英军部队与土耳其军队的数量对比达到了4:1。英军有着巨大的数量优势,完全有可能完成一次成功的突破。于是,艾伦比对英军下达了在西线攻击土耳其军队的命令。

9月19日的清晨4时30分,攻击正式开始。

英军先是进行炮击,英军的385门火炮在不同正面方向齐声开火。顿时间,密集的炮火射向土耳其军队,土耳其军队顿时大乱,炮轰维持一刻钟后,达到了预定的战术效果。

然后在快速弹雾掩护下,英军步兵开始前进。针对雅法以北沿海平原的土德防线攻击。英军出动了5个师的兵力,在英军的强大火力支援下,英军步兵的攻击几乎没有收到什么障碍。被炮击和英军火力打蒙了的土耳其守军在英军的攻击下很快就陷入慌乱。英军顺利地突破土耳其守军的两处战壕。

英军突破土耳其人的前沿,只用了3个小时内。土军面对英军的攻击,兵败如山倒,纷纷向北或向东逃窜。

骑兵的精彩迂回

英军的进攻部队突破了土耳其的战壕后,就像一扇巨门大开,从西部迅速席卷内陆。这时,艾伦比借助前来支援的法军分遣队和印度军第3师、第75师及第7师的帮助,让这些支援部队与英军第54师作为这扇巨门的轴,海岸附近的英军第60师充当这扇巨门

▲骑兵是"一战"的主力

的外缝,这扇大门展开,迅速卷向内陆的土耳其军,土耳其军顿时伤亡惨重。不得不说,这其中起主要作战作用的是处在最外层的英军攻击部队,英军第60师"这扇巨门的外缝"于入夜时分抵达图尔凯兰。遗憾的是,土军逃跑的速度非常快,土军第8军团的残部早已穿越隘道,退入梅苏地耶。艾伦比不会就此放过土军的,他派出英军飞机对土军这些慌乱溃逃的部队进行狂炸扫射,土军面对英军空中的火力摧残,更加溃不成军,完全丧失了斗志。

艾伦比的作战目标是打开土军战壕的突破口,既然打开了突破口,艾伦比就立即派出了他的骑兵部队赶紧穿过突破口。英军沙漠骑兵军的3个师,在艾伦比的指挥下,策马快速抵达并开始穿过沙龙平原那条通往阿富列与贝伊桑的走廊。幸运的是,此前艾伦比担心的土耳其军在走廊的守卫部队,由于仓促撤退,这个走廊隘口的大门已经为英军洞开了。英军骑兵部队几乎是毫无受到阻碍,就向北到达海岸,并在美吉多挥师东进,沿路消灭一些零星的土耳其军人的抵抗后,一直到达土耳其人的后方。

具体来说,在当天黄昏时分,英军这3个师的骑兵人马抵达卡尔迈勒山。英军骑兵没有休息,连夜进军,在第二天凌晨,英军3个师的骑兵都已通过隘口。这3支骑兵的推进速度十分快,堪称战争史上的奇迹,特别是英军第4骑兵师,行军更加迅捷,这支骑兵部队在34小时内在陌生的沙漠地带前进70英里,毫无障碍地达到了约旦的贝森地区。跟随英军第4骑兵师的是澳洲骑兵师,他们在通过卡尔迈勒山之后,即接到艾伦比的命令,立即全师向南转入杰宁,整支部队都横亘于土军后撤路线之上,拉开架子,要堵住土耳其军队的后撤路线,要将土耳其军队全部消灭。

在这次军事行动中,艾伦比将军充分利用传统骑兵的本身优势,骑兵的这种传统优势就是优良的战略机动能力,骑兵可以依据这种机动能力,快速对敌人进行迂回包抄。艾伦比命

骑 兵

骑兵是一个古老的兵种,至今仍然发挥着一定的作用。骑兵具体是指陆军中乘马执行任务的部队。骑兵这种作战部队,既能乘马作战,又能徒步作战。在战争中,骑兵由于其灵活的机动能力,通常担负正面突击、迂回、追击、奔袭等任务。骑兵的主要特点是行动轻捷,受地形、气象影响较小。甚至于骑兵比现代汽车更加不受地形和气候的影响。在世界战争史上,骑兵曾一度是各国陆军的主要作战兵种。17世纪30年代战争时,欧洲发生战争时,参战国军队中一般都有40%—50%的人员是骑兵。直到第一次世界大战时,德、法、俄国的陆军中,均编有骑兵部队,其中俄军的骑兵部队的编制达到了集团军的规模。就连第二次世界大战时,苏军也没有抛弃骑兵部队,他们还在军队编制中编有17个骑兵军以及80多个骑兵师。

令英军骑兵部队到达土耳其人的后方之后,并不在马背上战斗,而是立即下马作战,使用由马鞍携带的步枪和机枪切断了土耳其人的退路。在现代战争中,骑兵的马上作战方式已经失去了优势,不过英军骑兵部队的较大规模武器配给,使得他们的火力虽然比英军步兵差,但并不输给土耳其步兵,这就使艾伦比能够依靠英军的骑兵部队切断土耳其人的退路,迫使许多土耳其军人无路可逃,最后不得不选择投降。

土军慌乱溃逃

土耳其军也不是完全没有抵抗,土耳其军的后卫部队就顽强抵抗英军的追击,不过双方力量悬殊,土耳其军的后卫部队寡不敌众,被英军逼至约旦河边,在英军的猛烈进攻下,土耳其军伤亡惨重。

9月21日早晨,英军空军的飞机在例行侦查时,发现了土军蜿蜒行进的队伍——这些人是土军两个残余军团的幸存者。英军空军对土军的这个两个残余军团展开了猛烈轰炸和机枪扫射,土军的这个两个残余军团在英军

▲被俘土耳其士兵

4小时的连续攻击下,伤亡惨重,纷纷慌乱溃逃。至此,土军的第7、第8军团已完全被英军击溃。英军并没有放过这些溃逃的土军,又用英军骑兵追捕这些残兵。

就这样,军事史上著名的美吉多战役以土军的狼狈溃逃告终。英军在艾伦比的指挥下,不到三天,就将两个土耳其集团军和德国在巴勒斯坦的全部势力摧毁。

直到这时,土军的大部分兵力都被英军消灭,现在仅剩下位于约旦河东岸的第4军团。这支部队看见土耳其军队已经大势已去,于9月22日开始后撤。但这支部队撤退的时机延误过久,已经渐渐丧失了撤退的机会,这时,阿拉伯军队又在艾伦比的指挥下,不断骚扰这支土耳其军队,而且又破坏了残破的铁路,这支土耳其军队无法顺利撤往大马士革。4天之后,接到战情的英军第4骑兵师从贝伊桑向东移动,准备截击这支土耳其军队。同时,英军其他两个骑兵师会师后,也紧追这支土耳其军队,并准备直取大马士革,断掉这支土耳其军队的后路。

大马士革正是艾伦比这次战役的最终目标。在阿拉伯军队不断的游击式骚扰下,土军的第4军团实力迅速耗尽。"阿拉伯的劳伦斯"引领着阿拉伯军队在后方给土军严重的困扰,这些土耳其军队溃逃时,阿拉伯军队更加趁火打劫,让土耳其军队无处溃逃,给土耳其军队造成严重的人员物资的损失。现在阿拉伯军队和过去一样,也和英军一道合作追击,不过,这次军事行动是两支部队会合在一起,统一行动,这也是英军骑兵首度与从未照过面的真正沙漠盟友合作。相比较于英军,阿拉伯人的军队因为熟悉地形,他们速度更快。最终,阿拉伯军队在大马士革附近将土军第4军团的残部追上,并用武力迫

▲ 土耳其军丢盔弃甲

使土军投降,赢得了胜利。

9 月 30 日,澳洲骑兵师截击住了正想逃跑的大马士革士兵,这些士兵不得不再次逃回到大马士革。10 月 1 日,英军攻陷大马士革,然后英军继续进兵,10 月 16 日,英军攻陷霍姆斯。随后,英军第 5 骑兵师与一支阿拉伯部队继续朝阿勒颇前进,此次行军的路程有 200 英里,英军和阿拉伯部队在沿途只遇到了轻微的抵抗。英军和阿拉伯部队于 10 月 23 日抵达阿勒颇郊外。不久,英军的其他骑兵部队也陆续赶到。

在阿勒颇城外,英军和阿拉伯部队摩拳擦掌,准备发动大规模的攻击,这时候出现了戏剧性的一幕,城内的土耳其军队主动打开城门,向英军和阿拉伯部队投降。原来土耳其已经力不能支,土军所有有组织的抵抗都崩溃了。

10 月 31 日,在艾伦比指挥下的英军的强大压力下,土耳其已经无力再抵抗了,土耳其政府向英国和阿拉伯联军投降,为这场战争画上了完美的句号。

美吉多战役的意义

美吉多战役是一场著名的战役,是决出胜负最迅速的战役,也是战争史胜利最彻底的会战之一。几天之内,艾伦比率领英军在中东地区纵横捭阖打败了巴勒斯坦地区的土耳其军。在 38 天的时间里,英军推进 350 英里,将整个巴勒斯坦、黎巴嫩和叙利亚纳入囊中,并孤立了美索不达米亚,驻守那里的土军为了自保,不得不撤退。在美吉多战役期间,英军歼灭了土耳其军 3 个集团军,俘获土耳其俘虏 7.5 万人,而英军自己则伤亡了5000 人。军事史学家认为,这是一场可以与二战中的经典快速进攻战役相媲美的一次战役。而且这也是战争史上骑兵起决定性作用的最后一场伟大战役,也是骑兵这支古老军种在战争史上留下的最后的一抹精彩。

领导和设计美吉多战役的艾伦比功劳当仁不让。艾伦比可谓一名伟大的军事家,他一生功勋卓越,获得了巨大的成就,但他确实是因美吉多一役而闻名于世的,英政府非常认可美吉多的战功,授予他"美吉多之艾伦比子爵"的爵位。

艾伦比之所以取得如此辉煌胜利,不得不提到战争艺术的两个诀窍——奇袭与机动。艾伦比指挥英军通过奇袭与机动,使美吉多战役在未与土耳其军队发生实质会战的情况下,即赢得胜利。英军在初步取得突破后,没有拖延,而是通过骑兵以机动来取胜。当然,艾伦比不仅仅运用了骑兵的机动能力,而且动用了各种机动能力,包括飞机、装甲车辆,而且他还利用了阿拉伯军的骚扰的作用,虽然劳伦斯和阿拉伯军是艾伦比能够运用的全部军力的少数部分,但是这支游击性质的军队在这场战役取胜的意义和效果非常大。这次胜利一方面因为英军对比土耳其军队的数量优势,另外一方面来自瓦解土军士气的机动战力运用方式。

土耳其军队面对英军摧枯拉朽般的追击和迂回,完全没有抵抗能力,望风而逃。而英军就是通过这种不断的快速追击,让这场可能要经过复杂而激烈的战斗才能取胜的美吉多战役赢得如此轻而易举。

▲英军欢呼胜利

第五篇　海战与空战

　　"一战"中发生了多次海战，比较著名的有地中海海战和索切角海战，真正称得上大规模的主力舰队决战的，当数"日德兰大海战"。海战中最值得一提的，是1917年年初，德国恢复了无限制潜艇战来对付英国，此后德国潜艇多次击伤、击沉美国的海上运输船，导致德美关系恶化，德国由此引火上身，最终使美国做出对德宣战的决定。

　　空战方面，"一战"初期时，飞机虽参与了作战，但都不能称为空军，直到英国空军对德国飞艇的猎杀，才是严格意义上的空中作战的开始，后来发展起来的空战格斗，使战争从平面走向立体。由此之后的战斗中，交战双方都出现了空战英雄。

英法海军地中海之战

第一次世界大战实质上就是欧洲新老资本主义国家争夺世界霸权、划分世界势力范围的战争。在海洋贸易兴盛的年代，要想争夺世界霸权，就必须控制海洋。英国皇家海军号称世界第一，但是德国海军作为后起之秀，发展很快。如果让德军海军再继续发展下去，英国的海上霸权地位将被德国取代，英国人对此是无法忍受的，这也是第一次世界大战爆发的原因之一。

▲不可一世的英国皇家海军

英国海上霸权受到威胁

在"一战"爆发前，德国海军凭借着德国强大的经济后盾，大力发展海军。对此，英国觉得受到威胁，但德国却觉得是理所当然，因为德国的钢和煤炭的产量都超过英国，是名副其实的工业强国，所以，德军就不应仅是只有陆军的"独臂大侠"，而且必须发展与之相适应的海军力量。当然，德军大力发展海军，其实就是为了瓜分世界，企图争夺英国的海外殖民地。

德国的海军发展速度很快，原来德国海军只是一支海岸警卫队，根本无法与英国皇家海军相提并论，到"一战"爆发前，德国海军的总吨位仅次于英国皇家海军，已经发展成为世界第二大的海军力量了。

到 1914 年底，与英国皇家海军的舰艇吨位对比，德国海军已经能与之不差上下了。英国皇家海军有 21 艘无畏级巡洋舰，德国拥有的数量是 15 艘；英国拥有 9 艘战列舰，德国拥有 5 艘；英国拥有无畏级巡洋舰 40 艘，德国无畏级巡洋舰的数量是 22 艘。当然，总吨位方面，德国海军的实力与英国还有些差距，但是，德军海军的发展势头很猛，很快就可以追上英国海军。相比较于其他的国家，如美国、法国和奥地利的海军，德军海军的战列舰数量是这些国家的总和。而战列巡洋舰这样的大吨位远程作战舰艇，只有德国和英国两国拥有，美国、法国和奥地利因为无法制造或者供养不起战列巡洋舰，在他们国家的海军中，

▲德国的舰队

▲"戈本"战列巡洋舰

都没有配备。

德国人挑战英国的海上霸权，另一方面原因，就是英国号称"日不落帝国"，他的殖民地遍及世界，要保证这么多殖民地的安全，英国皇家海军必须在世界各大海域巡航，保证在各大海域，英国皇家海军都具有绝对优势。而德军海军却没有这么多累赘。简单地说，在英德海上争霸中，英国是处于守势，兵力虽多，但兵力分散，无法形成集中优势，而德国处于攻势，可以集中德国海军的兵力，攻击英国的海军防线的某一个点。但是德国海军也有自身的劣势，这种劣势体现在德国的地理位置不适宜发展海军，因为德国国土多在欧洲大陆，有限的港口多集中在波罗的海。而英国是一个岛国，四面环海，英国皇家海军可以凭借地理优势，将德国海军全部封锁在北海之内，让其无法出海。所以德国海军要从近岸海军变成远洋海军，首要的条件就必须穿过英国皇家海军控制的各个海峡。而且，德国海军从外海回到本国港口，也必须经过英军舰队控制的海域。

"一战"爆发后，德国海军本应该把自己家门口的封锁线打垮，在北海地区开始军事行动，但是德国海军却舍近求远，在地中海地区开始了与英国海军的海战。这次海战与两艘德国军舰有关。这两艘军舰的桅杆上，一开始悬挂的是德意志帝国海军的军旗，后来，这两艘军舰上挂上了土耳其帝国海军的军旗。其原因，还有一个小故事，这个小故事就跟德国舰队与协约国舰队的海上对决有关。

德国祖雄将军与"戈本"号

"戈本"号军舰本身就是一个传奇，先后为德国海军和土耳其海军服务，它是一艘战列巡洋舰。战列巡洋舰兼具战列舰和巡洋舰的优点，它不但具有战列舰强悍火力，又具有巡洋舰的高速度和持久巡航能力，是海战中的制胜的保证，所以战列巡洋舰成为当时各国海军进行军备竞赛加紧发展的一种战舰，但真正配备到本国海军系统中的，只有英国和德国，其他国家却还都处在研究和制造的阶段。

"戈本"号于1912年正式服务德帝国的海军系统，迅速成为德国海军的主力战舰之一。

最长寿的"戈本"号巡洋舰

要问世界上最长寿的军舰，就要数"戈本"号军舰了。"戈本"号巡洋舰经历了两次世界大战，先后服役于德国海军和奥斯曼土耳其帝国的海军，服役时间长达六十余年，没有一艘战列巡洋舰能够打破它的长寿纪录。

这艘"戈本"号战列巡洋舰曾经是一艘令敌人胆寒的巨舰，它满载排水量达到25399吨，航行速度达到25.5节，有1150名舰员。德国海军在这艘巨舰上配备了280毫米主炮10门、12门150毫米副炮。除此以外，它还装备了大量的重炮，仅100毫米以上的重炮就多达34门，在一分钟时间内，它能向23公里半径的任何目标就像倾盆大雨一样投下超过半吨的炸药。

"戈本"号服役可谓恰逢其时,当时的欧洲正处在第一次世界大战即将爆发的前夕,各国之间矛盾重重,剑拔弩张,大有一种"山雨欲来风满楼"之势。

▲送给土耳其的"布里斯劳"号

在"一战"爆发前夕,德国皇帝威廉二世,为了冲破英国皇家海军对德国海军的封锁,也为了炫耀"戈本"号战列巡洋舰的军威,更为地中海地区的意大利鼓舞斗志,派出"戈本"号战列巡洋舰和"布里斯劳"号战舰,在德国海军传奇将领祖雄的率领下,浩浩荡荡地驶过英国控制下的直布罗陀海峡,进入地中海。

"布里斯劳"号不同于"戈本"号战列巡洋舰,只是一艘小舰,吨位小,配备的大炮口径也很小。"布里斯劳"号排水量只有 4750 吨,拥有 370 舰员,只配有 12 门炮,而且大炮的口径也只有 102 毫米。在"布里斯劳"号和"戈本"号组成的德军地中海舰队中,"布里斯劳"号只是个小跟班,"戈本"号是绝对的舰队核心,是舰队的主力舰。

"戈本"号战列巡洋舰和"布里斯劳"号战舰这两艘军舰,成为德国在地中海地区的军事存在的象征,也是"一战"中德国海军在地中海仅有的两艘军舰。

1914 年 8 月 1 日,德国海军地中海舰队司令祖雄在"戈本"号上收到了德国国内的绝密电报命令,在这封命令中,德国军方高层说:"德意志帝国在之前已经对俄罗斯帝国正式宣战,而且即将对法国宣战。"这意味着,俄国和法国都将成为德国的敌人,也就成为德国海军的敌人。其实对突然发生的一切,祖雄将军早已有心理准备,他在进入地中海之前,就被军事高层暗示,德国随时都会与法国擦枪走火,进而发生全面战争。一旦这种情况发生,德国海军地中海舰队就要配合德军在欧洲战场对法军的进攻,于是祖雄将军的舰队对法国在北非的军事设施展开攻击。按照原来的计划,地中海舰队攻击完毕之后,即可后撤,穿越直布罗陀海峡,与德国海军的公海舰队会合。祖雄立刻指挥"戈本"号和"布里斯劳"号开往北非的法国殖民地阿尔及利亚的法军基地。

祖雄将军用"戈本"号上的大炮对阿尔及利亚的法军基地和军事设施进行了猛烈的轰击,但同时,法军对德国海军的炮击也进行了还击。就在双方打得难分难解的时,祖雄将军又接到了德军高层的命令,让德军的地中海舰队不再按照原计划西撤返回德国,而是继续东进前往地中海休整,然后开往土耳其帝国。土耳其此时正在"一战"中的两大阵营之间,即

▲阿尔及利亚的海军港口

协约国阵营和同盟国阵营之间摇摆,但土耳其对德军的军事依赖一直很强,以德军为首的同盟国阵营希望祖雄将军带领德国地中海舰队前往土耳其,以实际的军事支持,努力使土耳其加入同盟国阵营,从而成为德国的盟国。

地中海之战

▲"不屈"号战列巡洋舰

祖雄将军依据德国高层的命令,想逐步脱离轰击的法军,向东面的土耳其驶去。这时,祖雄将军发现,德军地中海舰队的形势十分不利。首先,地中海舰队的主力舰"戈本"出现了事故,其主机和高压锅炉都无法正常运转,需要立即抢修,另外,随之而来的对手英国皇家海军一直紧盯着"戈本"号。"戈本"号要进入地中海,是一直试图掌控地中海地区的英国不愿意看到的,英国皇家海军司令米尔内上将早就派出了一支舰队来追击德国海军的地中海舰队。米尔内上将的计划是死死地咬住"戈本"号,等到英国向德国宣战后的,英国皇家海军就第一时间消灭掉"戈本"号战舰,让德国地中海舰队从地中海彻底消失。

米尔内上将之所以能够如此自信,是因为他率领下的英国地中海舰队阵容庞大,其舰船众多,火力强大,在数量、排水量、火炮配备等方面都远远超过德国地中海舰队。

英国地中海舰队的主力舰是两艘战列巡洋舰,而德国地中海舰队仅有一艘"戈本"号战列巡洋舰。英国的这两艘战列巡洋舰分别是"不饶"号与"不屈"号,排水量分别是20200吨和22400吨,虽然每一艘英国战列巡洋舰的排水量都比"戈本"号战列巡洋舰的25399吨的排水量小,但两艘加起来的规模远远大于"戈本"号战列巡洋舰。而且,"不饶"号与"不屈"号配备的火炮口径达到了305毫米,比"戈本"号配备火炮的280毫米的

▲强大的英国舰队油画

口径大,其威力就更大,射程也更远。"不饶"号与"不屈"号都配有这种305毫米的火炮8门。另外,英国的地中海舰队还配有许多巡洋舰和驱逐舰,而德国地中海舰队仅仅有两艘战舰,除了"戈本"号能与英国地中海舰队相提并论外,"布里斯劳"号在排水量和火炮的口径方面根本不值一提。

祖雄知道,为了顺利率领德国地中海舰队到达土耳其的港口,就必须避免与英国地中海舰队正面冲突。于是乎,祖雄开始与英国地中海舰队玩起了"捉迷藏"。虽然"戈本"号出了

故障,但英国地中海舰队也有舰船发生事故,
这就在关键时刻错过了追上德国地中海舰队
的机会。祖雄指挥德国地中海舰队迅速赶到
意大利的港口。他迅速调集人员对"戈本"号
进行检修,确保"戈本"号不再出现事故,并且
给这两艘战舰加满了燃料,确保能够持续航行
到土耳其。

▲油画中的意大利港口

此刻,英国的地中海舰队已经追击到意大
利的港口了。本来,英国舰队可以直接进入港
口炮击德国舰队,但因为英国尚在"一战"中
保持中立,没有正式向德国宣战,英国地中海舰队司令米尔内只得眼看着德国的地中海
舰队近在眼前不能攻击。不过米尔内并没有消极等待,他已经在意大利外的公海上布下
了阵线,监视着德国地中海舰队进入。只等英国政府正式宣战,米尔内就能瞬间消灭德
国地中海舰队。

祖雄作为德国地中海舰队的司令,对米尔内的想法十分了解,他知道英国人随时都
会对德国宣战,他的舰队也随时成为英国地中海舰队的靶子。面对如此严峻形势,他不
愿意坐以待毙,他决定在尽量不与英国舰队硬碰硬的基础上,杀出一条血路,带领德国地
中海舰队不惜一切代价,逃离意大利的港口,驶到土耳其。祖雄将军对双方舰队对比分
析一番。祖雄将军发现,在理论上,英国海军的战列巡洋舰的速度比德国的"戈本"号巡
洋舰的速度快。但是,这场战争的主动权在德国人手里,英国的地中海舰队虽然以逸待
劳,但总有漏洞的地方,德国地中海舰队可以出敌不意,趁着英国人不注意,开动"戈本"
号超出英国海军的舰队阵线。这样"戈本"号就赢得了时间。一旦与英国战略巡洋舰拼
航速,"戈本"号未必是手下败将,虽然"戈本"号设计的航速是25.5节,但是"戈本"号的
航速达到28节是没问题的。这样"戈本"号的航速就超过了英国战略巡洋舰的航速,
"戈本"号驶到土耳其就是完全有可能的。

1912年8月5日夜,祖雄将军悄悄地带
着"戈本"号出发,准备突破英国皇家海军地
中海舰队的封锁线,直赴土耳其。也就是在此
时,英国宣布对德国开战。

意大利外海的英国地中海舰队为了将
"戈本"号俘获,包括2艘战列巡洋舰在内的
10艘战舰一字排开,布下了口袋阵,只等着祖
雄的德国地中海舰队往里面钻了。幸运的是,
米尔内太过于自信,他没想到祖雄竟然会带着
"戈本"号在内的德国地中海舰队会向东突

▲意大利外海

▲土耳其士兵在港口巡逻

围,驶往土耳其,在他眼里,弱小的德国地中海舰队面对英国皇家海军,只会拼命地逃回德国本土。因此,米尔内在意大利外海以西,在前往德国的海域设下了口袋阵,而前往土耳其的东面海域只安排了一艘巡洋舰。

米尔内的错误,再加上祖雄将军的机智英勇,德国地中海舰队都顺利地突围。英国人发现祖雄的真实意图后,米尔内发疯地指挥英国地中海舰队的所有舰队都朝东驶去,企图追上德国地中海舰队,将其一举歼灭。留在东面海域的那条英国巡洋舰发现德国地中海舰队后,不顾一切地追赶德国地中海舰队,死死咬住不放。其实德国地中海舰队早就发现了这艘英国巡洋舰,但祖雄一直遵循避开英国海军的原则,没有对这艘英国巡洋舰开炮。

第二天早晨,这艘英国巡洋舰不顾双方实力悬殊,追上了德国地中海舰队的"戈本"号。这艘英国巡洋舰首先对"戈本"号开炮了,"戈本"号也开炮还击,一场炮战就此爆发。这场英法海军的在地中海的海战也从此开始。

"戈本"号的使命是前往土耳其,所以它无心恋战。英德双方海军的炮战,只是互相远远地开炮,谁也没有命中谁。就在此时,英军地中海舰队的另外4艘军舰也追了上来。从数量上看,英国海军占据了优势,但总吨位上看,英国海军的5艘军舰都是巡洋舰和驱逐舰,根本无法与"戈本"号相提并论。如果双方真正摆开架势展开海战,"戈本"号完全可以以一敌五,而且"戈本"号的大炮射程比这些英国战舰都远。

"戈本"号始终没有停下来与英国战舰正面交战,而是边打边跑。最终,在8月10日,祖雄率领"戈本"号以及"布里斯劳"号组成的德国海军地中海舰队,经过长途跋涉,克服艰难险阻,终于来到奥斯曼土耳其帝国的海域。由于土耳其国在此时尚且保持中立,德国地中海舰队进入其海域后就安全了,因为英国海军不经土耳其的允许,是不能进入土耳其海域攻击的。

▲"戈本"号进入土耳其港口

土耳其人从没有见过"戈本"号这样雄伟,如此先进的战列巡洋舰,他们举行盛大的欢迎仪式,欢迎德国的地中海舰队进入土耳其海域。祖雄率领"戈本"号和"布里斯劳"号组成的德国地中海舰队浩浩荡荡地穿越博斯普鲁斯海峡,在土耳其人的注视下,进入伊斯坦布尔港口。

也就是从这时开始,"戈本"号战列巡洋舰成为土耳其人谈论的话题,都给予这艘军舰正面的评价,而且他们都希望土耳其也拥有这样一艘巨大的战舰,以重振土耳其帝国日暮西山的状况。

祖雄此行,可不是带着德国地中海舰队到土耳其避难的,他千里迢迢地赶到这里,是带有艰巨的政治目的,就是说服土耳其放弃对英国的幻想,投向以德国为首的同盟国阵营。

此刻的土耳其已不是历史上那个辉煌的奥斯曼土耳其帝国,已是行将就木的老病之躯,它在中东、北非的领土纷纷被其他大国蚕食,在北方,如今又面临俄罗斯帝国的威胁。

"一战"爆发后,土耳其的友国和宿敌都纷纷加入战局,土耳其也面临了重大的抉择,是参加英法俄组成的协约国阵营,还是参加德国和奥匈帝国组成的同盟国阵营?土耳其人本来和英国是友好国家,在土耳其人的克里米亚战争期间,英国不惜一切代价帮助土耳其,土耳其人深受感动,所以,土耳其倾向于加入英国人占主导的协约国集团,可是英国人却让土耳其的宿敌俄国加入协约国,并且没有事先把这个消息通报给土耳其,土耳其人对此很是愤慨,开始犹豫是否追随英

▲土耳其苏丹

国加入协约国阵营了。而这时,英国海军大臣丘吉尔又干了一件伤害土耳其感情的事情,那就是将土耳其人在英国定做的、已经付款了的一艘超无畏级军舰,以英国皇家海军的战时需要的名义,扣留在英国的造船厂。这艘军舰可是全体土耳其人捐款定做的,寄托了土耳其人恢复大国荣光的梦想。丘吉尔此举,让土耳其人对英国彻底失望了。这也是土耳其人为什么在此刻不惜与英国人翻脸,迎接被英国人追赶的德国地中海舰队的原因。

德国人不想俄国人侵占土耳其的领土,也不像英国人那样不停地损害土耳其的利

益,德国人是真诚地来寻求土耳其的结盟,为此,德国人还要使出浑身的解数。

祖雄率领德国土耳其舰队来到伊斯坦布尔之后,就立即跟随德国驻土耳其的大使一起,前往拜访土耳其的苏丹,以说服土耳其加入同盟国阵营。德国人可不是空着手去拜见苏丹的。德国人信奉"舍不得孩子套不住狼"的道理,为了拉拢土耳其加入同盟国阵营,德国准备砸下血本,祖雄在拜见苏丹的时候,就慷慨地告诉土耳其苏丹,他代表德国政府将德

▲德国军舰质量一流

▲落后的土耳其急需德国的援助

国地中海舰队的"戈本"号和"布里斯劳"号无偿赠送给土耳其政府。

这样一来，土耳其的海军一跃就成为欧洲一流海军了。在这之前，土耳其的军舰都非常老旧，只能在近海执行一些巡逻任务，有了这两艘德国造的军舰之后，土耳其的海军也能在地中海地区活跃起来。

土耳其苏丹面对德国人的厚礼，再一想英国扣留土耳其订购的军舰的行为，不免对德国人另眼相看。德国人送给苏丹的可是当时最先进的战列巡洋舰，而土耳其人被扣留的军舰，在英国人的傲慢干预下，其战斗力和防御性都很差劲，航速也不快。相比较于德国人的慷慨，英国人的无理和傲慢，令土耳其人备感屈辱，雪中送炭的德国人无疑能得到土耳其苏丹信任。

最终土耳其政府权衡利弊，决定加入协约国阵营。土耳其的这一举动，无疑改变了"一战"后来的战局。事后，英国才知道当初扣押土耳其订购的军舰的举动是多么错误，而英国扣押的这艘军舰被改名为"爱尔兰"号，在英国皇家海军服役，在"一战"中也表现平平，并未给英国带来什么实质性的利益。

土耳其海军鸟枪换炮

祖雄率领的德国地中海舰队划归到了土耳其海军序列，土耳其海军举行了盛大的命名仪式，"戈本"号被土耳其人郑重其事地重新命名为"亚沃土·塞利姆苏丹"号，"塞利姆苏丹"是奥斯曼土耳其帝国的开国君主，土耳其人之所以这样命名，是希望这艘军舰能

▲"戈本"号归为土耳其

够为土耳其开疆辟土，重创历史上的辉煌。而"亚沃土"是土耳其语，其意思就是"伟大与正确"。"布里斯劳"号也被土耳其人重新命名为"米蒂里"号。

土耳其海军由于缺乏驾驭现代战舰的人，这两艘德国军舰上的水兵和舰员仍然留守原舰，而且他们的指挥官仍然是祖雄将军。不仅如此，土耳其苏丹还任命祖雄将军为土耳其的海军司令，把土耳其海军其余的海军舰船和士兵都送给祖雄将军领导，供其调遣。

祖雄将军发挥了德国人特有的严谨负责任的品质，对于其顶头上司土耳其海军大臣十分忠诚。而土耳其海军大臣也很佩服祖雄将军的为人以及卓越的海军指挥能力，就将土耳其海军的指挥大权全部下放祖雄将军，他本人基本上不干涉祖雄将军的作战和训练工作。

　　祖雄将军放手大干,他作为土耳其海军司令,率领"亚沃土·塞利姆苏丹"号与"米蒂里"号在马尔马拉海和黑海进行了一系列的巡航和演习活动。他还将"亚沃土·塞利姆苏丹"号与"米蒂里"号战舰维修保养得非常好,随时都可以出海作战。而且,他以土耳其的宿敌俄国为假想敌,为土耳其海军制定了一套完整的作战方案。

土耳其与俄国的索切角海战

索切角海战打疼了俄国海军，这之后，黑海海域一直处于平静状态，一直没有大的海战爆发。土耳其控制着黑海的南岸，俄罗斯控制着黑海的北岸，隔海相望，形成了对峙局面。

祖雄的突然袭击

1914 年 10 月 29 日，祖雄在土耳其海军大臣的命令下，率领"亚沃土·塞利姆苏丹"号战列巡洋舰和"米蒂里"号来到黑海地区的俄国港口城市塞瓦斯托波尔，进行一次突然袭

▲今日塞瓦斯特波尔港口

击。这也是"一战"中，土耳其作为同盟国阵营的一员，对属于协约国的俄国打响的第一炮。

此次作战，可谓旗开得胜，战果颇丰。俄国海军面对祖雄的袭击，猝不及防，根本没时间反应，导致俄国海军的一艘驱逐舰被击中，遭到重创。另外，俄国海军的一艘扫雷艇当即就被击沉。而且，祖雄指挥"亚沃土·塞利姆苏丹"号战列巡洋舰上的大炮对准俄国海军塞瓦斯托波尔港的弹药库猛轰，引燃了弹药库，引发了大爆炸，俄国海军在塞瓦斯托波尔港建的许多设置都被炸毁。

等俄国海军缓过神来，"亚沃土·塞利姆苏丹"号战列巡洋舰已经准备返航。俄国炮台这时候才开始还击，俄军的大口径火炮射出的炮弹击中"亚沃土·塞利姆苏丹"号战列巡洋舰的烟囱，因为"亚沃土·塞利姆苏丹"号护板非常厚，将这发炮弹挡了下来，烟囱一点也没有损坏。

此时俄国渡轮"艾达"号经过塞瓦斯托波尔港，看到"亚沃土·塞利姆苏丹"号战列巡洋舰袭击俄国海军，这艘渡轮也加入到战斗中来，它对"亚沃土·塞利姆苏丹"号战列巡洋舰开炮，但没有击中。不幸的是，"艾达"号航速太慢，在"亚沃土·塞利姆苏丹"号战列巡洋舰的追击下，最终成了俘虏。

"米蒂里"号在"亚沃土·塞利姆苏丹"号战列巡洋舰袭击塞瓦斯托波尔港时，就在当天夜间在刻赤海峡的入口处布下了水雷，这些水雷炸沉了两艘俄国渡轮。

祖雄率领的以德国军舰为主体的土耳其海军，初次与俄国海军交战，就大获全胜，这让土耳其举国沸腾，祖雄也因此成为土耳其的英雄人物。

▲俄国黑海舰队

土俄两国正式宣战

俄国因祖雄的这次偷袭,在第二天,即10月30日,正式宣布对土耳其宣战,俄国随即与土耳其进入战争状态,英国和法国作为俄国的盟国,按照协约规定,也对土耳其宣战。

11月15日,俄国为了报仇,派遣安德烈中将率领俄国海军黑海舰队,进入地中海,采用突然袭击的方式,猛烈攻击土耳其的港口。黑海舰队攻击后,在土耳其人报复之前快速离开。这让祖雄将军很气愤,他立即集结"亚沃土·塞利姆苏丹"号战列巡洋舰等军舰,发誓要找到俄国黑海舰队,与之交战。

俄国的黑海舰队的舰船数量多,而且拥有6万吨以上的战列舰,而且是无畏级的,但是,这些战舰都已经老旧,无法与"亚沃土·塞利姆苏丹"号战列巡洋舰相提并论,而且这些的航速比"亚沃土·塞利姆苏丹"号战列巡洋舰少了10节。"亚沃土·塞利姆苏丹"号战列巡洋舰为首的土耳其海军对阵俄国黑海舰队,一场海战即将开始。

11月17日的凌晨,俄国黑海舰队还是采用原来的战术,袭击了土耳其最重要的煤炭港口特拉布宗。俄国黑海舰队炮击特拉布宗,令其陷入一片火海之后,立即撤离。但这次祖雄将军提前获得了情报,他当即下令"亚沃土·塞利姆苏丹"号和"米蒂里"号出发,寻机与俄国黑海舰队决战。

▲战斗中的"亚沃土·塞利姆苏丹"号

俄国黑海舰队在此次出征中,出动了5艘战列舰、2艘巡洋舰和12艘驱逐舰,实力不容小觑,但祖雄将军却准备迎头截击这支舰队,足见他的勇气。当然,这种勇气是建立在对俄国黑海舰队的彻底了解的基础上的。祖雄将军了解到,俄国黑海舰队不仅舰船老旧,而且舰上的士兵训练严重不足,士气也非常低,所以,祖雄将军觉得完全有信心击败俄国黑海舰队。

11月18日上午11点50分,俄国黑海舰队的"阿尔马兹"号在克里米亚半岛的南端索切角首先发现了祖雄率领的前来截击他们的土耳其海军,他立即向旗舰报告。随后,在12点10分,土耳其海军的"米蒂里"号也发现了"阿尔马兹"号,祖雄将军得知俄国黑海舰队就在眼前时,亲自坐镇"亚沃土·塞利姆苏丹"号,要彻底消灭俄国黑海舰队,为此,他向"亚沃土·塞利姆苏丹"号上的全体舰员做了一次激动人心的动员讲话,他说："我们盼望已久的这一刻终于到来了，我们伟大的战舰将会向世人证明俄国的舰船是多么不堪一击。"

俄国黑海舰队的安德烈将军得知土耳其海军截击的消息后，也打算就此与土耳其海军一较高下。安德烈将军透过望远镜，仔细地观察土耳其海军的方向，他发现"亚沃土·塞利姆苏丹"号从迷雾中逐渐显现出来，正朝着自己坐镇的旗舰"埃菲斯塔菲"号的右前方驶来。

面对祖雄的率先出击，安德烈沉着冷静，他下令"埃菲斯塔菲"号转舵，避开"亚沃土·塞利姆苏丹"号的进攻，并让"埃菲斯塔菲"号与"亚沃土·塞利姆苏丹"号保持 90 度角，以抢占海战的有利位置。

12 点 20 分，安德烈指挥"埃菲斯塔菲"号对准"亚沃土·塞利姆苏丹"号猛烈射击。这一次，"亚沃土·塞利姆苏丹"号没有先前那么幸运了，在"埃菲斯塔菲"号的密集炮火下不幸中弹，"亚沃土·塞利姆苏丹"号被击中的是舰身的中部，"亚沃土·塞利姆苏丹"号的装甲带没能挡住炮弹，被炮弹撕开，"亚沃土·塞利姆苏丹"号的炮弹被引爆。

▲"亚沃土·塞利姆苏丹"号的大口径火炮

祖雄万没想到"埃菲斯塔菲"号能有如此强悍的战力，他赶紧指挥还击，并且重新审视他的战术计划，并对自己制定的这个以少胜多的计划产生了怀疑。但是，祖雄没想到，在"亚沃土·塞利姆苏丹"号的还击下，俄国黑海舰队顿时陷入混乱，只有一艘"埃菲斯塔菲"号保持稳定，能独自与土耳其海军激战。

原来是出现在海上的雾霭阻碍了俄国黑海舰队的调遣。俄国黑海舰队中只有"埃菲斯塔菲"看得见"亚沃土·塞利姆苏丹"号，而其他的俄国战舰，特别是担任火力支援的"扎拉图斯特"号无法看清土耳其海军的舰船，所以，这些俄国战舰被"亚沃土·塞利姆苏丹"号炮击后，因为无法瞄准，不知道如何还击，又因为无法看清旗舰的旗语，接收不到完整的命令，只得自顾自地乱打一气，从而陷入了混乱的局面。

这场海战演变成了俄国黑海舰队的"埃菲斯塔菲"号对阵包括"亚沃土·塞利姆苏丹"号在内的土耳其所有战舰的局面。"亚沃土·塞利姆苏丹"号远比"埃菲斯塔菲"号先进，而且火炮的口径更大，炮击也更准确更猛烈。"亚沃土·塞利姆苏丹"号虽然被"埃菲斯塔菲"号击中过一次，但它还击起来，也是凶悍的。"亚沃土·塞利姆苏丹"号对准"埃菲斯塔菲"号进行了一次火炮齐射，其中两发炮弹击中了"埃菲斯塔菲"号，一发击中了烟囱，一发击中了船身，"埃菲斯塔菲"号损伤严重。

接下来，这两艘军舰开始逼近到 6800 码，互相之间离得非常之近，并随即开始了海上的肉搏战。在 15 分钟的时间内，"亚沃土·塞利姆苏丹"号用大口径的炮弹 4 次击中

▲"伊丽莎白女王"号

"埃菲斯塔菲"号，导致"埃菲斯塔菲"号无法掌握平衡，开始在海上打转，有近百名舰员和水手丧命。"埃菲斯塔菲"号也向"亚沃土·塞利姆苏丹"号发射十多发炮弹，导致"亚沃土·塞利姆苏丹"号主甲板被击中，炸开了一个大缺口，甲板上引起了大火。

"埃菲斯塔菲"号眼看就要招架不住了，但在这千钧一发之际，"亚沃土·塞利姆苏丹"号不是继续炮击"埃菲斯塔菲"号，而是突然撤退，并迅速消失在海上的浓雾里。俄国黑海舰队的安德烈愣了一会儿，然后高兴地向舰队全体成员宣布，俄国黑海舰队获得这次海战的胜利。

其实这次海战，双方打个平手，祖雄率领的土耳其海军将俄国黑海舰队打得损失惨重，但俄国人认为俄国黑海舰队最大的战果是"亚沃土·塞利姆苏丹"号的撤退，他们认为"亚沃土·塞利姆苏丹"号是被他们赶走的。

祖雄突然间命令"亚沃土·塞利姆苏丹"号撤退，主要是为了保存实力，他不想这支德国送给土耳其的战舰有个闪失。对于土耳其海军来说，"亚沃土·塞利姆苏丹"号是其主力中主力，失去了这艘战列巡洋舰，土耳其海军将回归三流海军之列。所以，祖雄在关键时刻动摇了。

祖雄在这次战役中也犯了轻敌的毛病，他错误地认为俄国黑海舰队不堪一击，想凭借"亚沃土·塞利姆苏丹"号战列巡洋舰的巨大优势，以少胜多，截杀俄国黑海舰队，以证明俄国的战舰是多么老旧，证明俄国人的士气是多么低下。他万没想到，俄国人海军官兵面临绝境后，会迸发出高昂的士气，和那敢打硬仗的勇气。

这场土耳其与俄国的索切角海战的重大意义就在于土耳其海军和俄国海军都看清楚了对方的实力，并且对对方的战斗力产生了畏惧心理，此后谁也不敢轻易重启战端，更不会幻想彻底消灭对方。

此后的黑海海域一直处于平静状态，一直没有大的海战爆发。土耳其控制着黑海的南岸，俄罗斯控制着黑海的北岸，隔海相望，形成了对峙局面。

再次偷袭俄国海军

▲二战的"戈本"号

1915 年 2 月，英法联合舰队袭击土耳其的达达尼尔海峡，由此爆发了达达尼尔海峡之战，土耳其在祖雄等德国顾问的指导下，主要用布水雷的方式，成功地阻挡了英法联军舰队进入伊斯坦布尔港的企图。

"亚沃土·塞利姆苏丹"号在战争的初期并未参与这场战争，而是一直处于大修状态。直到1915年的5月10日，"亚沃土·塞利姆苏丹"号才再一次现身。当时，俄国海军为了配合英法联合舰队对土耳其的攻击，经常派遣修理好的"埃菲斯塔菲"号炮击土耳其港口。"埃菲斯塔菲"号这天完成炮击任务后，在返航的途中遭遇了"亚沃土·塞利姆苏丹"号。祖雄带领"亚沃土·塞利姆苏丹"号突然袭击"埃菲斯塔菲"号，向其发射了大口径炮弹。

"埃菲斯塔菲"号上的官兵有了上次索切角海战的教训，无心恋战，迅速逃离。"亚沃土·塞利姆苏丹"号继续开炮，连续炮击了20分钟，但无一发炮弹击中"埃菲斯塔菲"号。

此后俄国的两艘战舰赶来支援，祖雄命令"亚沃土·塞利姆苏丹"号迅速撤离战场不再与俄军战舰面对面对抗。

祖雄这次的袭击，其主要目的是想给俄国战舰一个教训，让他们此后再也不敢驶进土耳其海岸炮击土耳其港口了。而此时，祖雄对于达达尼尔海峡的英法联合舰队的实力也很清楚，知道单凭"亚沃土·塞利姆苏丹"号是无法击败英法联合舰队的，所以一直没有参加达达尼尔海战。

直到加里波利战役爆发，"亚沃土·塞利姆苏丹"号又出击，与英国最为先进的"伊丽莎白女王"号战列巡洋舰隔着海峡互相炮击，但因为双方都没有继续逼近对方，所以彼此都没有被炮弹击中。

"亚沃土·塞利姆苏丹"号的归宿

"一战"期间，"亚沃土·塞利姆苏丹"号战略巡洋舰作为土耳其海军的主力，一直被土耳其海军小心呵护，很少让其参加海上作战。而"亚沃土·塞利姆苏丹"号战列巡洋舰的指挥官祖雄将军也在1917年离开土耳其，回到德国，担任德国海军参谋长。

直到"一战"结束，德国人作为战败国，不得不服从战胜国英国的命令，将投降英国的74艘各种战舰全部凿沉，而"亚沃土·塞利姆苏丹"号战列巡洋舰，这艘德国海军曾经的"戈本"号战列巡洋舰，一直留在土耳其，成为德国仅存的唯一一艘战列巡洋舰。

"亚沃土·塞利姆苏丹"号战列巡洋舰一直在土耳其海军服役，并且经历了第二次世界大战的洗礼，在1966年才正式退役。退役后，土耳其打算将这艘战列巡洋舰再次返还德国，但苏联反对，最后德国不得不通过购买的方式，让这艘离开德国本土半个世纪的战列巡洋舰重回德国。

1976年2月，这艘战列巡洋舰被拆成废钢出售。

德国斯佩舰队猎杀英国舰队

　　德国斯佩舰队是一支传奇的舰队。斯佩舰队的司令斯佩也是一个传奇人物,斯佩被德国人誉为德国海军的军魂。第一次世界大战爆发后,斯佩率领德国舰队的4艘军舰为避开日本军舰的打击,从中国青岛出发,前往南美洲。斯佩舰队经过的路途坎坷,一路上都面临英国皇家海军的围追堵截,随时都有被消灭的危险,但斯佩沉着冷静、灵活应对,给予围堵他的英国皇家海军以重创,成就了他在海战史上的威名。

德国海军斯佩舰队

　　在"一战"爆发前,德国就与英国开始了海上霸权的争夺。英国作为老牌殖民国家,其殖民地遍及全世界,德国作为后起之秀,其向外扩张时,已经没有什么殖民地可占了,无奈,德国只能见缝插针,设法获得一些小块的殖民地,以作为与英国争霸的本钱。

　　1898年,德国人抢占了中国的胶州湾作为海军基地,这是德国人在远东占据的一块比较大的殖民地。除了通过武力抢占殖民地,德国还凭借其强大的经济实力,通过购买的方式从老牌殖民国家手里购买殖民地。因此,德国先后从西班牙购买了加罗林群岛、马绍尔群岛和马里亚纳群岛等。

> ### 德国军魂斯佩
>
> 　　斯佩伯爵是"一战"中德国海军的代表人物,被誉为德国海军的军魂。"一战"爆发时,他是德国海军在东亚地区的舰队司令,中将军衔,此人足智多谋,在德国海军中有"小诸葛"的称号。
>
> 　　斯佩伯爵有一句豪言壮语:"我有幸与英国皇家海军在七个海域进行过坚决的斗争。为了将德意志的光荣与伟大的意志发扬光大,我们军人要继承德意志的精神,不断战斗。为了日耳曼民族的尊严,为了德意志帝国的利益,我们军人要做好流血牺牲的一切准备。"

　　德国的殖民地大都夹杂在英法殖民地之间,为了保护这些殖民地的利益,德国必须派出海军力量在这些殖民地之间来回巡视。而且,为了确保军舰的续航能力,德国海军在殖民地的港口建有加煤站,为德国军舰定期提供煤炭资源,并提供日常的保养。

　　在"一战"之前的很长一段时间,随着德国海军不断发展壮大,其外派的战舰数量也非常多,基本可以确保每块殖民地都有几艘军舰定期巡视保卫。但"一战"爆发前夕,德国海军和英国皇家海军处于剑拔弩张的局面,德国海军为了威胁英国本土,不得不将主力舰队留在德国本土的威廉港和基尔港基地,这样一来,巡视德国海外殖民地的战舰就显得捉襟见肘了。

　　当时在世界各大洋,只有8艘德国战舰在巡视这些海外殖民地。这8艘巡视海外殖民地的德国海军军舰中,有4艘隶属于斯佩将军率领的舰队。斯佩率领的这4艘战舰,

▲ 斯佩伯爵

包括两艘装甲巡洋舰和两艘轻巡洋舰。装甲巡洋舰分别是"沙恩霍斯"号和"格奈森诺"号,两艘轻巡洋舰分别是"埃姆登"号和"纽伦堡"号。德国海军另外4艘巡视海外殖民地的战舰分别是"德雷斯顿"号、"卡尔斯鲁厄"号、"莱比锡"号和"柯尼斯堡"号轻巡洋舰。"德雷斯顿"号、"卡尔斯鲁厄"号在加勒比海地区巡视德国在南美洲的殖民地,"莱比锡"号和"柯尼斯堡"号轻巡洋舰分别在墨西哥西海岸和东非沿海巡视。

斯佩舰队的巡视范围是东亚地区,主要包括中国青岛和大洋洲的加罗林群岛。"一战"爆发后,日本为了争夺德国的中国青岛,宣布加入协约国阵营,并向德国宣战,日本派遣海军在中国山东登陆,斯佩舰队巡视的殖民地遭到日本海军的威胁。斯佩自知靠他的这支舰队的实力,敌不过日本海军,为了保存实力,他不得不避开日本海军,一路向南美西海岸进发,这里也有德国的殖民地,斯佩舰队可以以这里的殖民地为基地,先图生存,再图发展。

斯佩舰队在向南美进发的途中,在印度短暂停留,并派遣"埃姆登"号装甲巡洋舰留在此地的海域单独行动。在印度洋的复活节岛,"埃姆登"号与德国海军的"德雷斯顿"号、"莱比锡"号会合,并将这两艘轻巡洋舰收编于德国海军斯佩舰队名下。

原来,在加勒比海活动的"德雷斯顿"号也因第一次世界大战的爆发,遭遇英法海军的驱赶,"德雷斯顿"号不敌英法海军的战舰,被一路从大西洋驱赶到太平洋。而"莱比锡"号也是为了避开英法联合舰队的攻击,来到大西洋的。"莱比锡"号先与"德雷斯顿"号会合,这两艘德国海军的战舰决定抱团取暖,它们碰到"埃姆登"号,就顺理成章地加入斯佩舰队序列,跟着斯佩将军冲锋陷阵了。

有了两艘战舰的加入,斯佩舰队实力也大增,足以和任何一支英国皇家海军的舰队一较高低了。同时,斯佩将军是幸运的,德国分布在各大洋的8艘战舰,其中6艘聚集在他麾下。这6艘军舰形成的一个拳头,战斗力不可小觑。斯佩舰队在大洋中浩浩荡荡地巡弋,所向披靡,一般的舰队是不敢上前招惹他们的。此时,斯佩舰队面对的敌人只有一个,那就是英国皇家海军舰队。

▲德国斯佩舰队

英国皇家海军克拉多克舰队

英国皇家海军中能与斯佩舰队正面交锋

的舰队也不多,这是因为英国皇家海军的大部分战舰都集中在北海－多佛角－直布罗陀一线,其目的是监视留在德国军港内的德国公海舰队。英国在各大洋上也只有几支舰队有实力与斯佩舰队对抗,而这之中,以英国皇家海军少将克拉多克率领的舰队实力最强。此时这支英国舰队奉命前往加勒比海,要与德国海军的"德雷斯顿"号、"卡尔斯鲁厄"号交战,谁知,"卡尔斯鲁厄"号不知去向,"德雷斯顿"号加入了斯佩舰队。英国的卡拉克舰队就从加勒比海一路南下,全力搜查这两艘战舰。

克拉多克发现"德雷斯顿"号有了斯佩舰队这个坚强的后盾后,知道他的这支英国舰队必会同斯佩舰队有"一战"。所以,克拉多克迫切希望增强他这支舰队的实力,为此,他向英国国内的海军部提出了求援的请求。英国的海军部正全力布局对德国本土的封锁,但凡能用的战舰都派去封锁德国军港了,他们对克拉多克的求援,拖了好长一段时间,才派"卡诺帕斯"号来支援克拉多克。"卡诺帕斯"号

▲复活节岛

虽然是一艘无畏级战列舰,但是这艘战列舰已经老掉牙了,故障多航速十分慢,堪称老爷舰。克拉多克对此十分不满意,但他最不满意的还是"卡诺帕斯"号的官兵素质,这些官兵都是后备役官兵,他们基本上没有经过训练,就连开炮都不会。

克拉多克来不及抱怨,就有了敌情。情报得知,德国的战舰准备对智利附近的英国运输线进行打击。英国与南美的运输线如果被切断,对英国经济的打击将非常之大,克拉多克不能坐视不管,他立即决定前去保护英国的运输线。

克拉多克舰队这要长途远征,如果带上航速又慢,而且故障又多的"卡诺帕斯"号一起行动,显然不是一个好主意。"卡诺帕斯"号,这艘英国海军部派来支援卡拉克舰队的战舰,在此刻成了克拉多克舰队的累赘。克拉多克决定抛下这艘老旧战舰,于是他带领旗下的"好望角"号、"蒙默斯"号装甲巡洋舰、"格拉斯哥"号轻巡洋舰和"奥特朗托"号辅助巡洋舰,于10月21日采取行动。在这支舰队里,"好望角"号是克拉多克的旗舰。

克拉多克现在要穿过麦哲伦海峡,沿着智利沿岸北上,去寻找企图对英国运输线下手的德国战舰,并将其消灭。

▲克拉多克

克拉多克舰队与斯佩舰队的海战

10月29日,英国克拉多克舰队来到南美海域,克拉多克派遣舰队中航速较快的"格拉斯哥"号到智利的克罗内尔港口南部搜索德国舰队。在搜索的第二天,即31日,"格拉斯哥"号有了收获,他们截获了一艘补给船的无线电电报,这份电报是发给德国战舰的。他们终于找到了德国战舰的踪迹。

克拉多克分析这份电报的电文,认为这艘与补给舰联系的战舰,就是从加勒比海逃出来的德国战舰"德雷斯顿"号,而且克拉多克很明确地判断出"德雷斯顿"号是在单独活动。对克拉多克的舰队来说,这是一个消灭"德雷斯顿"号的最佳战机,克拉多克下令"格拉斯哥"号停止搜索,迅速与舰队主力会合,然后同舰队一起向德舰"德雷斯顿"号所在的北方海域驶进。

11月1日,舰队来到北方的海域,他立即派遣四艘英国战舰呈扇形向北搜索前进,军舰之间隔着30千米的间隙,确保不让"德雷斯顿"号溜掉。

▲"莱比锡"号

在下午4时20分,一直担任前方搜索任务的英舰"格拉斯哥"号再次传来消息,他们的观察员在右舷前方发现一缕浓烟。"格拉斯哥"号的舰长约翰·卢斯凭借多年的经验,判断这艘浓烟是战舰的烟囱冒出来的,而且他还基本判断出这艘战舰就是德舰"德雷斯顿"号,他十分高兴,立即用无线电向克拉多克报告了。实际上这艘德舰是"莱比锡"号,不过这判断上的瑕疵,不能说明约翰·卢斯舰长的军事素养就不高。

克拉多克听完约翰·卢斯舰长汇报十分高兴,他的这支英国舰队,消灭"德雷斯顿"号是很有把握的。但是20分钟后,约翰·卢斯舰长又有了惊人的发现,他在给克拉多克的无线电报告中震惊了:德国海军这次至少出动了两艘装甲巡洋舰与一艘轻巡洋舰,而且这些德国战舰是呈战斗编队前进的,似乎是有备而来。

克拉多克也大惊,他迅速在脑海里把自己舰队的战舰实力与德国前来的三艘战舰实力做了一番比较:德国的两艘装甲巡洋舰"沙恩霍斯 特"号和"格奈森诺"号十分相近,都是德国在1907年新建,这两艘德国装甲巡洋舰的火力配置也非常优良,各艘战舰都装8门210毫米和6门150毫米火炮。得益于德国人与生俱来的优良制造技术,德国火炮的稳定性非常好,这使得这些火炮能在风浪中快速准确地射击。另外,德国水兵的训练十分严格,个个都是炮术精湛,堪称神炮手。相比较于德国的战甲巡洋舰,克拉多克率领的英国舰队的战舰就稍微逊色了一些。克拉多克的旗舰"好望角"号1902年就已经建成,上面装备的火力包括4门234毫米火炮和16门152毫米火炮,这些火炮口径十分大，但这些火炮的射程、射速和瞄准性都比不上德国的装甲巡洋舰。英国战舰"蒙默斯"号仅有 14 门 152 毫米火炮。克拉多克对于炮火威力逊色于德国战舰还不是很担心，他更担心的是这两艘战舰上的英国舰员的素质，这些海军士兵与军官多是义务兵和士官生，他们技术生疏，而且严重缺乏作战经验。英国战舰"奥特朗托"号则是一艘改装的轻型巡洋舰，在改装之前是一艘客轮，其战斗力自然不高，与德国 1911 年服役的新式轻巡洋舰相比，差了一

"卡诺帕斯"号

大截。"奥特朗托"号只有 2 门 152 毫米火炮，火力非常弱，而且这艘改装的战舰没有装甲保护，这艘轻型巡洋舰遭遇德国舰队的主力舰，很快就会败下阵来，但是用这艘轻型巡洋舰来对付德国轻巡洋舰，还是能抵挡一阵子的。

克拉多克通过对比英德两支舰队的实力，明显地感觉英国舰队实力稍逊于德国舰队，如果贸然与德国舰队交战，对英国舰队是不利的。

克拉多克其实还有一个非常好的选项，那就是先向南撤退，与他抛下的"卡诺帕斯"号会合，然后再与德国舰队交战。"卡诺帕斯"号虽然老旧，而且舰员的军事素质不高，但是"卡诺帕斯"号的火力非常猛烈，上面配有 4 门 305 毫米巨炮。有了这样的巨炮支援，克拉多克就可以信心百倍地带着英国舰队与德国舰队一较高下了。而且克拉多克的这个选项，是完全可以做到的。首先，他率领的战舰航速是非常快的，不比德舰低，而且英国舰队距离德国舰队较远。所以英国舰队可以从容地向南撤退，德国舰队即使发现英国舰队，也是无法追上的。其次，"卡诺帕斯"号此刻也正在与他会合中，"卡诺帕斯"号虽然航速只有 12 节，但是它离英国舰队只有 300 千米的距离。

但克拉多克没有选择这个选项，他是英国的海军将军，有着傲慢的性格，不会轻易后撤的。另外，英国海军部也是不希望手下的将军们再遭遇德国舰队，不是主动攻击，而采取撤退这样愚蠢的举动。如果克拉多克真的撤退了，弄不好他会被英国海军部按上一个"临阵脱逃"的罪名。因为克拉多克本人被辱事小，要是这件事情传出去，将会污辱皇家海军的声誉。

▲"俾斯麦"号

克拉多克率领的英国舰队之所以敢于在略低于德国斯佩舰队的实力时勇于面对，还有一个原因是基于英国皇家海军由来已久的自信。英国的殖民地遍布天下，其海军战舰也数量多、分布广，在世界各大洋游弋，拥有全球快

速部署的能力。这就意味着克拉多克与德国舰队战斗期间，随时都有可能遇到路过的英国战舰前来支援。所以克拉多克只要在交战中将德国舰队重创，使其战斗力大大削弱，后续就能有英国主力舰队赶来支援。这样，英国舰队就能轻易地将德国舰队消灭殆尽。德国的舰队大多龟缩在德国本土军港里，可没有那么多支援力量。

　　克拉多克的这种自信一点也不盲目，在英国皇家海军的战史上，像克拉多克遭到的这种实例很多，譬如英国皇家海军的霍兰中将面对德国战舰"俾斯麦"号的海战、英国皇家海军哈伍德中将面对"格拉夫·斯佩"号的海战，其英国皇家海军的舰队指挥官都在实力低于对手的情况下，抱着这种自信的信念挑战强大的对手，并获得了成功。所以，克拉多克决定效仿英国皇家海军的前辈，与德国舰队决一死战。

　　克拉多克决心已下，当即率领英国舰队向东行驶，尽快靠近德舰，做好突然袭击的准备。到了5点，克拉多克下令舰队收拢成扇形编队前进，众多英国战舰采用统一的航速，快速向旗舰"好望角"号集中。在5点47分时，英国舰队在海上集结成纵队，充当先锋的是旗舰"好望角"号，"蒙默斯"号和"格拉斯哥"号居中，"奥特朗托"号充当后卫，这时克拉多克命令英国舰队全体向南转向，其航向与德国舰队航线近乎平行。

　　这时，德国斯佩舰队的"莱比锡"号才通过观察发现了英国舰队的"格拉斯哥"号。"莱比锡"号的舰长觉得此事非同小可，立即报告舰队司令斯佩。斯佩也大吃一惊，在此时此地，他的舰队竟然遇上一只英国舰队，非常不可思议。但他并不担心，因为他的舰队占据的位置十分有利，而且他的舰队已呈战斗纵队前进，可以随时对付来犯之敌。

　　斯佩舰队的战斗队形中，由前向后排列的战舰分别是"沙恩霍斯特"号、"格奈森诺"号、"莱比锡"号和"德雷斯顿"号。而德国斯佩舰队的"纽伦堡"号，这时候并不在舰队战斗之列，还在距离舰队50多千米外的北方海域，它刚从瓦尔帕莱索补给完毕，此时斯佩立即命令它迅速归队。

　　4点40分，斯佩决定率领他的德国舰队与要挑战他的英国舰队一较高低，于是，他命令全体德国舰队向西南方向快速推进。6点4分，斯佩又将航向向南调整，确保德国舰队与英国舰队并列行驶。

海上已经弥漫了硝烟味！

　　6点18分，克拉多克已经等不及了，他发誓要消灭德国舰队，于是，他命令英国舰队将航速提至17节，而且他没有忘记给自己预留支援的兵力，他命令电报员向"卡诺帕斯"号发电："我将带领英国舰队攻击德舰。"克拉多克发这封电报的意思，是希望"卡诺帕斯"号抓紧赶过来，参加他率领的舰队对德国舰队的战斗，对他进行支援，但傲慢的克拉多克并没有在电报里发出"寻求支援"的字眼。

▲"沙恩霍斯特"号

此时,太阳仍没有落下,因为德国舰队所处的范围不佳,阳光将德国炮手刺得眼花缭乱,而英国舰队却可以很好地利用太阳光的光线。只是这两支舰队相距有 15000 米,双方大炮的射程都没有这么远,即使开炮,也无法打中对方。

时间到了 6 点 55 分,太阳终于下山,但落日的余晖却笼罩在海洋上,德国舰队的官兵可以在落日的余晖中清晰地看见英国舰队的身影了,但此刻德国舰队却隐没在夜幕中,使英国舰队的官兵无法发现。克拉多克觉得再拖下去,对英国舰队更加不利,于是,他在 7 点整下令,英国舰队朝东南方向快速行驶,以快速缩小与德国舰队之间的距离。克拉多克的意图是在近战中与斯佩的德国舰队拼死一搏。

英国舰队与德国舰队的距离越来越近,在 7 点 30 分时,英国舰队离德国舰队只有 11300 米了。斯佩觉得英国舰队已进入了大炮的射程了,果断命令德国舰队中拥有 210 毫米主炮的战舰全部瞄准英国舰队开炮,于是德国海军"沙恩霍斯特"号与"格奈森诺"号分别对准英国旗舰"好望角"号和"蒙默斯"号发射了炮弹,但没有射中。5 分钟后英国舰队开炮还击。斯佩对于德国战舰没有打中英国战舰的原因,事后在一份简报中进行了清晰的说明,他认为当时的"风浪很大,风浪从船头和船尾向战舰的中央袭来……在战舰上观察与测距都十分困难。又因为风浪不停地冲向舰桥,在战舰中部甲板上操作大炮的炮手几乎无法瞄准英国舰队中的重要目标。"

斯佩率领的德舰受到风浪影响,其训练有素的炮手都无法瞄准,那么克拉多克率领的英国战舰上的炮手就更无法瞄准目标了,英军的炮手被无情的海浪折磨得够呛,他们转动火炮向东瞄准,可猛烈的东南风吹着风浪直接冲向火炮的炮口,炮手还没瞄准,就被海浪遮住了视线。

在夜色中,英国战舰的炮手只能依据德国战舰开炮时闪出的火光来大概判断德国战舰的范围,至于测距,英国炮手是不可能做到的。

英国战舰还面临着大炮的射程太短的问题,他们的整支舰队,也只有 4 门 234 毫米火炮,只有这些火炮的射程才能够覆盖上德舰。

斯佩将军很享受这种恶劣的风浪,他命令德国战舰开始齐射,第一次齐射就击中了英国战舰,使得英国战舰遭遇重大损失,德国战舰"沙恩霍斯特"号的三次炮击,就将英国舰队的旗舰"好望角"号的前炮塔打掉。坐镇旗舰的克拉多克都清楚地看到了,他还来不及检查"好望角"号的损伤情况,就遭遇了不幸。在 7 点 45 分,遭遇德国战舰"沙恩霍斯特"号反复炮击后,多次中弹的"被望角"号旗舰燃起了熊熊大火,克拉多克不幸和"好望角"号的众多官兵都被大火吞噬,命殒大海。

斯佩在战后对于"好望角"号被击中的情况,有过

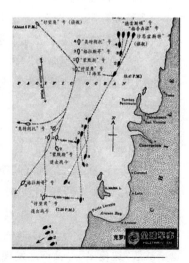

▲海战示意图

▲"格奈森诺"号

一个计算,他说德国战舰"沙恩霍斯特"号共击中"好望角"号大约 35 次。"好望角"号之所以如此频繁地被击中,是因为在交战的 15 分钟内,克拉多克并没有指挥"好望角"号规避德国战舰"沙恩霍斯特"的炮火,而是在毫无希望的情况下,指挥"好望角"号不顾德国战舰"沙恩霍斯特"的炮火,拼命地向"沙恩霍斯特"号接近。克拉多克之所以这样做,或许是希望"好望角"号尽可能接近"沙恩霍斯特"号,好将"好望角"号的撒手锏——152 毫米火炮和鱼雷的威力彻底发挥出来,进而一举歼灭"沙恩霍斯特"号。所以,"好望角"号在被打沉之前,已将与"沙恩霍斯特"号的距离拉近到了 5200 米。斯佩在此时已经猜到克拉多克的企图,他立即命令"沙恩霍斯特"号拉开与"好望角"号距离,然后再继续炮击"好望角"号。

海战战场的另一边,英国舰队的战舰显得有些混乱,只得各自为战。德国战舰"格奈森诺"号在斯佩的指挥下,通过三次齐射,将英国战舰"蒙默斯"号前炮塔打掉,并引燃了"蒙默斯"号甲板上的大火。一直担任英国舰队的先锋,并为这次海战的情报搜集工作立下汗马功劳的"格拉斯哥"号此刻就跟在"蒙默斯"号后面,"格拉斯哥"号的舰长卢斯刚刚从失去舰队司令的悲伤中缓过劲了,又目睹了"蒙默斯"号的惨状:舰首下降,舰体的右舷倾斜,而且舰上的全部火炮都被"格奈森诺"号的炸弹炸毁了。

海战持续到晚上 8 点 15 分,英国战舰"蒙默斯"号损伤惨重,但还能够航行,这艘英国战舰在没有舰队指挥的情况下,大概是弄错了方向,调转 180 度方向,向偏北方向驶去。"蒙默斯"号这么做,无疑是自投罗网,因为在北面有 3 艘德国轻巡洋舰正在开来。

晚上 8 点 30 分,英国战舰"格拉斯哥"号也面临着危险,不得不向"蒙默斯"号发报求救。英国战舰"格拉斯哥"号求救道:"敌人在追击我们。"但"蒙默斯"号没有任何回音,此时,谁都不知道"蒙默斯"号为什么要冒险进入德国的火力网,更不知道它现在的处境如何?

斯佩舰队歼灭残敌

海战进行到此刻,德国舰队斯佩司令认为这场海战大局已定,德国舰队基本上赢了,但他还觉得赢得不彻底,于是命令德国轻巡洋舰立即搜索残敌,誓要把英国舰队消灭殆尽。

当晚的 8 点 58 分,位于海战战场最北面,担任德国舰队的预备队,一直还未参战的德国战舰"纽伦堡"号惊讶地发现,"蒙默斯"号这艘垂死挣扎的英国战舰此刻正行驶在它的大炮炮口之下,而且"蒙默斯"号的主桅上还飘着皇家海军的白色海军旗,只是军旗被硝烟熏黑了。

德国战舰"纽伦堡"号的冯·施荣伯格舰长立即命令舰上炮手对"蒙默斯"号开炮。经过"纽伦堡"号的一通狂轰之后，"蒙默斯"号这艘"找死"的英国战舰于晚9点18分被多发炮弹击中，最后沉没。"蒙默斯"号全舰上的近700名官兵全部战死，无一幸免。

其实在这场海战刚开始的时候，英国战舰"格拉斯哥"号就与德国战舰"莱比锡"号进行过一对一的决斗，另外德国战舰"德雷斯顿"

▲"纽伦堡"号

号也与英国战舰"奥特郎托"号单挑过，克拉多克知道英国战舰"奥特郎托"号不是德国战舰"德雷斯顿"号的对手，便命令"奥特郎托"号迅速脱离战斗，离开英国编队向西南方向撤退。这样一来，德国战舰"德雷斯顿"号就加入到英国战舰"格拉斯哥"号与德国战舰"莱比锡"号的战局中来了。

英国战舰"格拉斯哥"号本是一艘性能优良的战舰，但因为"奥特郎托"号的后撤，使得它腹背受敌，被迫与两艘德国轻巡洋舰激战。渐渐地，"格拉斯哥"号支撑不住了，不久便被"德雷斯顿"号和"莱比锡"号接连击中，但"格拉斯哥"号在舰长卢斯的指挥下，仍在苦苦支撑。直到卢斯目睹了英国旗舰"好望角"被击沉，舰队司令克拉多克等800名官兵沉入海底，以及友舰"蒙默斯"号被打残后误入德国舰队火力网，这才变得担心起来。

卢斯似乎已经预料到，如果他还在这里一对二地苦战，他的战舰"格拉斯哥"号就会像友舰一样，被德国战舰击沉。于是，卢斯果断命令"格拉斯哥"号全速向西北海域撤退，迅速脱离与德国舰队交战的战场，然后，他又命令"格拉斯哥"号向300千米外的"卡诺帕斯"号靠拢，并向"卡诺帕斯"号通报了海战战场上的英国战舰的惨状。

"卡诺帕斯"号的格兰特舰长知道克拉多克舰队惨败后，很是吃惊，他原先还为克拉多克扔下他的"卡诺帕斯"号，带领舰队一走了之而生气，他现在要做好的就是保存实力。"卡诺帕斯"号在汇合了"奥特朗托"和"格拉斯哥"号之后，便立即撤回了英国控制的马尔维纳斯群岛。

斯佩因对英国战舰"卡诺帕斯"号上305毫米的巨炮十分畏惧，仅仅派了速度较快的"莱比锡"号和"德雷斯顿"号搜索一番就返航了。

这次海战，英国海军司令克拉多克兵败身亡，除了逃出去的"卡诺帕斯"号、"奥特朗托"和"格拉斯哥"号，其他损失殆尽。而德国的斯佩舰队，只有"沙恩霍斯特"号和"格奈森诺"号被击中，但都损伤很小，只有三名德国海军负伤，其余的德国战舰和舰员都毫发无损。

斯佩对德国舰队取得的战果十分满意，此战役后，他率领这支德国舰队在南美洲的

▲"纽伦堡"号

海域游弋,并返回智利港口瓦尔帕莱索进行补给。

这是德国舰队第一次在大洋中挑战"海上霸主"英国海军,并且大获全胜。对于英国人来说,这是"一战"海战中的一次最大的失败,让英国海军部大为震惊。

英国海军大臣阿瑟·鲍尔弗评论这次海战说,因为英国舰队司令克拉多克的错误指挥,使得1600多名英国海军的优秀官兵丧生,但他们表现出了最大的胆量。我们永远也不会忘记他们的,他们虽然葬身于遥远的他乡,但他们的埋葬地是海军英雄建立了伟大业绩的永生之地。

马尔维纳斯群岛海战

英国克拉多克舰队惨败于德国斯佩舰队后，傲慢的英国人受到了打击，激起了英国皇家海军的复仇欲望。当斯佩陶醉在胜利的喜悦中时，一支强大的英国舰队正在南大西洋集结，准备与斯佩舰队决一死战，挽回英国海军的声誉。

英国集结舰队报仇雪耻

德国斯佩舰队大败英国克拉多克舰队后，在英国国内引起震动，英国这头海洋雄狮发出了怒吼：要报仇雪恨，把斯佩舰队从大洋上抹去。

英国海军部召开军事会议，布置歼灭斯佩舰队的任务。海军部要求在各大洋航行的英国舰队暂停一切军事行动，全力寻找斯佩舰队，将其一举歼灭。英国海军部还根据情报，预判了斯佩舰队可能藏身的海域，并向这些海域派出强大的英国舰队。

英国海军的"无敌"号战列巡洋舰与"不屈"号战列巡洋舰是在 1914 年 11 月 1 日接到英国海军部命令的。它们在海军中将斯特迪的率领下，秘密向马尔维

▲斯特迪

纳斯群岛进发。斯特迪在此之前就接到情报，显示德国斯佩舰队在这一带海域活动。

斯佩舰队仅仅配备了装甲巡洋舰，而装甲巡洋舰是不敌战列巡洋舰的，但斯特迪知道，并不能依靠英国海军"无敌"号与"不屈"号这两艘战列巡洋舰去消灭斯佩舰队。他对之前英国克拉多克败于斯佩舰队的海战十分了解，所以对斯佩舰队充满了畏惧。不能轻敌，他准备在马尔维纳斯群岛的斯坦利港集结其他英国战舰，组成一支更强大的舰队，然后一同搜寻斯佩舰队。

12 月 7 日，斯特迪率领"无敌"号与"不屈"号到达马尔维纳斯群岛的斯坦利港，此时已经有 5 艘英国军舰停泊在这个港口了，这 5 艘军舰是用于保卫港口的，在必要时，也会参与到搜寻斯佩舰队的行动中来。斯特迪让"无敌"号与"不屈"号在港口休整，他对这 5 艘军舰进行了检查，检查的结果使他认为，这 5 艘军舰即使集体行动，也不是斯佩舰队的对手。

斯特迪为了扩大他的舰队的实力，就不能给斯坦利港留下一艘守卫港口的舰只，要将这 5 艘军舰全部编入他的舰队。这样一来，加上"无敌"号与"不屈"号，斯特迪的舰队就有 7 艘战舰了。

斯特迪的新舰队就此成立了，但斯特迪没有立即去搜寻斯佩舰队。斯特迪要率领这

▲斯坦利港

支舰队在港口内训练,做好搜寻斯佩舰队的一切准备。斯特迪也在研究搜寻和歼灭斯佩舰队的计划,他总结了克拉多克败于斯佩舰队的教训,认为英国舰队必须在实力远远大于斯佩舰队的时候,才能与斯佩舰队正面交锋。所以他决定,一旦他的舰队搜索到斯佩舰队,并不立即应战,而是要迅速后撤,向附近海域的英国舰队寻求支援,等援兵到达后,再作打算。

错误的情报

斯佩舰队此刻也在马尔维纳斯群岛活动。但不像英国舰队是有备而来,粮草充足,斯佩舰队在这片海域活动时间已久,舰队的好几艘战舰的燃料都告急。可马尔维纳斯群岛这片海域没有德国的殖民地,更没有德国海军建立的加煤站,斯佩舰队无法获得燃料补给,斯佩为此忧心忡忡。

斯佩舰队思考着对策。无意间他瞥了一眼海军地图,看见了斯坦利港。这是英国在马尔维纳斯群岛建立的军港,上面的军事设置对过往的德国商船威胁十分大。而且斯佩通过情报得知,斯坦利港目前仅仅停留着5艘英国军舰,而且这些军舰都是巡洋舰,根本不是斯佩舰队的对手,斯佩打上了斯坦利港的主意。

显然,斯佩获得的情报是错误的,他不知道斯坦利港已经进驻了"无敌"号与"不屈"号战列巡洋舰。在"一战"的那个年代,任何一位有素养的海军指挥都知道,战列巡洋舰就是海上怪兽,在海战中所向披靡,就连飞机也无法伤其一根毫毛。斯佩舰队虽然战力强悍,但只配备了装甲巡洋舰和轻巡洋舰,靠这些舰船是很难打败战列巡洋舰的。

斯佩在错误情报的指引下,开始谋划进攻斯坦利港的计划。斯佩分析双方战力,认为英军只有5艘战舰,而他的舰队虽只剩下5艘舰队("埃姆登"号曾在之前被澳大利亚巡洋舰击沉),但多是装甲巡洋舰,在战舰质量上,他的舰队占优。其次,在这次进攻中,他占有主动权,在气势上,他的舰队也占优。再次,他的舰队刚刚获得巨大胜利,官兵们士气正高昂,而英国海军刚刚败于他,虽然报仇心切,但对他的舰队畏惧心态很重,在心理上,他的舰队也占优。所以,斯佩认为此次作战必胜无疑。为此,他精心设计了一套作战计划:采取突然袭击的方式,率领斯佩舰队的所有的5艘战舰冲进斯坦利港,将停在港口里的5艘英国战舰堵在港口,将其一举歼灭,然后摧毁英国人建在港口的军事设施,再替舰队里的每

▲"埃姆登"号

艘战舰补充燃料和给养。斯佩甚至产生了占领斯坦利港,将其划做德国海外殖民地的想法。

斯佩召开舰队的舰长一起开会,研究这个作战计划。出乎斯佩意料,舰长们都不赞同这个计划,他们深知英国海军部已经盯上了他们这支舰队,纷纷认为在这时机进攻英国的港口,而且是停泊了英国军舰的港口,太过于冒险。有些舰长还建议斯佩,如果非要进攻斯坦利港,必须摸清楚这个港口的一切情况,特别要把英国军舰的情况摸清楚。斯佩却刚愎自用,听不进舰长们的意见,执意实施他这个依据错误情报制定出来的作战计划。

既然主帅主意已定,舰长们只好垂头丧气地去执行命令了。

斯佩舰队自投罗网

12月8日,斯佩舰队的5艘战舰浩浩荡荡地向斯坦利港口冲去。而此刻在斯坦利港口内,英国海军中将斯特迪正在指挥"无敌"号与"不屈"号战列巡洋舰以及其他5艘轻巡洋舰正在进行实弹演练。在无意中,斯特迪已经摆好了阵势,只等着斯佩舰队前来自投罗网了。

"格奈森诺"号装甲巡洋舰和"纽伦堡"号轻巡洋舰作为斯佩舰队的先锋战舰,他们行驶在舰队的前面,执行侦查任务。突然间,这两艘巡洋舰的观察员发现斯坦利港内有很多桅杆,立即将此消息报告他们的舰长。如果斯佩得知这个消息,就会毫不犹豫地认为,这些桅杆就是停泊在斯坦利港的那5艘英国军舰的桅杆。但得知情况的"格奈森诺"号与"纽伦堡"号的两位舰长和斯佩不同,他们本就对此次冒险军事行动很不赞同,所以对于这个消息很重视,他们立即拿来望远镜仔细观察。在观察中,他们发现这些桅杆中有两根桅杆与众不同,这是一种巨型三角桅杆。看到这,他们深吸了一口气。

德国战舰的舰长都知道,只有英国战列巡洋舰才有这种桅杆。这就意味着斯坦利港内停泊着英国战列巡洋舰,而斯佩舰队里的装甲巡洋舰与轻巡洋舰如果出现在英国战列巡洋舰的视野里,就很难有逃脱的可能了。

此时不撤,更待何时?

"格奈森诺"号装甲巡洋舰和"纽伦堡"号轻巡洋舰立即向斯佩汇报这一发现,但斯佩还在犹豫不定,怀疑这是不是英国海军的"空城计"?他觉得英国海军向来狡诈,总是设计陷害德国海军,他决定探个虚实再走。时间不等人,斯佩手下舰长们苦心相劝,最后斯佩才下达了撤退的命令。

但斯佩舰队此时撤退为时已晚。英国中将斯特迪也从观察哨那里得到报告,斯佩舰队

▲"不屈"号

▲"无敌"号

正向港口进发。斯特迪初听到这个消息后,也吓得不轻,他赶紧布置手下的舰队组织防守,然后向上级拍发电报,请求支援。

斯特迪当时的策略是守住斯坦利港,拖住斯佩舰队,等待援军到来,里外夹击,然后全歼斯佩舰队。可"无敌"号与"不屈"号战列巡洋舰的全体官兵不认同这个保守的策略,他们有着英国皇家海军的傲气,不把斯佩舰队看在眼里,认为斯佩舰队送上门来,他们如果还窝在港口里,将会使英国皇家海军的脸面丢尽。

斯特迪又得到报告,斯佩舰队开始撤退了,他的畏惧心理顿时得到释怀,这时他权衡利弊,决定派遣舰队的战舰全体出击。

是时候为英国雪耻了!

于是,英军的5艘巡洋舰在"无敌"号与"不屈"号战列巡洋舰在带领下,冲出斯坦利港,向大洋中急驶的德国斯佩舰队追去。英国的战舰报仇心切,不等追上德国战舰,就在大炮的射程外向斯佩舰队开火了。

看着紧追自己的英国战列巡洋舰,斯佩心中十分懊悔,他不应在情报不准确下,把自己的舰队带入了狼穴,现如今,他除了带着舰队拼命逃跑之外,再也想不出退敌之策了。而且德国战舰燃料不足,就是暂时能逃出英舰的追逐,但在茫茫大海中,能否彻底耗过英舰,这也是一个未知数。想到这里,一种不祥的预兆涌向斯佩的心头,他不禁打了一个寒战。

一直处于担心之中的斯佩,在上午11点整,收到了他最不愿意听到的报告:他的舰队已经被英国的战列巡洋舰追上。的确,战列巡洋舰的航速一直比装甲巡洋舰快,英国战列巡洋舰追上德国斯佩舰队,是情理之中的,何况英国舰队的全体官兵都士气高昂,英国战舰都加大了马力。

高明的排兵布阵

12点45分,英国战列巡洋舰"无敌"号与"不屈"号追上德国斯佩舰队,双方相距仅仅14000米,"无敌"号与"不屈"号凭借自身船坚炮利的优势,毫不顾忌地向着斯佩舰队猛烈开炮。

"无敌"号与"不屈"号上大口径火炮射出的令人恐惧的弹雨,笼罩着斯佩舰队的上空。面对着砸向自己的巨弹,斯佩舰队的战舰恨不能长个翅膀飞出去,更别提还击了。

此时已是下午1点20分,遭遇英军的第一轮猛烈轰击后,德国战舰纷纷中弹,乱了手脚,到处乱窜。斯佩一看情势不妙,如果此刻他的舰队还按照编队方式逃跑,无疑会彻底完蛋,他立即命令舰队化整为零,各自为战。同时,他本人将指挥权下放,让各个舰长指挥各自的战舰,自己想办法逃跑。

没了统一指挥的斯佩舰队,不但没有达到"遍地开花"让英国舰队无从追击的效果,反而变成了一个个无头苍蝇到处乱窜。而这时的英国中将斯特迪面对乱窜的俄国战舰,却没有放手让手下的英国战舰胡乱追击,而是做了精心布局。

▲"德雷斯顿"号

斯特迪让一直跟随战列巡洋舰的"卡那封"号装甲巡洋舰脱离战列巡洋舰,以避免战列巡洋舰与敌战舰海战时被误伤。同时,他亲自指挥舰队的主力"无敌"和"不屈"号战列巡洋舰对垒斯佩舰队的主力"沙恩霍斯特"号和"格奈森诺"号装甲巡洋舰,而英国舰队中实力较弱的"肯特"号、"康沃尔"号和"格拉斯哥"号,则被斯特迪安派去追击实力更弱的德舰"纽伦堡"号和"莱比锡"号。英国舰队剩下的两艘战舰作为预备队,协助两组英舰的战斗,并负责追杀最后一艘德舰"德雷斯顿"号。

斯特迪是让英国舰队最强的战列巡洋舰对垒德国舰队中较强的装甲巡洋舰,让英国舰队中较强的装甲巡洋舰对垒德国舰队中次强的轻巡洋舰,并留下两艘英舰作为预备队,随时支援。这样一来,德国战舰在射程、火力和航速上都处于绝对的劣势。这场海战成了英国舰队的海上猎杀游戏。

毫无悬念的海上猎杀

很快,在英国战列巡洋舰的打击下,德国舰队中实力最强的装甲舰"沙恩霍斯特"号被击中多发炮弹,大炮也被打哑,甲板上燃起了大火。在下午3点30分,连续被炮击,却无还手之力的"沙恩霍斯特"号在第三个烟囱被炸飞之后,舰体整体开始左倾。下午4点14分,"沙恩霍斯特"号彻底倾覆,船上的700多名德国海军士兵和"沙恩霍斯特"号一起沉入海底。在这700名将士中就包括斯佩本人和他的两个儿子。

德国一代名将斯佩,就这样竟以同样的结局牺牲在异国他乡。

斯佩舰队的另一艘装甲巡洋舰"格奈森诺"号,面对实力强悍的英国战列巡洋舰,一直与"沙恩霍斯特"号配合,企图发挥团体作战的优势打败英舰。但"格奈森诺"号无疑是徒劳的,它很快就被英国的战列巡洋舰的重炮

▲"斯佩"装甲舰

穿透了甲板。"格奈森诺"号上的舰员抢修已经来不及了,甲板被穿透后,又引起了两个锅炉仓进水,全舰开始沉没。在下午6点,曾给斯佩舰队立下赫赫功勋的"格奈森诺"号也沉入海底。

在"沙恩霍斯特"和"格奈森诺"号被击沉的同时,斯佩舰队的另两艘巡洋舰"纽伦堡"号和"莱比锡"号也不敌对手,在逃跑无望的情况下,被英国战舰击沉。

斯佩舰队的五艘战舰中,唯独实力最弱的"德雷斯顿"号,因为英国舰队的轻视,得以趁机逃出战场,躲过了英国战舰的追击,暂时得以保全。但是,在1915年3月,一直东躲西藏的"德雷斯顿"号还是在智利海域与英国巡洋舰遭遇。英国巡洋舰立即对其开炮,本就浑身是伤的"德雷斯顿"号没有抵抗多久便被击沉。

至此,曾经击败英国一整支舰队,震动英国海军部,在世界海战史上留下精彩一笔的斯佩舰队彻底消失在茫茫大海中了。

马尔维纳斯群岛海战的意义

▲战列巡洋舰是海上巨无霸

马尔维纳斯群岛海战之后,无论在北海,还是世界其他海域,德国海军再也不敢挑战过英国海军了。很长一段时间里,英国的海外殖民地和海上运输,在英国皇家海军的保护下,安全得到了充分保障。直到德国海军对英国海军发动无限制潜艇战,德英两国海军这才又在大海中开始了你死我活的战斗。

在马尔维纳斯群岛海战,斯特迪把战列巡洋舰这个"一战"时的海上巨无霸的优势,尽情地发挥了出来。

日德兰大海战，"一战"最大的海战

日德兰大海战是"一战"中最大规模的海战，也是这场世界大战中交战双方唯一一次全面出动舰队主力的大决战。最终，德国公海舰队以相对较少吨位的舰只损失，击沉了相比较更多的英国舰只，从而取得了海战战术上的胜利；而英国皇家海军本土舰队成功地将德国海军封锁在了德国港口，使得德国海军在后来的战争中几乎毫无作为，从而使英国海军取得了战略上的最终胜利。

赖因哈德·舍尔的计划

1916 年 1 月的一天，德国海军将领赖因哈德·舍尔的心情无比畅快，他坐在书桌前琢磨着海军作战地图，头脑里回味着刚刚接到任命书的美妙时刻。就在刚才，他被任命为公海舰队总司令——他的前任波尔上将因身体欠佳退休了。

他没有想到，自己一展抱负的时机这么快就到了。他首先想到的，是如何提高目前德国海军的实力。由于德国海军在舰只数量和排水吨位上落后于英国，火炮口径和数量也较弱，因此德国海军在"一战"开始后的两年半时间里，都无法冲破英国的海上封锁。那时的英国主力舰队一直驻守在斯卡帕弗洛港，死死盯着德国舰队，这使德国舰队困在威廉港和不来梅港不敢出航，这实在是窝囊。而在 1915 年的多格滩海战中，德国舰队遭受了挫败，这令德国海军更加抬不起头来。

▲赖因哈德·舍尔

尽管此那之后德国海军进行了休整，而且加强了装备，但到他赖因哈德·舍尔接任时，德国公海舰队仍只有 18 艘战列舰，与英国皇家海军本土舰队总数 33 艘战舰还是无法相比，差距是如此巨大。如果非要与英国皇家海军本土舰队一决高下，舍尔知道，下场恐怕会很惨。

面对这种状况，赖因哈德·舍尔冥思苦想，终于想要一个解决方案。他发现德国舰队的现实选择只有两个：一是继续待在港内充当"存在舰队"，二是想方设法干掉英主力舰队。他胆大心细，自然不愿选择前者，为此，他开始制订一系列计划，计划的重心在于削弱英国皇家舰队的实力，使其降至与自己舰队相当的层面上来。

要实现这个目标存在着很大困难，但是赖因哈德·舍尔提出了有实现可能的构想：派出潜艇在英军基地附近布雷，在海峡入口处不停地来回穿梭，同时命令德国战舰使用计谋诱使英舰队先分散舰队,然后再集中火力将这些分散的英国战舰逐一歼灭。

这种战略,很有点儿海上游击战的味道。赖因哈德·舍尔是愿意冒险的,因为一旦战略部署成功,再有那么一点儿运气的话,德国就能从英国那里夺得北海控制权,即使自己打败了,德国舰队的境况也不会更糟,总比毫无作为地当缩头乌龟要好得多。

赖因哈德·舍尔

赖因哈德·舍尔(1863－1928),德国海军上将。1879年加入海军成为一名见习军官,其后历任巡洋舰和战列舰指挥官。"一战"爆发后,舍尔担任公海舰队第二舰队司令,后又担任德意志帝国海军装备最新、战斗力最强的公海舰队第三舰队司令。1916年1月,舍尔晋升为上将并获得了公海舰队的控制权。同年5月31日－6月1日,舍尔率领公海舰队参与了历史上最大海战之一的日德兰战役。此后,舍尔加入针对协约国的无限制潜艇战。1918年8月,舍尔被任命为海军部部长。

另外他也清楚,英国舰队是输不起的,一旦它在海上失利,就失去了一切优势。何况英国作为协约国战争物资的主要运输基地的地位很重要,所以即使实力强大,英国皇家海军舰队也不敢在战略上冒险。

当赖因哈德·舍尔拟订好作战计划准备付诸实施时,英国皇家海军却在约翰·杰利科的带领下终日在北海搜索,他们也在寻找战机,准备对德国舰队搞突袭战,企图一举歼灭之。

赖因哈德·舍尔并不示弱,他兴致勃勃地集结德国舰队首先展开行动,于1916年4月下旬,带领一支德国海军编队出海,炮击了洛斯托夫特港。德国战列舰行动很迅速,一进入港口就开始发射炮弹,这高高的抛物线炮弹从海面上空划过,十分耀眼,直直坠落在港口内的英国留守船只上,炸起一连串的火花,一阵爆炸声过后,德国海军编队在赖因哈德·舍尔的命令下没有恋战,立刻驶出了港口返航。

约翰·杰利科马上行动,命令舰队去滋扰,却没能引诱到赖因哈德·舍尔带领的舰队上钩。一个月后,赖因哈德·舍尔策划了新的行动,进入挪威南部水域,在那里准备发动一次对协约国运输船的袭击,主要目的是要将几艘英国军舰吸引过来歼灭之,英国人会上当吗?

"诱饵战术"获得成功

这是1916年5月31日凌晨,漆黑的海面上能见度很低,威廉港外的德国哨兵隐隐约约可以看到几个庞然大物的影子漂浮在水上,渐渐地,他们看清了这些影子,原来是由5艘战列巡洋舰、5艘轻型巡洋舰和30艘驱逐舰组成的一支舰队。

这支舰队是由德国弗兰茨·冯·希佩尔海军中将指挥,在这个时候出航是为了执行赖因哈德·舍尔下达的"诱饵"任务。舰队在夜间航行是比较危险的,弗兰茨·冯·希佩尔命令士兵们要提高警惕并且要小心暗礁,舰队一路沿着丹麦西海岸向北行驶,目的地是斯卡格拉克海峡。看似平稳的航行中,德国舰队各个战舰的无线电发报机在不停地工作,不断发报,唯恐这些电报不会被英国人截获似的。实际上,早在1915年俄国就打捞起一艘沉入海底的德国巡洋舰,并在这艘战舰的残骸上发现了一个密码本,那里面记录了德国人使用的密码。这个密码本后来被英国人得到,此后英国人对德国舰队的行动就了如指掌。但是英国人不清楚的是,德国人早已知道了这一情况。此时赖因哈德·舍尔决定将计就计:他就是故意发出电报,引诱英国人上钩。

▲ 约翰·杰利科

猎人已经放置好了陷阱,赖因哈德·舍尔开始了行动。就在弗兰茨·冯·希佩尔出发两个小时后,德国的另一支舰队也悄悄驶出了威廉港。这支舰队是由 21 艘战列舰、6 艘轻型巡洋舰和 31 艘驱逐舰组成的,比弗兰茨·冯·希佩尔将军带领的队伍大得多。它就是由赖因哈德·舍尔亲自率领的德国公海舰队主力。赖因哈德·舍尔此刻下达的命令很简单,就是让舰队悄无声息地航行,远远跟着弗兰茨·冯·希佩尔的"诱饵"舰队,安静地潜伏在距离 50 海里的地方。舰队上的士兵精神高度紧张,没有一个人敢大声说话,都在各自的岗位上严阵以待,眼睛瞪得溜圆,火炮也准备停当,随时可以开火。按照赖因哈德·舍尔的指示,这支主力舰队所有的无线电发报机都停止了工作,其情景与弗兰茨·冯·希佩尔舰队大张旗鼓的行为相反,必须保持严格的无线电静默。此时,他们正在等待上钩的鱼儿——英国皇家海军。

光有这些依然不够,赖因哈德·舍尔还另外集结了一支由 16 艘大型潜艇、6 艘小型潜艇以及 10 艘大型"齐柏林"飞艇组成的保障部队,事先安排在英国海域和北海海域,展开监视活动,随时向他报告英国海军的动向。

此时英国人在哪里呢?实际上,他们前一天傍晚就从斯卡帕湾和苏格兰湾的基地出航了。英国皇家海军比德国人预计的时间更早就监听到他们的无线电情报,并且成功破译了密码。约翰·杰利科在得知德国舰队出击的消息之后,便立即下令舰队出航驶到指定方位,在那里设下了一个伏击圈。

此时的赖因哈德·舍尔和约翰·杰利科都兴奋地认为,自己的"诱饵战术"获得了成功。德、英两支舰队都在海面上做着同样的事情:等待对方进入自己的伏击范围。

准备痛快地打上一仗

天已大亮,阳光穿越云层照射在海面上,灼灼的光线明晃晃地射入德国士兵们的眼睛,他们吃力地凝视着前方的海域,却没有一点儿蛛丝马迹。此刻英国皇家海军中的一小支队伍正在靠近德国舰队,它是由 4 艘战列舰和 6 艘战列巡洋舰组成的,指挥官是戴维·贝蒂将军。与弗兰茨·冯·希佩尔所带领舰队的任务相同,这支舰队也是来诱敌深入的。两支先遣舰队都派出了轻驱逐舰进行侦察,侦察兵已经工作了几个小时,双方仍然都没有发现敌人的踪迹。由于没有发现敌情,戴维·贝蒂将军准备去与英国主力舰队会合。

5月31日14时,戴维·贝蒂将军的舰队到达了合恩礁以北海域,他下令舰队转舵向北行驶,开向与主力英国舰队会合的区域斯卡格拉克海峡,按照计划,他们将于傍晚抵达。但是由于自己的舰队的计算错误,戴维·贝蒂舰队所在的位置实际上并不是约翰·杰利科指定的方位,而是处于指定方位以西19海里的地方。这段距离看似很近,却需要一个多小时航程。但就是这点差距,却让戴维·贝蒂距离德国舰队越来越近了。

戴维·贝蒂并不知道,弗兰茨·冯·希佩尔海军中将率领的德国前卫舰队就在这支英国前卫舰队以东35海里的海面上,他们正在按照平行的航线向北行驶。而且距离弗兰茨·冯·希佩尔舰队40海里之外,舍尔海军上将率领的德国公海舰队主力正在安静尾随其后。看来,英国舰队可能要首先进入德国舰队的伏击圈了。

▲ 英国舰队

这时的英国人和德国人谁都不知道,他们已经相距不远了。直到十几分钟之后,互不相知被打破,戴维·贝蒂看到执行侦察任务的英国轻型巡洋舰发出"发现敌人"的信号,他立刻命令所有战列巡洋舰向东南方向加速。一时间,所有的英国战列巡洋舰都发出嗡嗡的声响,士兵们纷纷忙碌起来。埃文·托马斯属下的4艘英国战列舰由于其烟囱里冒出的浓烟挡住了戴维·贝蒂转向的信号,他的命令稍微晚了几分钟。此时,蔚蓝的天空下,开足了马力的英国战舰乘风破浪,冲向敌舰,由于马上就要与德国人交战,甲板上的水手们和士兵们一个个情绪激昂。

终于在15时25分左右,德国战舰的轮廓出现在了戴维·贝蒂的视线内,那正是弗兰茨·冯·希佩尔率领的战列巡洋舰。戴维·贝蒂兴奋地翘起嘴角冷笑道:"弗兰茨·冯·希佩尔,我等待这个机会已经一年半了!现在,我决不会再让你从我手中跑掉了!"因为在一年半之前的一场海战交锋中,弗兰茨·冯·希佩尔在战败的情况下从戴维·贝蒂的眼皮子底下溜走了,这让心高气傲的戴维·贝蒂一直耿耿于怀。

戴维·贝蒂下令手下的英国舰队加速追上去,在对比了一下彼此的实力之后,他再次露出了胸有成竹的笑容。他有6艘战列巡洋舰,而弗兰茨·冯·希佩尔只有5艘,另外他还有埃文·托马斯的4艘无畏级战舰,如果地平线以外约翰·杰利科的24艘英国无畏级战舰接到消息迅速赶来,弗兰茨·冯·希佩尔就更加没有逃生的可能了。

而此时,弗兰茨·冯·希佩尔也发现了戴维·贝蒂的英国舰队。但他在惊讶之余没有恐慌,而是立即命令手下的德国舰队转舵,向反方向前进。戴维·贝蒂看着他的行动嗤笑道:"哼,弗兰茨·冯·希佩尔,你这次又要逃回亚德湾吗?"他不以为意地命令英国舰队跟随,企图切断德国舰队逃跑的后路。

但是这一次他失算了,因为他不知道在弗兰茨·冯·希佩尔身后还有赖因哈德·舍尔带领的德国主力舰队。弗兰茨·冯·希佩尔转向,目的就是吸引戴维·贝蒂追击,这样英国人就会进入赖因哈德·舍尔指挥的德国主力战列舰伏击圈了。接近16时的时候,德、英两支舰队彼此之间的距离缩小到了约1.2万米,弗兰茨·冯·希佩尔和戴维·贝蒂同时下令舰队改为平行航线,他们要开始准备炮击了。接下来,双方侧舷几乎同一时间发射出炮弹,响声震天。

双方激烈的交火

德国炮手和英国炮手的操作速度都很快,装弹的速度也很快,他们任凭身边的炮火炙烤着甲板和炮台,心中只有如何才能更加准确地击中对方的想法。

几分钟后,双方的炮火都击中了彼此的旗舰"狮子"号和"赛德利茨"号,两艘战舰上的回转炮塔也都被打掉了一个。接下来,德国人的炮火更加猛烈地袭来,英国战列舰"不懈"号中弹了,一声冲天巨响,它的弹药舱被引爆,爆炸声震耳欲聋。戴维·贝蒂眼睁睁地看着它倾斜沉没了。

20分钟后,英国的又一艘战列舰"玛丽女王"号身负重伤,击中的炮火引发了多起爆炸,挣扎了几分钟后,又在更猛烈的炮火中被炸成碎片,顷刻之间化为一股浓烟消失在海面上。戴维·贝蒂被如此惨状震撼,他禁不住纳闷,自己的战列舰竟如此不堪一击呢?

戴维·贝蒂知道英国战列舰的装甲、射击技术和炮弹的爆炸力都不如德国军舰。

看着部下们吃惊的表情,戴维·贝蒂其实心里有数。他连忙催促后面的埃文·托马斯带着4艘无畏级战舰赶快过来。16时30分左右,埃文·托马斯的舰队赶了过来了,这4艘无畏级战舰开始集中火力攻击德军的战列巡洋舰。德国的弗兰茨·冯·希佩尔一看情况不

英国皇家海军

英国皇家海军,通常被直接称为皇家海军,而其他国家的皇家海军前一定要冠以国家名。它是英国的海上作战部队及英国海、陆、空三军中最古老的军种。在1692年到二战之间,皇家海军曾是世界上最强大的海军;并帮助英国成为18世纪和19世纪最强盛的军事及经济强国;也是英国将自己的影响力扩大至全世界的重要工具。现在,皇家海军是世界上最先进的海军之一,也是世界上为数不多的蓝水海军之一。它是大多数现代海军的先驱。

妙,准备转向。此时,最前方的英国驱逐舰逼近了德国舰队,准备发射鱼雷。弗兰茨·冯·希佩尔迅速掉转方向,驶向德国主力舰队。与此同时,戴维·贝蒂接到了侦察的英国轻型巡洋舰的报告:"东南方向有大量德国战列舰!"贝蒂反应迅速,马上下令停止攻击,原地待命。不久,南部地平线上出现了长排桅杆和烟囱,他恢复了平静,是英国皇家海军主力到了。戴维·贝蒂毫不犹豫地发出了让舰队反向行驶的信号,准备将赖因哈德·舍尔的德国舰队和弗兰茨·冯·希佩尔的德国舰队都引入约翰·杰利科的炮火之下。此

▲日德兰海战中,英军皇家"橡树号"战列舰

刻埃文·托马斯带领的4艘英国无畏级战舰落在了后边。

此时,同赖因哈德·舍尔的德主力战列舰会合之后的弗兰茨·冯·希佩尔,带领德战列巡洋舰再次反向冲向英舰,他盯住埃文·托马斯直冲了过去,并开始进行炮轰。与此同时,赖因哈德·舍尔的战列舰队也冲了过去,对英舰炮击,埃文·托马斯也猛烈反击,下令:"开火,开火!给我狠狠地打!"

此时炮战非常混乱,戴维·贝蒂和埃文·托马斯被弗兰茨·冯·希佩尔和赖因哈德·舍尔紧紧咬住,四支舰队火力网相互交错,炮火不断。而约翰·杰利科正下令手下的英国舰队加速行驶,赶来和戴维·贝蒂会合。

在行驶中,约翰·杰利科思考着如何切断赖因哈德·舍尔的后路,他准备把自己的24艘英国战列舰排成一列,切断赖因哈德·舍尔舰队撤退至斯卡格拉克海峡或者进入基尔运河的路线。但是他没有办法得知赖因哈德·舍尔舰队的准确位置,由于前方战况激烈,传来的戴维·贝蒂定位消息也不一定可靠,而炮火和浓烟挡住了地平线,也无法进行天文定位,他迟迟不能决定是否应该执行这个计划。

到了18时左右,约翰·杰利科站在他的旗舰"铁公爵"号上已经能看到戴维·贝蒂手下的英国军舰了,但还看不到德国人的舰队。戴维·贝蒂的舰队仍然在不断射击炮弹,与弗兰茨·冯·希佩尔进行激烈交火,企图用炮火将德国人逼向东面方向,给约翰·杰利科的英国主力战列舰让出道路来。约翰·杰利科马上命令舰队展开,跟上戴维·贝蒂的战列巡洋舰参与战斗,此时,德国舰队即将面对实力强大的整个英国主力舰队了。

被动挨打的德军惊慌了

傍晚的海洋逐渐朦胧起来,大雾开始笼罩海面,遮挡住了两支舰队的视线。在大雾弥漫的掩护下,英国主力舰队开始行动了。

在戴维·贝蒂的先头舰队的引领下,约翰·杰利科命令舰队向东行驶。偏巧,这支向东行驶的英国战列舰舰队正好从由西南方向驶来的赖因哈德·舍尔舰队的前面驶过,于是获得了抢占"T"字横头战术的主动权。但遗憾的是,这时的海上大雾飘散,约翰·杰利科没有发现自己已然抢占了"T"字横头,从而没有发动炮击,白白失去了将德国人重创的机会。

在迷雾中,赖因哈德·舍尔同样也看不清眼前的局势,除了对面的炮口火焰的闪光让他知道英国舰队近在咫尺,他对于自己此刻危险的处境毫不了解。

双方舰队在迷雾中都发射了几枚试探性的炮弹,由于害怕遭遇不可测,又都准备撤出战斗。但是约翰·杰利科是个小心谨慎的人,他在看不清战况的情况下不想冒险,因为一旦遇到意外，英国皇家海军将会陷入被动。目前不算胜利也不算失败的情形是最好的，英国舰队没有遭受太大损失，如果想要教训德国人大可等到大雾散了之后。

于是约翰·杰利科只是下令自己的舰队继续向东行驶了一会儿，就给各分队下达了向南行驶去封锁德国人回亚德湾基地退路的命令。这是更加保险的策略。可是赖因哈德·舍尔并不知道约翰·杰利科此时的想法，他还在犹豫要不要顺着英国舰队的后方返回基地去。不过，最后他还是命令德国舰队转向东行驶。

▲日德兰海战中，遭到重创的德国"塞德里茨"号战列巡洋舰

巧合的事情再次发生。向东转向的德国人在浓烟和迷雾中视线模糊，他们在这条线路上行驶不一会儿，却正好迎头对准了英国舰队的中央。这样一来，英国舰队又对德国舰队形成抢占"T"字横头的局面。这一次，约翰·杰利科总算看到了德国战舰的轮廓，因为德国舰队正好处于背向日落的方向，夕阳的余晖透过迷雾照射下来，让德国战舰隐约显露在他们面前。

而此时德国舰队是看不清浓雾中的英国舰队的。约翰·杰利科立即让舰队稍稍调整航向以便缩短射程，当行驶到距离德国战舰约 6 千米的位置时，他立即下令开炮。英国舰队就像幽灵般地从薄雾中钻到德国人面前，舰炮齐射，炮火击响了两轮，最前列的德国战舰都被击中，强大的炮火使德国炮手们借着炮火的亮光也没能看清眼前的英国战舰。

被动挨打的德国人有些惊慌了。赖因哈德·舍尔不想等到德主力舰队万劫不复再撤退，立即下令施放烟幕弹和鱼雷，命令全体舰队往后撤。在烟幕和大雾的掩护下，德国舰队再一次倒转航向，战战兢兢地逃离了英国人的火力网。可是，他们能逃脱吗？

大海战的最后一幕

夜幕降临的海面显得十分诡异。约翰·杰利科没有下达追击德国舰队的命令，他知道，在夜间用鱼雷和水雷进行夜袭战是德国人的长项，如果贸然追击，也许会得不偿失。他的战舰上大炮的射程较远，不适合对付偷偷摸摸的德国鱼雷艇。于是，"小心驶得万年船"的约翰·杰利科下令英国舰队转向，等与德国人距离拉大了，再掉头跟踪德国人。

▲重现日德兰海战图

他的如意算盘是:派遣舰队去封锁水道,将赖因哈德·舍尔的德国舰队围堵在返回其本土基地的航线外,等待白天与其决战,将其围歼。在进行战略部署时,他心情愉快地说道:"那将是皇家海军的一个精彩的一天!"按照计划,英国舰队被改编成三个平行的纵队,驱逐舰被部署在距船尾8千米的地方,以防范鱼雷攻击。

▲浓雾中的英国舰队

晚上9时许,约翰·杰利科带领英国舰队向南行驶,巡视海面上有无可疑情况。同时,他派出了一支布雷艇队,行驶到丹麦海岸外面布雷,想用水雷封锁合恩礁水道。合恩礁水道正是德国舰队可能逃遁的三条途径中的一条。

德国人也绝不是傻瓜,已然考虑到英国人会在他们回家的路上设伏。他们知道,如果不趁着英国人还没有完全封锁好他们回去的路,迅速在夜间突围,那么天亮之后,就更加没有希望了,约翰·杰利科再也不会放过他们了。

赖因哈德·舍尔进行了仔细分析和推算,果断下令德国舰队驶往东南方向,他选择的就是合恩礁水道返回基地的这条线路。因为他知道,其他航线上,也许会有更多的英国战舰在等待着他去自投罗网。不论怎样,他都必须冒险。

为了保证德主力舰队能够顺利通过,赖因哈德·舍尔命令所有的驱逐舰出航,前去拦截英军主力舰队。差不多9点到10点的时候,德国驱逐舰都在水面上寻找着英国主力舰队的踪迹。其实这时,他们与英国主力舰队相距不过6千米多,但由于两支舰队都是按照大致平行的航线在航行,因而谁也没有发现对方。

11点钟左右,德国驱逐舰在黑暗中依稀发现了从英国舰队上发出来的灯光。他们立刻扑了过去,没有按照传统的队形展开攻击,而是各自占据一个方位,从不同的方向炮轰英国战舰。炮火从四面八方响起,夜色中的英国人,一时间没有弄明白是怎么回事。英国人试图弄清楚德国舰队的阵型,但前后左右都有炮弹抛射过来。炮火猛烈而且不间

海战中,英德双方厮杀激烈

断,这使约翰·杰利科困惑不已,使他好久都没有发出正确的迎战指令。

就这样,日德兰大海战的最后一幕拉开了。黑色的天幕下,照明弹、探照灯和舰艇中弹的火光将士兵们的脸映照得清清楚楚,在大部分的时间里,英国炮手都没有确定准确的目标就发射了炮弹,他们身处黑暗中,各个舰队只能通过自己遭受到的攻击来判断敌人的方位。这样一来,被德国战舰围在中央的英国战舰出现了混乱,它们的炮火朝各个方向飞出

去,有些没有击中敌舰,却落到了自己人身上。

混乱中,英国的巡洋舰"黑王子"号误把向它驶来的几个巨大黑影当作了友舰,发出了联络信号,结果招致了一顿炮轰。原来,这几个黑影是4艘德国战列舰,它们对着"黑王子"号一阵齐射,"黑王子"号顿时变成了一个火球,800多名水手刚听见震撼夜空的爆炸声中,就被巨大的力量抛向了海里。而其他的英国战舰虽没有这般悲惨,但也遭受了不同程度的攻击。

有一会儿,英国舰队才反应过来,开始与德国舰队展开混战,见战火胶着,赖因哈德·舍尔便命令德主力舰队往外围行驶。英国鱼雷舰艇此时击中了德国战列舰"波梅恩"号、轻型巡洋舰"弗劳恩洛布"号和"罗斯托克"号。由于舰艇比较陈旧,"波梅恩"号丧失了战斗力。几个回合下来,英国损失了5艘驱逐舰,德军的驱逐舰则损失了2艘。

双方的炮战一直持续到第二天凌晨,此时德国人总算杀开了一条血路,急忙驶往合恩礁水域。此时赖因哈德·舍尔额上开始冒冷汗,因为合恩礁水域除了有不久前英国舰队布下的一些水雷,还有德国海军出于防御,布下的无数水雷,而且水雷阵布得极不规则,犹如迷宫。

德国人曾想让这片水雷让企图偷袭威廉港的英国军舰有去无回。只有一条狭窄水道可以通过,赖因哈德·舍尔神经紧绷,小心翼翼地指挥舰队排成一列纵队,一艘紧跟着一艘,慢慢驶过雷区,万幸没有发生什么意外。

至此,德国公海舰队终于摆脱了英国主力舰队。凌晨4点多钟,约翰·杰利科收到了前方侦察通报,得知赖因哈德·舍尔的舰队已安全通过了合恩礁水道,回到了威廉港。他失望地带着他的英主力舰队返航,他不甘心地望着合恩礁水域。

争议中的杰利科

杰利科的任务是赢得海战胜利,自己让英国海军对德国海军保持了绝对优势。所以他为了赢取海战胜利,而将舰队置于危险中是不负责任的。杰利科没必要用他的舰队去冒险,他只需要采取稳妥的战术,在确保英国舰队实力的前提下,给德国公海舰队造成创伤就可以了。

由于杰利科"轻易"放跑了德国主力舰只,使他遭受到英国国内的巨大非议。人们普遍认为英国主力舰队辜负了英国海军部,辜负

▲日德兰海战,"一战"中规模最大的海战

了舰队全体官兵,辜负了英国人民的期望。1917年平安夜,约翰·杰利科突然被英国首相劳合·乔治解职,公正地说,虽然赖因哈德·舍尔在日德兰海战中获取了战术上的胜利,但是英国大舰队依然牢牢地控制着制海权,使德公海舰队不敢出动。可以说,约翰·杰利科夺取了战略上的胜利。

无限制潜艇战——恐怖的水下幽灵

　　"无限制潜艇战"是德国海军部于 1917 年 2 月宣布的一种潜艇作战方法,即德国潜艇可以事先不发警告,而任意击沉任何开往英国水域的商船,其目的是对英国进行封锁。德国在 1914 年战争开始后,就对协约国实施潜艇战,给英国商船和战舰以重大打击。德国希望 6 个月打垮英国,但由于英国使用了当年西班牙对付英国海盗发明的护航体制,成功地保住了运输线。后随着美国的参战,协约国为打击德国的潜艇战,共动员舰艇和辅助舰船 5000 艘、飞机 3000 架,终于击败了德国的"无限制潜艇战"。

水下幽灵——潜艇

　　早在美国内战时,潜艇作为一种廉价的海岸防御武器就已经被投入使用,直到 19 世纪后期,一系列技术改进之后,潜艇才发展成为一种有效的海上武器。德国是第一个认识到潜艇潜力的国家,在德国皇帝威廉二世的大力支持下,被称为"德国海军之父"的阿尔弗雷德·提尔皮茨海军上将,使德国在潜艇的制造占据了绝对优势,到"一战"爆发时,德国已秘密拥有了一支训练有素、精干强悍的潜艇部队了。

　　在此之前,各国海军军官们只把潜艇看作侦察部队,或用于保卫港口,对付来自海上进攻的防御船只。军事专家们原来对潜艇并未给予很大的关注,而封锁敌国海岸和摧毁敌军舰船这两大海军任务,基本上还是交由战舰完成。

　　1914 年 9 月 1 日,一向被人低估的德国潜艇终于向世人展示了它可怕的威力,在福斯湾海域巡逻的德国海军"U-21"号潜艇发射鱼雷,击中了英国皇家海军"探险者"号轻巡洋舰,使它在几分钟内沉没,并导致了巨大的人员损失,而"U-21"号德国潜艇战绩随即在 9 月 22 日这一天被刷新。

　　9 月 22 日,英吉利海峡天气虽然好,但能见度较低,3 艘英国巡洋舰成一路纵队昂首西行,三舰彼此间隔两海里,航速 10 节,在广阔的海面上执行封锁和巡逻任务,英国海军部指示,遇有德国舰船,一律予以击毁。而就在同一时刻,在奥斯坦德西北海面上,德国的"U-9"号潜艇也正在海面上四处游弋,伺机猎获送上口的"美味"。

阿尔弗雷德·提尔皮茨

　　阿尔弗雷德·冯·提尔皮茨(1849—1930),德意志帝国海军元帅,德国大洋舰队之父。1911 年,他被提升为公海舰队总司令,并晋升为四颗星的元帅军衔。从此他把作战的重点放在"无限制潜艇战"上,他试图采用隐蔽的消耗手法对付英军舰队,以达到平衡两军舰队力量的目的。然而,德军的无限制潜艇作战的策略受到严重质疑,1919 年,他出版了自传《我的回忆》。他对战后社会民主党人所组成的温和政府非常不满,并成为战后的右翼祖国人民党的领导人。他是一个冷酷狡诈的领导者,也是一个忠实的军国主义者和右翼分子。

"U-9"号潜艇在荷兰湾附近海域,发现了驶来的英国皇家海军三艘巡洋舰,7时许,"U-9"号潜艇向"胡格"号巡洋舰率先发射鱼雷,该舰的龙骨遭到攻击并向左舷倾斜,舰员纷纷落水,舰艇在20分钟内沉没,500多人罹难。此时"克雷西"号和"霍格"号发现后误以为"阿布基尔"号是碰撞到漂浮的水雷,马上赶来救援,"U-9"号潜艇随即又发射两枚鱼雷击沉正在救援落水者的"阿布基尔"号。8时,"U-9"号潜艇在距"克雷西"号巡洋舰1000米外再次发射3枚鱼雷,正撤退脱离现场的该舰于15分钟内即告沉没。这次战斗,英国皇家海军损失3艘战舰,共有1460名英国船员在这次可怕的攻击中丧生,"U-9"号潜艇也因此创造了海战史上75分钟内击沉3艘巡洋舰的辉煌战绩。"U-9"号潜艇在创下丰硕战果23天后,又击沉了一艘英国皇家海军排水量7700吨的"爱德加"级巡洋舰"老鹰"号。

▲"一战"中的德国潜艇

正当德国的所有报刊都在大肆宣扬"U-9"号潜艇的战绩时,德国海军的另一艘潜艇"U-21"号却创造了另一项更令世人瞠目结舌的战绩。几乎就在"U-9"号击沉3艘巡洋舰的同时,"U-21"号在艇长赫森的指挥下,竟大胆地闯进了被英军视为"圣地"的爱尔兰海,在英国人的眼皮底下,又击沉了3艘英国舰船,甚至于当天夜里竟驶近英国海岸向附近的一个机场炮击,这位赫森艇长,由此有了一个绰号——"海上疯子"。

这些成功的外海战绩充分证明了潜艇的能力。这使得德国威廉二世的海军顾问提尔皮茨上将更加坚定了这样的认识:在打击协约国的商船和摧毁英国人的海上贸易方面,潜艇将是一个更好的武器。于是,德国潜艇被用来辅助封锁敌国海岸,打击协约国商船。

协约国商船一般都单独航行,海军舰艇很难给它们提供保护,尤其是在它们偏离了海上主航道时。1914年10月发生了历史上非常重要的一个事件,德国海军"U-17"号潜艇在挪威南部海域击沉了900吨的英国货轮"格里特拉"号,潜艇在击沉货轮前,命令货船船员全部离船并登上救生艇后发射鱼雷将其击沉,这是战争中德国潜艇首次击沉商船,从此以后,商船也成为潜艇攻击的重要目标。

1915年初,德国海军"U-21"号,只身穿过协约国层层封锁的直布罗陀海峡,抵达亚得里亚海域,协约国做梦都不会想到,德国的潜艇来到了他们的身旁。在两天的时间内,艇长赫森先后击沉了英国的战列舰"凯旋"号和"尊严"号。"一战"时期,战列舰是当之无愧的海上霸主,赫森和他的"U-21"号远离基地,单枪匹马闯进英军戒备森严的锚地,两天之内将两艘战列舰击毁,一举改写了德军潜艇史上的新纪录。

潜艇在"一战"中显露出强大的攻击威力,整个战争期间,德国潜艇共击沉协约国和中立国船只约 6000 艘，其中战斗舰艇 200 艘，运输船 5800 多艘，总吨位约 1800 万吨。为了对付德国的潜艇，协约国动用了 900 多艘驱逐舰和大型护卫舰，德国因此极大地牵制了协约国的海上势力，自此，潜艇在舰艇家族中拥有了一席之地。

▲伍德罗·威尔逊总统及夫人 伊蒂丝·保琳·威尔逊

第一次无限制潜艇战

潜艇在与水面舰艇、运输船只的战斗中开始发挥越来越重要的作用，但潜艇在"一战"时还是新式武器。根据国际法规定，战舰要攻击商船，必须事先警告，并保证商船上乘客和海员的安全。但是当时的潜艇既小又脆弱，如果钻出水面提出警告，交战国商船上的枪炮就足以击沉它，德国因此认为，使用潜艇袭击商船不必事先警告，除非英国拆除它商船上的枪炮。

为此，1915 年 2 月 4 日，德国宣布：在英国和爱尔兰周围水域执行"无限制潜艇战"政策，就是将这些区域划为战争地带，任何进入该区域的船只都将被击毁，不予警告。并说鉴于英国政府在 1 月 31 日冒用中立国旗帜，也因为海战容易造成不可预见之事件，大不列颠与爱尔兰周围的水域，包括英吉利海峡的全部，由此被宣布为战争区域。从 2 月 18 日以后，在此战争区域被发现的任何敌国商船都将被击毁。

尽管德军承诺尽量避免击沉中立国船只，但英国人怂恿自己的船只挂中立国家的旗帜，并鼓励水手穿老百姓的衣服来引诱德国潜艇浮出水面。德国潜艇的舰长们得到指示，保证潜艇安全才是第一要务，因此，误袭也就在所难免，德国人希望这样的政策可以吓阻中立国的船只不进入英国的水域。英国对德国的无限制潜艇战大加抨击，谴责德国漠视文明国家的战争法。

德国在公海上的不法行为，也遭到了美国的谴责。德国潜艇战政策一宣布，美国威尔逊就要求德国政府必须严格负责美国船只在公海上的安全。这是因为，尽管美国奉行"中立"政策，希望同交战双方都做贸易，但由于英国掌握着海上优势，对德国实行严密封锁，所以实际上，美国在参战前的对外贸易主要是同协约国进行，与同盟国的贸易额则相对较少，庞大的贸易额使美国与协约国联系在一起，如果协约国战败，美国几十亿美元的贷款就将付诸东流，经济绳索将美国套在了协约国的战车上。

▲德国潜艇潜入英吉利海峡

伍德罗·威尔逊

伍德罗·威尔逊(1856－1924)，美国第28任总统。他曾先后任普林斯顿大学校长、新泽西州州长等职。1912年总统大选中，由于西奥多·罗斯福和威廉·塔夫脱的竞争分散了共和党选票，他以民主党人身份当选总统。至此，他是唯一一名拥有哲学博士头衔的美国总统。1918年1月8日，他阐述了后来被称作十四点原则的关于国际和平的一揽子建议。十四点原则是各参战国中，唯一一个被明确提出的战争目标，并成为战后凡尔赛条约的基础。

1915年5月1日，美国冠达海运公司的客轮"路西塔尼亚"号挂着英国国旗离开纽约开往利物浦港。6天后，驶到西南爱尔兰外海域，客轮被德国"U－20"号潜艇发射的一枚鱼雷击沉，包括124名美国人在内的198人葬身大海。美国立即和英国站在一起，对这场惨剧做出激烈的反应。德国对美国的损失表示遗憾，但坚持"路西塔尼亚"号是英国海军的辅助驱逐舰，载有军火。

1915年3月，英国轮船"法拉巴"号被德国击沉，照英国宣传的说法，德国潜艇的艇长不予警告就开火，杀死了大约110人，其中有一个美国人。后来才发现，德国艇长曾经对"法拉巴"号警告了3次，而且是在海平线上出现了一艘英国战舰之后才开火的，而且"法拉巴"号也载着大约13吨军火。然而威尔逊给德国政府发了照会，把美国政府的政策讲得清清楚楚："美国政府有义务保护，乘坐挂交战国国旗的船只的美国公民。"

1915年8月，德国潜艇击沉了美国"阿拉伯"号商船，美国总统威尔逊严正抗议德国人的行为，声称如果德国不停止无限制潜艇战，将断绝与德国的外交关系。

因为担心美国参战，德国不得不在大西洋和北海停止了无限制潜艇战，德国潜艇转向美国船只较少光顾的地中海地区，德国第一次无限制潜艇战告一段落。

"路西塔尼亚"号沉没

"路西塔尼亚"号的沉没，是德国的无限制潜艇战中的一件大事。

1903年，3.2万吨级的"路西塔尼亚"号在苏格兰克莱德班克的约翰·布朗船厂开工，"路西塔尼亚"号建成时是世界最快的邮船，首次使用了蒸汽轮机代替往复式蒸汽机，这为它创下新的速度纪录创造了条件，从此开创了大西洋邮船的新纪元。之后，大型邮船纷纷把速度和豪华同时作为追求的目标。

丘纳德轮船公司自豪地称赞"路西塔尼亚"号是"现在大西洋中航行速度最快和最大的轮船"，它的最高速度是每小时25海里，比任何潜艇都快得多。英国海军部考虑到这种有利条件后指出："快速轮船可以靠曲折的航行，大大减少潜艇袭击成功的机会，潜艇的水下速度很低，除非它能预知被攻击船只的航线，否则要进入发动攻击的方位是非常困难的。"可德国人不这么认为，1915年5月1日，德国大使馆在美国报纸上登出声明，称任何乘坐悬挂英国旗帜的商船的美国旅客，其生命安全都得不到保障。1915年5月7日，从纽约出发的"路西塔尼亚"号，满载着1959名乘客(大部分是美国人)和船员，航行到爱尔兰外海时遭遇了大雾,不得不减慢速度。大雾逐渐散去后,在附近游弋的德国海军U 20号潜艇发现了"路西塔尼亚"号,两小时后开火,德国潜艇的一枚鱼雷击中"路西塔尼亚"号舰桥下的船身,紧接着,"路西塔尼亚"号上弥漫的煤炭粉尘引起了猛烈的爆炸。船上的旅客在惊慌失措中拥上了救生艇甲板。船上的秩序非常混乱,又因为船身急速倾斜,只有右舷的救生艇能够使用,所以只有很少的乘客逃离。18分钟后,"路西塔尼亚"号带着

▲"路西塔尼亚"号沉没

1195名乘客和船员沉入了大海。幸运的是,附近的爱尔兰渔船迅速赶来,救起了不少落水乘客。

"路西塔尼亚"号的沉没在大西洋西岸,引起了极度的震惊,美国和英国指责这是一场针对平民的残酷谋杀。德国报纸则声称"路西塔尼亚"号是一艘军火船,是德潜艇发射的鱼雷引爆军火才导致沉没。

在"路西塔尼亚"号被击沉事件中,德国人的所作所为且不说,至少英国政府是有责任的,它已经提前得到过警告,为什么还要把通过战争区域的船票卖给乘客呢?

其实"路西塔尼亚"号的沉没,正中了英国人和美国人的下怀,用丘吉尔的话来说,这才是"善莫大焉",这是英国人的计划,也是美国人的目的,当德国在这之后又击沉了几艘美国船只时,威尔逊便以潜艇战是"对全人类的作战"为由对德宣战。

其实"路西塔尼亚"号"一战"爆发时,被移交给英国海军,并被送往利物浦的加拿大码头,在那里配备上12门6英寸口径的炮。它是作为武装的后备巡洋舰注册给英国海军舰队成员的,而它所装备的武器重量超过了在英吉利海峡巡逻的英国皇家海军舰队。作为首任英国海军大臣,温斯顿·丘吉尔曾参观利物浦并视察了"路西塔尼 亚"号。他曾说:"对我来说,它只不过是又一个45000吨重的活鱼饵而已。""路西塔尼亚"号沉没后,沉船遗址被发现于1935年。1982年,它的一个四叶螺旋桨被打捞了上来,现在放在利物浦阿尔伯特港的默西赛德海洋博物馆的码头区展出。

▲美国总统威尔逊在国会宣布参加第一次世界大战

在这之后,德国政府已经在私下里决定,放弃向客轮开火的做法。但是,1916年3月,一艘德国潜艇抗命行事,不予警告,即向法国轮船"苏塞克斯"号开火,致死大约80人,船上25名美国人中有3人受伤。就是因为沉船

上的伤亡人员中有 3 名美国人,这使威尔逊总统在 4 月 18 日威胁说要与德国断绝外交关系。德国政府 5 月 4 日作出答复,以"苏塞克斯"号发誓,保证今后潜艇对商船的袭击一定严格按照"捕获法"的规定,为了旅客与船员的安全,在击沉船只之前要先进行调查、搜查并采取预防措施。

▲ 美国总统威尔逊

威尔逊这位"中立国"的总统,在得到了德国的保证后,便一反常态,打破了美国此前的全部传统,号召为商船配备美国海军的大炮和海军士兵,并指示他们:凡是遇到冒头的德国潜艇,即行开火。得了这样的指示,美国商船便大摇大摆地驶往战争区域了。

1917 年 2 月 1 日,德国宣布"无限制潜艇战"重新开始。德国开始潜艇战的两天之后,美国威尔逊总统正如他一年前警告的那样,断绝了与德国的外交关系。其实威尔逊总统对此的解释还是比较诚实的,他说道:"作为一个参战国的领导人,在和平会议的台面上,美国总统会有一个座位,但是如果他仍然是一个中立国的代表,他最多只能隔着门缝喊。"可见威尔逊总统早已站在协约国一边了。

在恢复无限制潜艇战后的第一个月内,德国潜艇击沉了至少 500 艘船只,东大西洋和北海的中立国船运量因此减少了 75%,尽管潜艇里的条件非常恶劣,但德军潜艇员的士气还是随着每一次胜利而高涨,一些德国潜艇取得了令人瞠目结舌的战绩,他们凯旋回到基地后,立即成了民族英雄。

"一战"时，航母参加的两次海战

现如今的海上霸主，当之无愧是航空母舰，追溯航母的历史，最早的航母参战是在"一战"期间。当时的航母不像现在这样不可一世，初出茅庐的航母面对训练有素地方舰队，并不能发挥其海上飞行平台的巨大作用，留下了很多遗憾。

▲ 老式邮轮

第一艘航母"坎帕尼亚"号

在日德兰海战爆发前夕，英国已经造出了世界上的第一艘真正意义上的航空母舰。这艘航母名叫"坎帕尼亚"号，这艘英国航母曾经作为日德兰海战的预备舰船，做参战的备用。

"坎帕尼亚"号航母是一艘改装航母，在改装前，它是一艘老式邮轮，排水量达到2万吨，体积巨大，但是它的航速只有21节，并没有当时的战列巡洋舰快。负责指挥这次改装行动的是英国皇家海军的杰里科海军上将，他对于"坎帕尼亚"号航母的改装提出了明确的要求，尤其他对甲板的改装制定了苛刻标准，他眼中的合格的航母的飞行甲板必须达到61米，不能有丝毫的误差。因为甲板如果短了，飞机无法在飞行甲板上弹射起飞，航母的这种海上飞行平台的作用就无法体现出来。正是在杰里科的严厉监督下，第一艘名副其实的航母很快就被改装成功了。

这一次航空母舰的改装，虽然在当时不算什么大的举动，对于世界海战史来说，这是一个伟大的创举，具有划时代的意义。这是人类历史上第一艘真正意义上的航母，也是英国海军的第一艘航母，而且开创了民用船只改装航母的先例。自此之后，英国皇家海军又在商船基础上成功改装了多艘航母，并将此种做法列为英国皇家海军的传统，直到第一艘专门设计建造的航母"赫姆斯"号成功下水。

▲ "竞技神"号

错过了日德兰海战

"坎帕尼亚"号成功改装后，在杰里科的要求下，迅速地加入到英国的舰队行列。英国此刻正在为日德兰海战做准备，"坎帕尼亚"

号也被列入到集结的 150 艘战舰的行列中,但是,并没有人重视这第一艘航空母舰。杰里科虽然负责"坎帕尼亚"号航空母舰的改装,但是他因为忙于指挥日德兰海战的集结战舰,也不再像以前那么重视这首艘航空母舰了。

1916 年,杰里科率领 150 艘战舰组成的英国皇家海军庞大舰队出发,准备寻机歼灭德国公海舰队,而"坎帕尼亚"号航空母舰却没有得到出发的消息,看来它要错过即将爆发的日德兰海战了。

其实杰里科在考虑整个战局的时候,还是想着他率领的编队有一艘他亲自监督改装的航母"坎帕尼亚"号。但是,他对这个新式战舰的战力产生了怀疑,他不认为靠着"坎帕尼亚"号甲板上的那 12 架飞机就能打败德国公海舰队的坚船利炮。但是,在计划寻机歼灭德国公海舰队的行动时,"坎帕尼亚"号航母上的官兵却强烈要求参战,杰里科这才勉强答应,将其列入作战计划,但并没有给"坎帕尼亚"号航母安排什么特别的任务,纯粹是处于带着"坎帕尼亚"号航母进行一次实战检验的目的,并借机看一看这艘航母的战力高低。可是,在出发之前,杰里科因为了解到德国公海舰队有出没的情报,急于与德国公海舰队决战,便带着英国的庞大舰队连夜就出发了,却忘了通知这艘唯一的航母"坎帕尼亚"号跟着一起出发。

此刻"坎帕尼亚"号还停在军港里,舰长施万和全体舰员们对于能够参加日德兰海战,都感到无比兴奋,他们做好了一切战斗准备,只等着杰里科的命令到来,然后跟随英国舰队一起去消灭德国公海舰队。舰长施万一直待在指挥室,而舰员也待在各自的岗位上,做好了万全准备。

水上飞机母舰

1914 年,第一次世界大战爆发,英国为了继续称霸海洋,开始了飞机与军舰的结合试验,但一直没有太大的起色。而英国的对手德国利用齐柏林飞艇飞越英吉利海峡,轰炸英国本土,对英国本土构成了严重的空中威胁。而且德国的齐柏林飞艇还可以在大洋上监督英国的军舰调动情况,这对世界第一海军强国的英国来说,是不可忍受的。

英国必须尽快发展一款能够搭乘舰载机的母舰,载着飞机在海洋中巡洋,随时打击齐柏林飞艇。于是英国再一次将舰载机的发展提上议事日程。但英国最初发展的航母还算不上现代意义的航母,而且技术要求也比较低,只是搭载水上飞机的水上飞机母舰,它搭载的不是从陆上起飞的飞机,而是水上飞机。这些水上飞机母舰的甲板不是供飞机起飞的跑道,仅仅是一个停放水上飞机的平台。

水上飞机母舰将水上飞机运到需要去执行任务的海域,用起重机把水上飞机吊到海里去,水上飞机从海里自己起飞,降落的时候,水上飞机也是降在母舰附近的海里。再被起重机吊到水上飞机母舰上来放着。1913 年 5 月,英国皇家海军用一条轻型巡洋舰改装出了世界上最早的一条水上飞机母舰:"竞技神"号。这个水上飞机母舰只能搭载三架水上飞机,但它对德国的齐柏林飞艇已经形成有效的空中打击效力。

但"坎帕尼亚"号苦等了很久,却等不到杰里科的命令,施万得知,是杰里科把他们给遗忘了。施万非常气愤,但他知道这时候不是发火的时候,为了能够赶上日德兰海战,施万决定冒险,他命令"坎帕尼亚"号火速前进,争取赶上英国的舰队。同时施万也通过无线电不断地联系杰里科,将"坎帕尼亚"号单独出发的消息报告给他。但在充满敌情的海域,

"坎帕尼亚"号单舰航行非常危险，倘若遭遇到德国潜艇，"坎帕尼亚"号因为体积庞大，航速较慢，又没有反潜能力，极有可能会击沉。

▲"卡帕尼亚"号航母

一直到一天后的 5 月 31 日，"坎帕尼亚"号的施万舰长才与杰里科取得无线电联系。这时候，"坎帕尼亚"号差不多追赶上英国舰队了，双方只剩下 4 小时候的航程了。但杰里科得知"坎帕尼亚"号在单舰出航时，却十分生气，立即命令"坎帕尼亚"号返航，他可不想背负"坎帕尼亚"号被德国潜艇击沉的罪责。

施万舰长也非常生气，他甚至通过无线电咒骂杰里科，但他是一名军人，军人以服从命令为天职，最终他选择了返航。就这样，在日德兰海战的前夕，"坎帕尼亚"号航母载着 12 架飞机，不得已离开了战场。

随后的日德兰海战在杰里科的指挥下，虽然成功地将德国公海舰队封锁在港口里，但英国舰队也因此损失惨重，有军事历史学家认为，如果"坎帕尼亚"号能够参加日德兰海战，利用舰载飞机为英军提供侦查德国战舰的位置，将可能改变战局。当时因为杰里科在日德兰海战中最大的遗憾就是无法准确获知德国战舰的位置，使很多英国战舰被击沉。

另一次航母之战

航空母舰初出江湖的时候，一直受到英国皇家海军的冷落。航母一般只会被派往执行一些侦察、联络的任务。和第一艘航母"坎帕尼亚"号的舰长施万相同，英国随后改装的一些航母的舰长们，他们总想找机会露一手，好让英国皇家海军对航母刮目相看。

1918 年 1 月的一天，在达达尼尔海峡，英国和法国的联合舰队和土耳其激战。由德国赠送给土耳其的战列巡洋舰"亚沃土·塞利姆苏丹"号在海战撤退过程中，不幸触礁搁浅。英国皇家海军战舰指挥官们都想指挥自己的战舰，去将"亚沃土·塞利姆苏丹"号击沉。面对这唾手可得的"猎物"，英国皇家海军的司令官考虑再三，认为英国的战列舰和巡洋舰都有重要任务需要执行，而英国的"皇家方舟"号和"曼岛人"号航母却一直作为预备战舰没有参战，此时，派这两艘航母去执行作战任务，是再合适不过了。因为航母的战力一直没有得到检验，面对已经搁浅的战列巡洋舰，航母应该有能力对付的。

▲指挥战斗的杰里科

▲"一战"时的"皇家方舟"号航母

"皇家方舟"号和"曼岛人"号航母接受了轰炸任务后,两艘航母上的官兵都非常高兴。这两艘航母迅速驶向"亚沃土·塞利姆苏丹"号附近海域。但摆在这两艘航母面前的问题是,他们从来没有击沉一艘战列巡洋舰的经验。面对偌大的土耳其海军的"亚沃土·塞利姆苏丹"号战列巡洋舰,他们不知用什么战术才能击沉。

两位舰长只好发挥航母的优势,在"亚沃土·塞利姆苏丹"号战列巡洋舰附近停下来,使用航母上的舰载机,让舰载机向"亚沃土·塞利姆苏丹"号扔炸弹,试图炸掉这艘搁浅了的土耳其战列巡洋舰。

"皇家方舟"号和"曼岛人"号上的舰载机呼啸着起飞,升到"亚沃土·塞利姆苏丹"号的上空,扔下了许多炸弹,随后赶紧离。在两艘航空母舰的舰员注视下,"亚沃土·塞利姆苏丹"号上升起阵阵浓烟,期间还夹杂着爆炸声,他们都认为"亚沃土·塞利姆苏丹"号已经被炸成残骸了。等舰载机再次飞往"亚沃土·塞利姆苏丹"号上空观察时,这才发现"亚沃土·塞利姆苏丹"号毫发无损,"皇家方舟"号和"曼岛人"号惊呆了,他们再次派遣飞机向"亚沃土·塞利姆苏丹"号扔下更多的炸弹,但"亚沃土·塞利姆苏丹"号依旧毫发无损。这期间,这两艘航母上的舰载机一共向"亚沃土·塞利姆苏丹"号上投下了重达15吨的炸弹。

原来"亚沃土·塞利姆苏丹"号是德国建造的最先进的战列巡洋舰,其甲板非常之厚,一般的炮弹是无法炸穿的。"皇家方舟"号和"曼岛人"号航母的舰载机扔下的炸弹都是29公斤和50公斤的炸弹,当量太小,对号称"钢铁堡垒"的铁甲舰根本起不到彻底损毁的作用。

"皇家方舟"号和"曼岛人"号航母的两位舰长见状,觉得脸上无光,两艘英国的航母却奈何不了一艘搁浅的战列巡洋舰!最终两位舰长决定孤注一掷,决定让舰载机挂载着舰艇鱼雷去轰炸"亚沃土·塞利姆苏丹"号,舰艇鱼雷的炸药当量很大,足以击沉战列巡洋舰。

当时的舰载机很轻,挂载着舰艇的鱼雷超过了其运载的负荷。这导致舰载机不堪重负,刚起飞,就变得摇摇晃晃,就像刚学走路的孩子那样蹒跚。但舰载机飞行员肩负重任,无论如何也要驾驭好飞机,完成轰炸的任务。就这样,飞行员控制着飞机,以拼命一搏的决心,向"亚沃土·塞利姆苏丹"号冲去。

这种违背规律的做法很快就带来了恶果,飞行员没能驾驭好舰载机,舰载机和超重鱼雷一起扎进了大海。

两艘航母的舰长没有因此停止让舰载机挂载鱼雷飞行的行动。在舰长的鼓励下,很快，又有飞行员愿意驾驶第二架挂载着鱼雷的舰载机前往轰炸"亚沃土·塞利姆苏丹"号。于是第二架舰载机起飞了。这架舰载机和上架舰载机一样，在空中摇摇晃晃，像个醉汉。

两艘航母上的官兵们都担心地看着这架舰载机，希望它能够成功。舰载机飞行员也在顽强地驾驭着飞机。但这架飞机也坠落到大海里去了。

看着此种情景，两位航母舰长再也没有接受任务时的那种兴奋劲了，变得失望透顶。他们知道，航母的名声也随着这次失败的任务而一落千丈。两艘航母奈何不了一艘搁浅的战列巡洋舰，却先损失两架舰载飞机，着实是一次彻底的失败行动。于是英国皇家海军的上级指挥官命令这两艘航母撤退，两艘航母不得不灰溜溜地离开了。

而"亚沃土·塞利姆苏丹"号经过休整，也摆脱了搁浅的命运，重新开回土耳其军港。而且，"亚沃土·塞利姆苏丹"号在之后的战斗中，始终没有被击沉，并参加了第二次世界大战，成为世界上最长寿的战列巡洋舰。

"皇家方舟"号和"曼岛人"航母的这次军事行动成为笑话。然而幸运的是，那些慧眼识珠的人并没有因此停止航母的发展计划，否则，当今海上可能就没有这个"海上霸主"了！

▲现在英国"皇家方舟"号

空中作战，开始改变战争面貌

"一战"，这在当时是一种令人无法预料的新型战争：庞大的军队、密集的士兵、彼此相隔数千米，对峙几个月甚至几年的战线。战前人们谁也不会料到飞机会在这次战争中得到突飞猛进的发展，事实证明：后来空中作战的许多样式，是在这场战争中播下了种子，而空中作战思想，开始在军人脑海中出现，"一战"空战的出现，改变了整个战争的面貌。

前方和后方难以区分

几百年来，骑兵一直把自己视为陆军的眼睛，因为它可以搜索敌人，并将敌情报告给司令部。然而，在"一战"中，飞机却使骑兵受到了"挑战"，因为一架飞机在几百米的高空可以完成同样的侦察任务，而且飞行员在几分钟内即可将获得的情报送交到司令部。

侦察是飞机在军事上的第一个应用领域，也是飞机在"一战"初期的核心任务。1914 年 9 月 3 日，法国的一架侦察机发现德军已经不再绕着巴黎的西郊向前疾进，而是向东直插这座城市的内部。这一情报使法军掌握了德军的弱点。随后法军抓住时机，发动了规模巨大的马恩河战役，阻止了德军的进攻，扭转了战场上的不利态势。

然而，飞机并不仅仅是陆军的"眼睛"，它还是一种有效的作战武器。1914 年 10 月 5 日，法军飞行员约瑟夫·弗朗茨和机械员兼观察员路易·凯诺中士驾驶着一架瓦赞飞机在己方阵地上空巡逻。这种飞机结构紧凑，有两个座位，采用的是推进式发动机。观察员位于靴形短舱的前部，操纵一挺刘易斯式轻机枪。刘易斯式轻机枪是当时最先进的机上机枪之一。这种机枪是美国人艾萨克·刘易斯上校于 20 世纪初设计的一种武器，它有一个内装 47 发至 90 发子弹的鼓形弹匣，插在机匣顶部。拆掉枪筒套筒以后，机枪的重量便减轻许多，因此它是

刘易斯式轻机枪

该机枪最初由塞缪尔·麦肯林设计，后来由美国陆军上校刘易斯完成研发工作。刘易斯曾向美国军方推销这种设计新颖的机枪，但美军对此毫无兴趣。刘易斯只得带着他的设计来到比利时，于 1913 年开创了自己的兵器公司。一年后，随着"一战"的爆发，比利时兵器公司的员工们纷纷逃亡到英国，带去了他们的设计方案和部分设备。他们在英国的伯明翰轻武器公司的工厂里开始大量生产刘易斯机枪。

一种很好的机载武器。凯诺中士把这挺机枪架在机头上，机枪的底座是活动的。他怀疑这挺机枪是否真的有效，很想找个机会试一试。正当他手痒难耐之际，一架倒霉的德国阿维亚蒂克双座侦察机闯入了他的视野。弗朗茨驾机冲了过去，但德机并未急着逃跑，因为飞行员没看到那挺可怕的机枪。当两机距离接近时，法国飞机装配的可怕的机枪吐

出了"火舌",惊慌失措的德机一会儿工夫就被击中坠毁。这是战争史上第一次用机枪进行的空战,空中追逐与歼击的时代由此开始。

▲ 齐柏林飞艇

从此后在"一战"中,飞机还被广泛运用于空地协同作战。在1917年11月20日进行的康布雷战役中,英军派出了1000余架飞机参战。这些飞机以低空盘旋的噪声来掩盖坦克开进的隆隆声,并以对地轰炸和机枪扫射来支援地面部队的行动,这些飞机还轰炸了德军的炮兵和指挥部。经过10个小时的激战,英军突破了德军的防线,俘敌8000余人,缴获火炮100余门。11月30日,德军也在1000余架飞机的支援下实施反击,收复了失地,俘敌9000余人,缴获坦克100辆,火炮148门。这次战役是坦克、飞机、步兵、炮兵的首次协同作战,为立体协同战役理论的产生奠定了基础。航空兵的低空强击战术也在这次战役中得到了发展。

在这一时期,德国人在飞机配合陆军作战方面处于领先地位,他们专门生产了有装甲的J级飞机和轻型CL级飞机用于攻击地面目标。德国的J级"容克"式飞机是现代强击机的雏形,机身全部用铝合金制造,飞机腹部装有下射机枪,座舱周围装有5毫米厚的钢板。飞机携带有集束手榴弹和手抛轻型炸弹,可有效地执行对地攻击的任务。

德国还在1918年1月26日颁布的《阵地战中的进攻》细则中,明确了航空兵在诸兵种协同作战中的具体运用办法:侦察航空兵首先起飞,进行战场监视和收集情报,使指挥部随时掌握突击进程;歼击航空兵掌握"制空权";强击航空兵随即投入战斗,对敌步兵和炮兵实施猛烈扫射。1918年3月21日,德国航空兵在皮卡迪进攻战斗中实施了这一细则。第二天,德军步兵又在30架强击机支援下,粉碎了英军第50师和第61师的抵抗。第三天,德国强击航空兵有效地阻止了英军第5集团军预备队的前进,并袭击了撤退的英军部队和辎重队。这次战役,积累了丰富的在协同作战中使用航空兵的经验。

在"一战"中,对人们的观念影响至深的空中作战行动,应该说是轰炸行动和对轰炸者的拦截行动。飞机轰炸使人们懂得,今后的战争已经难以区分前方和后方了。

袭击齐柏林飞艇库

德国的齐柏林飞艇严重威胁着英国皇家海军的海上优势。在齐柏林飞艇的侦察协助下,德国海军可以避开英国的主力舰队,设法消灭英国的分遣队伍。因此,在战争初期,英国便决定要将齐柏林飞艇消灭在"摇篮"里。

1914年9月22日,英国皇家海军航空兵首次空袭德国。由萨姆森中校指挥的皇家海军航空兵第一联队的4架飞机从敦刻尔克起飞,轰炸了位于科隆和杜塞尔多夫的齐柏林飞艇库。因浓雾所阻，这次空袭没有取得成功。10月6日，英军两架携带炸弹的泰布洛德式飞机，再次轰炸杜塞尔多夫飞艇库。泰布洛德式飞机是当时较好的飞机：它的汽缸旋转式发动机有流线型整流罩，机身有完整的蒙皮结构。这是一种小型飞机，翼展只有7.77米，曾经在一次飞行表演中以每小时145千米的速度和每分钟366米的爬升率而轰动一时。当时皇家海军仅有3架这种飞机，其中第167号和168号两架飞机属于皇家海军航空兵第一联队。执行本次轰炸任务的就是这两架飞机。由于目标较远，两架飞机首先飞到安特卫普郊外的威尔克机场。加油后，斯潘塞·格雷少校飞往200千米以外的科隆，马里克斯中尉飞往距离相等的杜塞尔多夫。但格雷少校的运气不太好，飞艇基地地面上有一层薄雾，无法实施攻击。他只好在一处火车站上空投下了炸弹。

在杜塞尔多夫，马里克斯中尉没费什么劲就发现了一座庞大的飞艇库。他随即驾机俯冲到180米高度，虽然地面的德军重机枪以猛烈的火力向他射击，但他已准确地投下了两颗9千克炸弹，然后开足马力迅速爬高。只见飞艇库喷出一团巨大的火球，直径足有150米。库内有一架德国新造的Z-9号飞艇被炸，炸弹掀起的烈焰引爆了库存的28320m³氢气，整个飞艇连同飞艇库顷刻间化为乌有。

完成任务后，马里克斯中尉得意洋洋地驾机而返。当他转弯时，发现方向舵的脚踏杆被机枪子弹打断，操纵索失灵，高兴的心情一下子凉了半截。他不得不放慢飞行速度，最大限度地扭曲机翼飞向安特卫普方向。在顺风推动下，他终于安全返回了基地。

这次成功的袭击，虽然是由海军航空兵实施的，但使用的却是陆上飞机，同时也是从陆地机场起飞的。这是因为英国皇家海军唯一的一艘航母"竞技神"号在英吉利海峡已被德国潜艇用鱼雷击沉。

1914年8月，英国皇家海军改装了3艘水上航空母舰，每艘可搭载3架水上飞机。1914年11月，英国皇家海军决定用这3艘航空母舰从海上对库克斯港以南的一座齐柏林飞艇库发动一次袭击。这将是真正的海军航空兵作战。飞机将从航空母舰起飞，攻击远远超出任何陆基飞机作战的半径。

12月24日17时，由3艘航空母舰、2艘巡洋舰、10艘驱逐舰、10艘潜艇组成的英军庞大舰队从哈里奇出发了。在夜幕的掩护下，舰队于凌晨4时30分顺利通过北海，6时整到达了弗里西亚群岛旺格奥格以北40海里的预定位置。

黎明前的海面风平浪静。在凛冽的寒风中，英军飞行员们最后一次检查了随身携带的

齐柏林飞艇

1900年7月2日，由德国的斐迪南·冯·齐柏林伯爵设计并制造的一架飞艇曾在今天的腓特烈港附近进行首次飞行，这就是齐柏林飞艇。这架飞艇是在康斯坦斯湖上漂浮的飞机棚里制造的，飞艇上有个用金属丝缠着的铝壳，铝壳外面裹着装有16个氢气囊的棉布。两台16马力的发动机使飞艇速度达到每小时22千米。齐柏林飞艇是一系列硬式飞艇的总称，由于当时硬式飞艇技术的成熟，使其大型化成为可能。因为技术能力较同时期的飞机优秀，可装载大型货物，在航空史上具有辉煌成绩。

物品。他们除攻击飞艇外,还负有侦察任务。

7点,英军飞行员和侦察员们登机。领航舰向各舰发出吊放飞机的信号,9架英军飞机在蒸汽绞车的铿锵声中被吊放到水面上。接着,启动发动机的信号发出。机械员们开始发动引擎。他们站在狭窄的甲板上,尽量使自己站稳脚跟,同时费力地转动着木质螺旋桨。海浪不停地涌溅到他们身上,但有两架飞机的发动机一直发动不起来。不能再等了,余下的7架飞机开始转向逆风,滑入起飞跑道。

▲再现"一战"中德国"红男爵"飞机

这英军7架飞机升空,飞向64千米外的库克斯港。飞行员们坐在冰冷的敞开式座舱里,发动机功率在低温状态下也下降了。飞行高度很难保持,因为速度快不起来。

更糟糕的是,英军飞机飞临目标区时,浓雾把地面完全遮住了。没有一架飞机能找到齐柏林飞艇库。飞行员们只好转向西南。不久他们发现,在一个海军基地内停泊着一艘艘德军军舰。正在这时,德军地面高射炮火向英军飞机袭来,飞行员们冒着猛烈的炮火把几颗炸弹投向一艘巡洋舰和一艘航空母舰。德军准确而猛烈的地面炮火击中了大多数飞机,有4架飞机因油箱被击中或者发动机被打坏,不得不在海上迫降。

只有2架飞机返回了英军水上飞机母舰。3架迫降飞机的人员被潜艇救走,1架飞机被驱逐舰拖带着救起,而休利特上尉驾驶的135号飞机下落不明。后来才知道,休利特的飞机迫降在一艘荷兰拖网渔船旁边。当时的中立国荷兰扣留了他。

这次空袭虽然没有达到预期效果,但英国飞机突然出现在德国主要海军基地上空,大大超出了空中攻击所能达到的范围。结果,德军不仅在库克斯港和威廉港,而且在所有易受攻击的军事设施周围都加强了防空力量。

英军的这次空袭牵制了德军的力量,同时证实了航空部队可以和舰队一起作战,从而向人们展现出了一种崭新的作战方式。

空中猎杀

英军对德国飞艇基地的空袭一直没有停止,而德国飞艇也飞过海峡空袭了伦敦。

1915年6月6日晚上10时,在英格兰诺福克海岸的一幢楼房内,一位名叫拉塞尔·克拉克的无线电爱好者用自制的短波接收机收到一些断断续续的莫尔斯电码。他报告给英国海军部,告诉他们接收的频道。这些电报正是德国飞艇部队的飞行航线信息。

因为齐柏林飞艇航线是精心制定的,极少临时更改,因此,英军航空部队准备截击这些狂妄的袭击者。

6月7日12时45分,英国皇家海军航空兵驻法国敦刻尔克基地指挥官阿瑟·朗莫尔中校命令第一中队的 4 架飞机起飞,前去拦截飞艇。

英国飞行员亚历山大·沃内福特上尉和约翰·罗斯上尉各自驾驶一架莫兰·索尼尔式单翼机腾空而起,穿过黑沉沉的夜幕,直奔比利时北部的根特城上空。

两分钟后,另外的威尔逊上尉和米尔斯上尉也驾驶着两架法尔曼式轰炸机向同一方向飞去。

在浓雾笼罩的比利时佛兰德以西海岸上空,3 个巨大的灰色怪物正缓缓飞向多佛尔海峡,这就是德国人的齐柏林飞艇。飞艇队伍由德国名噪一时的大英雄林纳兹上校率领。一周之前,林纳兹曾指挥 LZ－38 号飞艇轰炸了伦敦。林纳兹从布鲁塞尔附近的齐柏林飞艇库起飞。黄昏前,在布鲁塞尔上空与 LZ－37 号和 LZ－39 号会合。飞艇队伍飞过比利时海岸,向海峡对面的泰晤士河口飞去。

当飞艇飞临海峡上空时,大雾正笼罩着海峡,能见度为零。德国飞行员们焦急地等待着,这时,他们收到了德国基地发来的电报:气候不佳,任务取消。

飞艇转头东返,这时又收到德国电令:在返航途中选择打击目标。林纳兹率飞艇队伍飞向加莱,并确定了打击目标——英军前线后方的一个重要的铁路枢纽。

> **阿瑟·朗莫尔**
>
> 阿瑟·朗莫尔(1885－1970),英国空军上将,1900 年在海军学校受训,1904 年服役。1910 年接受飞行训练,1914 年 7 月他曾经第一个由空中投下鱼雷,1915 年任皇家海军航空兵驻法国敦刻尔克基地指挥官,负责拦截德国飞艇。1918 年转入皇家空军,并先后供职于皇家空军学院和帝国国防学院,参与创建英国空军训练体制。是岸防航空兵的第一任司令官。1940 年任中东战区空军总司令。和阿奇博尔德·珀西瓦尔·韦维尔一起消灭了东非的意大利军队。1941 年任皇家空军总监。领空军上将衔,有"爵士"封号。著有自传《从海洋到天空》。

当德国飞艇队伍向加莱飞行时,英国四架飞机也正向该方向疾进,每架飞机上都挂载着 6 颗 6 千克的炸弹。

英国两架单翼机飞行员保持着目视接触,平稳地飞行着。突然,沃内福特看到罗斯在摇晃着他的机翼,这是预先约定的遇险信号。是罗斯遇到了麻烦,他的仪表指示板上的灯光灭了。在黑暗中,他凭直觉飞行着。在浓厚的大雾中,罗斯的飞机撞到了地面上,令人吃惊的是,他竟然没有受伤。

沃内福特独自飞行着。他看到了德国的飞艇,便开始减速盘旋。突然,地面高炮向他射击了。他猜测,一定是德国人听到了飞机发动机的嗡鸣声才开炮的。于是他关闭了发动机,驾机滑行。炮声渐渐远去。

他继续飞行着,漫无边际的大雾使他很难发现攻击目标。就在这时,一个巨大的影子出现在飞机的左下方。他减小油门,放慢速度,远远尾随着他的猎物,不想过早地惊动它。

天空渐渐亮了,他发现自己跟踪的是德国 LZ－37 号飞艇,飞艇正在下降高度,飞向贡特罗德飞艇基地。

正在此时,飞艇上的炮手发现了他这架飞机。一阵炮弹向飞机射了过来。

LZ－37号艇内,德国人哈根上尉拿起艇内话筒,向炮手喊话:"你在朝谁开炮?"

"一架英国飞机在艇尾方向,距离300米。"炮手答道。

哈根迅速通知了吊舱上的4名炮手,其中两人开始向这架英国单翼机开炮射击。

沃内福特拉大距离,躲在德国飞艇炮手的视界盲区,小心翼翼地注视着飞艇的动向。他清楚地知道,飞艇的爬高能力比他的单翼机有很大优势,高度是攻击的优势。

沃内福特耐心等待着,随时准备用他那少得可怜的炸弹捕杀这只德国巨兽。

哈根突然下俯艇首,4台发动机加大油门,全速向德国基地的防空火力保护圈内冲去。

沃内福特也加大油门,使飞机处于德国飞艇的正上方,接着他关掉发动机,开始大角度螺旋俯冲。当飞机下滑到距飞艇不到46米时,他投下了炸弹。

然后他驾机全速飞行,逃离了飞艇的上空以躲避爆炸。只听一声巨大的爆炸声,沃内福特的小小英国单翼机被气浪上抛了60余米。他从座舱里被掀了出来,安全带拴着他,将他吊在飞机上。他看到,飞艇已变成了一个炫目的火球。

德国飞艇上的艇长罗默突然感到一阵剧烈的震动,飞艇突然倾斜。他被震得双手撒舵,身体滑过陡直的甲板,头碰到一根金属柱子,撞得眼冒金星。他死死地抓住柱子。甲板上的其他人已统统被甩出了艇外。

飞艇在剧烈的燃烧中下坠,吊舱穿透了伊丽莎白女修道院的宿舍楼顶,当场砸死两名修女和两个孤儿。

此时的沃内福特已从惊愕中清醒过来,他爬回了座舱。发动机已熄火无法发动,他必须在德国敌后迫降。

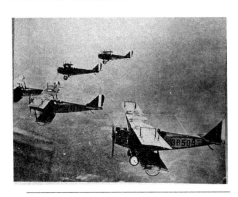

▲"一战"空战图

在德国LZ－37号飞艇遭到攻击坠落后,LZ－38号也在面临着死亡的威胁。英国人威尔逊和米尔斯尾随这艘飞艇到了德国埃维尔齐柏林飞艇库上空,趁飞艇正在被拖进艇库的时候,对它实施了轰炸。炸弹穿透了艇库的屋顶,一连串的巨响之后,齐柏林艇库变成了一团大火。林纳兹和他的艇员们仓皇逃出了艇库。

沃内福特的飞机遭遇了故障,在一块开阔的田野上安全降落。他点了一支火把,检查了发动机,原来是一根油管漏油。他迅速用一段绳子把油管系紧,35分钟后,他又驾机起飞了。但是,飞机已不那么好操纵了,发动机间歇性地停机,他偏离了航线。为了找到明显地标物以确定航线和自己的位置,他飞向海岸方向。

飞行了很长一段时间后,沃内福特终于看到了大海。他发现自己已偏离航线很远的距离。重新确定航向后,他向着敦刻尔克径直飞去。然而,发动机不久便再次熄火,飞机失去了高度,降到一块平坦的沙滩上。

沃内福特撇下了飞机,一路搭乘便车回到了英军基地。36 小时后,他获得了维多利亚十字勋章。

然而,不幸的是,10 天后,沃内福特这位战争英雄便在一次飞行事故中丧生。

尽管沃内福特击落飞艇的事实证明飞艇是可以被征服的,但英国民众当时并没有认识到这一点。

▲"一战"最优秀的战机——英国"骆驼"式战机

对英国平民百姓来说,那些德国飞艇似乎可以在英国的天空任意飞行、狂轰滥炸。他们一时还看不到有什么力量能有效地遏制这些空中庞然大物。

直到 1916 年 9 月,英国居民们亲眼看到一艘来袭飞艇被英国皇家飞行队罗伯逊中尉击落在伦敦郊区,才相信了飞艇是可以被战胜的。

然而,罗伯逊的成功并不意味着对德国飞艇的作战已取得了彻底胜利。德国齐柏林飞艇仍然不断地飞到英国轰炸,而英国的飞机一次次迎击,却不是每次都能取得战果。

直到 1917 年年底,德国飞艇才遭到彻底的失败,而失败的原因不是由于英国的战斗机和高炮,而是由于天气。

1917 年 10 月的一个晚上,11 艘德国齐柏林飞艇奔向英国,但途中遇到了风暴。它们被吹得越来越高,其中 4 艘再也没能返回基地。从此,德国飞艇从英格兰的天空彻底消失了。

空战格斗,战争从平面到立体

"一战"中,飞行员们把欧洲中世纪的骑士豪侠风度带上了蓝天。从此,勇敢而残忍的决斗走向了蓝天这个新的舞台。这些空中骑士们用青春、勇敢和智慧,用汗水、鲜血和生命促进了军用飞机的发展,战争模式也从平面走向立体。

初期的空战武器五花八门

"一战"爆发之初,长期主宰战场的欧洲各国的陆军和海军,对那些用木头和布料制成的歪歪扭扭的空中怪物并不感兴趣,而当时的飞机的确也不是专为军用目的而设计的。飞机的机身全都用木头制造,机身和机翼上覆盖着涂上胶的布料,机上没有装配任何武器装备。这时的飞机大多数是双翼机,两层机翼之间是密密麻麻的金属线。据说当时的飞机在机翼之间的金属线全部连接好后,要放一个鸽子进去,如果鸽子逃跑了,那就说明必定有一

▲"一战"中的飞机编队

根金属线断了。当时根本就想不到,也做不到采用流线型的设计来减小风的阻力,从而增大飞机速度。

陆军和海军中没有人真正想到飞机是一种作战的武器,只是把它作为陆军或海军的眼睛。英国和德国的飞行员们在空中相遇时,彼此并不交战,而是专心致志于各自的侦察任务,顶多挥挥拳头以示敌对。但是不久,这种互不相扰的局面就结束了。

由于飞机上没有专门的攻击性武器,所以飞行员和侦察员们在执行任务时往往带一支手枪或一支卡宾枪。但并非人人都带,也不是每次都带。

8月25日,由哈维·凯利中尉率领的英国皇家飞行队第二中队的一个3机小队,发现了1架德国鸽式机正在对蒙斯南面的法军防线进行侦察。中尉立即向德机靠拢,在德机方向舵的正后方占位。另两架英机也在德机两侧占据了有利位置。靠得很近的英机使德国飞行员惊慌失措,他企图俯冲脱离,但这3架英机却死死咬住它不放。德国飞行员看到逃跑已不可能,只得匆匆选了一个地方着陆,然后弃机撒腿跑掉了。英机也跟着着陆,但经过搜索没有找到那个德国飞行员,于是纵火将德机烧毁后,又重新起飞,这就是空中作战史上击落敌机的第一个战例,虽有点逗乐,但它表明空中作战如同陆地和海上作战一样,人的勇气和智慧仍是决定胜负的重要因素。

1914年8月5日,俄国飞行员涅斯捷罗夫别出心裁地在自己的机身后部装了一把刀

▲"一战"中，飞机从战场监视迅速变成配合陆军的立体作战

子，并用这把刀子把一艘德国飞艇的蒙皮剖开了。后来他又决定在飞机尾部装一条带重锤的钢索，准备从敌机上面飞过时，用钢索把敌机的螺旋桨缠住。

另一位俄国飞行员卡扎科夫上尉受涅斯捷罗夫的启发，在他的飞机上悬挂了一条带"抓钩"的钢索，抓钩上还连着一个雷管。从敌机上方飞过，用抓钩将敌机钩住，并靠钩住敌机时的撞击引爆雷管，杀伤敌机。

1915年3月19日，卡扎科夫在维斯拉河以西发现了一架德国"信天翁"飞机，他悄悄地开始跟踪，并巧妙地把钢索拉开，用抓钩钩住了德机。"信天翁"拼命想挣脱钢索的束缚，卡扎科夫哪肯放过。他想不出别的办法，于是决定把德机撞击下去。他降低飞行高度，第一次由于高度判断错误未能撞成，他又进行了第二次撞击，又没成功。卡扎科夫索性来了个俯冲下滑，用机轮狠狠地撞在了笨重的德机机身上。两架飞机都受了伤，在一起飞了几秒钟后，卡扎科夫的飞机开始滑翔，直立着杵在地上，他却意外地活了下来。而德机飞行员却没有这么幸运，一头扎下去，轰隆一声，摔了个粉身碎骨。这就是勇敢者创造的"撞击战术"。

初期的空战武器五花八门，砖头、石块也在飞行员之间来回投掷着。有些人经常把手榴弹带到飞机上，并接连地投出，去炸毁敌机。还有些人提出从敌机上方向下投掷像铅笔一样大小的钢镖，但不久就被否定了。

在探索新武器的同时，人们也在探索飞机的空中机动问题。歼击机的机动动作是非常重要的。涅斯捷罗夫为解决这个问题做出了杰出的贡献。他研究了飞机的盘旋，确定了能保证飞机升力增加的升力速度。盘旋理论使涅斯捷罗夫确信，如果有了大能量的发动机，飞机就可以进行垂直面上的机动。他成功地完成了后来成为垂直飞行特技基础的"死筋斗"动作。这个战术动作帮助许多飞行员避免了在战斗的紧要关头坠入螺旋的危险。

再后来，当空中格斗为战斗所需时，歼击机便应运而生了。

安东尼·福克的意外收获

由于空中武装冲突越来越频繁，空战问题引起了人们相当大的注意。与此同时，飞机的识别也成了一个需要解决的问题。1914年10月，法国航空兵率先解决了这个问题，他们将由红、白、蓝三色组成的传统帽徽画在飞机的机翼上。德国人的方法是在机翼和方向舵上画上黑十字架。英国人采用的是像法国人那样的圆形标记，但颜色的排列相反，中心为红色，里圈为白色，外圈为蓝色。在1914年11月最后确定了下来。

人们发现，在飞机上装上固定式前射机枪对空中格斗非常有利，但由于拉进式飞机机头上有螺旋桨挡着，因此只能在推进式飞机短舱的前部安装前射机枪。首批歼击机就这样诞生了。由于这种歼击机是推进式，飞行不太灵活，飞行员们感觉驾驶起来很不顺手，于是便尝试着在拉进式飞机上架设固定机枪。第一个做这件事的是法国飞行员加罗斯。

加罗斯很早就意识到，歼击机的未来取决于能否安装沿飞机纵轴发射的固定式机枪。当时正好有一位飞机制造家，他在尝试解决如何使机枪透过旋转中的螺旋桨形成的圆盘来进行射击的问题，这个人叫雷蒙·索尔尼埃。他发明了一种断续器，每当桨叶转到枪口前面时，便通过机械装置使机枪停止击发。然而，由于当时制造的子弹存在点火迟缓的问题，有些子弹的射出时间要稍稍慢于设定的时间，结果在这个间歇中，另一片桨叶就可能转到枪口的前面，从而被击毁。为了解决这个问题，索尔尼埃在桨叶的后面装上钢制的楔形偏导器挡开这些子弹，从而保护木质螺旋桨不被打坏。

▲安东尼·福克

1915年年初，加罗斯找到索尔尼埃，请求给他的飞机装上断续器。经过协商，他们决定不安装断续器，只安装偏导板。这是一种危险的措施，因为子弹打在螺旋桨上的冲击很可能使发动机停止或产生其他的故障。

尽管如此，加罗斯最终还是装了这种偏导板，并焦急地等待着早点在空中投入使用。他的机会终于来了。

1915年4月1日，4架德国双座观测机"悠闲"地巡视着战场，飞行员们哼着轻松的小曲，一副悠然自得的样子。突然，1架法国单座机径直朝他们飞来。德国人看到，一串子弹透过那架飞机的螺旋桨迸射出来，紧接着就见一架同伴的飞机冒着浓烟坠毁了。剩下的德国飞行员见势不妙，掉头就跑。这架法国飞机就是加罗斯的那架有偏导板的飞机。他成功了！在不到3周的时间里，这架飞机又击落了4架德机。从此之后，法国人就把击落5架飞机定为顶级飞行员的标准了。

然而，加罗斯的好运到此即结束。1915年4月18日，当他驾机在德国阵地上空飞行时，他的发动机突然熄火了。当时，交战双方的战线是南北走向，风却是由西向东刮。由于当时的飞机时速只有110千米左右，协约国飞行员们返航时不得不与顶头风搏斗。发动机熄火后，加罗斯的飞机失去了动力，被风吹向德军后方。迫降后他还没有来得及把飞机烧毁，德国士兵们便向他猛扑过来。由于加罗斯的名字在法国报纸上被大肆宣传过，所以德国人十分清楚这名俘虏和他的飞机的价值。他的飞机机身的前部被送到了飞机设计师安东尼·福克那里。

旋转气缸式发动机

1908 年，塞甘兄弟发明了旋转气缸式发动机，解决了早期航空发动机采用铁铸造缸体，需要外带散热器、十分笨重这一问题，他们将自己的公司命名为土地神发动机公司。乍看起来这种发动机和后来的星形气冷活塞式航空发动机的造型几乎完全一致，各气缸呈圆形均匀排列，但在运行的原理上却大相径庭。这种发动的气缸是与螺旋桨固定在一起旋转的，而曲轴却是固定的，也就是说与普通的发动机正好相反。塞甘兄弟的旋转气缸发动机采用的是 4 冲程汽油机原理，排气和进气阀都在气缸顶部，通过连杆和凸轮控制开启和闭合。曲轴箱内则充满高浓度的气化汽油（含润滑油），油料的注入则通过活塞头部的阀门控制。

安东尼·福克是荷兰人，他对于提高飞机的性能很有一套办法。早在 1910 年他就制造并亲自驾驶了当时世界上最快、最坚固的单翼飞机。他先把这架飞机献给荷兰，但受到冷遇；后来他又把它转献给法、英、俄等国，又碰了钉子。最后是德国人接纳了他，让他在德国北部什未村飞机制造厂发挥他的才能。他成了当时欧洲公认的最好的飞机设计师。

安东尼·福克及其手下的工程师们很快就研制出了断续器。他使用帕拉贝吕姆式机枪在 M.5K 型拉进式双翼机上进行了试验，并获得了成功。一种称为 EⅠ 型的改进型单翼机随即生产了出来。这种断续器的结构本身十分简单：在机械联动装置的末端安装有一个凸轮，该凸轮恰好在桨叶转到枪口之前受到螺旋桨的撞击，使机枪停止击发，待桨叶通过枪口，突轮回到原来的位置之后，机枪再继续射击。

EⅠ 型飞机在 1915 年夏初使用时装的是 80 马力的汽缸旋转式发动机，动力不足。EⅡ 型机使用的是 100 马力的发动机，于 1915 年 9 月服役。进一步改进的 EⅢ 型机使用的是两挺施潘道式机枪。1915 年 11 月，EⅣ 型机也被制造了出来，它装有一台 160 马力的汽缸旋转式发动机。

安东尼·福克的 E 系列歼击机出现后，伯尔克上尉和他的伙伴马克斯·殷麦曼驾驶这种飞机开始了人类历史上真正的空战。空战史上很有影响的德国飞行员奥斯瓦尔德·伯尔克上尉驾驶这种飞机首次于 1916 年 1 月 5 日击落了一架敌机。从此德国人完全控制了天空。

两位"空中骑士"

E 系列福克式飞机的出现大大加强了德国的空中力量。德国飞行员驾驶这种飞机既能很快瞄准目标，又能对目标进行俯冲攻击。在这种飞机出现后的半年内，协约国飞行员的伤亡率非常惊人。在此期间，德国飞行员伯尔克和殷麦曼成了有名的"尖子飞行员"。伯尔克创造了小角度俯冲近距离攻击的战术；殷麦曼则创造了至今仍闻名于世的"殷麦曼翻转"，即半筋斗翻转。

伯尔克早就因其在空战中所持的积极进攻态度而享有盛名，福克飞机的出现对他更是如虎添翼。他专心致志地研究着利用这种飞机进行空中格斗的战术问题。他早已懂得，在空战中"谁获得高度，谁就掌握着主动权"。所以每次空战，他总是先爬高到 1500

米，利用云层或阳光隐蔽，伺机出动。大部分协约国飞机达不到这样的高度。飞来的敌机只要稍不注意，伯尔克就可以采用远距离小角度俯冲，居高临下接近敌机，在近距离开火，使用连续短促的点射，直到离对方只有几米远时，他才再次爬高，等待下一次攻击机会。

然而，在空战中，他也看到了一种危险。他几次发现，在他进行俯冲攻击时，另外一架敌机也在悄悄地接近他，他感觉这样太危险了，应当想个法子。

▲E 系列福克式飞机

于是，德国飞行员中另一位"骑士"殷麦曼便被找来了，他们组成了飞行史上的第一对双机。殷麦曼被称为"里尔之鹰"，早在 1914 年 9 月，在德军攻入法国北部、进逼巴黎的时候，殷麦曼就完成了一次惊人的"轰炸"巴黎的行动：他驾驶飞机低空掠过城市上空，投下沙袋炸弹，然后又撒下大量传单，逼迫巴黎当局向德军投降。殷麦曼战术素质极高，创造了许多行之有效的地空战战术。

伯尔克和殷麦曼配合默契。他们商定了一套在空中联络的信号，彼此在视界盲区作掩护，并借以发现敌机并从尾后切入的敌机。

殷麦曼在和伯尔克一起进行的双机编队飞行，进一步完善了他颇负盛名的"殷麦曼翻转"。

最初，殷麦曼和伯尔克一样，经常采用抢占高度的战术。他躲在上空的云层里，当英国或法国飞机飞临时，便像老鹰抓小鸡那样从云层中俯冲下来，从后上方实施攻击，击落对手。

针对德军飞行这种后上方攻击，法国飞行员拉弗伯雷采用了一种类似于跃升倒转的动作，即在遭到德机从后上方攻击时，首先将飞机急速拉起，使其失速进入旋转，然后在旋转半圈后向原航向俯冲而出，使自己转至敌机尾后，并占据有利的反击位置。

殷麦曼不得不考虑使用新的战术动作来对付敌机的招数。他一直在寻找如何在被动中摆脱不利位置而居于主动位置的方法，并在训练和作战中进行反复试验。当时在空战中常用的机动动作是盘旋和转弯等水平机动飞行。根据占有高度即获得主动的经验，他于 1915 年秋第一次成功地创造了将飞机迅速拉起，在爬高的同时，改变飞机航向并做半滚动作的战术。这一战术既能摆脱敌机，又能获得高度优势，对敌实施再次攻击。就这样，他开辟了战斗机在空战中实施垂直机动的新领域。1915 年秋，一个天高云淡的日子，他当众表演了这种"翻转"。飞机在疾速飞行中突然拉起机头向上跃升，近似垂直地爬高到顶点，忽然一个"鹞子翻身"般的滚转，飞向了相反的方向。后来，他用这种方法多次击落英法飞机。到 1916 年 6 月，他共击落 15 架敌机，成了德国第一批"尖子飞行员"中的一员。

1916年6月18日,殷麦曼又一次躲在云中等待猎物。一架英国双翼战斗机出现了,他闪电般地俯冲下去。然而,他没有想到,另一架藏在云中的英国战斗机尾随而下,一个点射就将他击落了。

殷麦曼坠机身亡后,就连英国皇家飞行队也专门做了花圈,写了挽联,由队长、王牌飞行员葛利楚驾机飞到德军战线上空用降落伞投下,表示了对这位杰出的"空中骑士"的敬意和哀悼。

殷德曼死后不久,他的同伴伯尔克也遭遇了厄运。1916年10月28日,在与一架英国飞机搏斗时,伯尔克与本队飞行员伯梅的飞机相撞,他的飞机蒙皮从支撑上翼的木结构上剥落下来,飞机坠毁。这位在空战史上创造出击落敌机40架记录的飞行员就这样命丧黄泉。

▲ "一战"时期的英国皇家空军飞机

王牌与王牌的对决

1917年4月,英国皇家飞行队为配合联军执行法军总司令尼维尔的进攻计划,与德国飞机在法国北部的阿拉斯上空进行了争夺空中优势的殊死搏杀。

战役开始后不久,就遇到了坏天气,阴雨低云,狂风大作。在前5天的作战中,英国飞机发生了56起飞行事故,在战斗中被击落75架飞机,飞行员伤亡105人。英国皇家航空队的飞机在战场执行任务时,往往被强烈的西风吹到战场的另一边,从而受到德机和德军地面炮火的打击,而当负伤的英国飞机企图飞回己方阵地时,又由于飞机速度无法战胜风速而只能在敌方阵地迫降,遭受了沉重的损失。英国人因此称这个月为"血的4月"。

在"血的4月"中,战绩最佳的当属德国"超一流"飞行员——红色男爵冯·里希特霍芬上尉。

冯·里希特霍芬出身于普鲁士一个贵族家庭。最初从事军务工作,不久加入骑兵部队,后来又加入德国的飞行队。由于他的阿尔巴特罗斯双翼飞机被漆成了深红色,所以他被称为"红色男爵"。1916年9月,他首开战果,击落一架敌机,从此便一发不可收拾。他与英国的王牌飞行员霍克的空战,就是一场王牌对王牌的厮杀。

1916年11月23日,里希特霍芬驾驶着他的深红色飞机在3000米高空巡逻时,突然发现前面有3架飞机。这是由英国王牌飞行员拉诺·霍克和另两名飞行员组成的一个飞行编队。此时,霍克也发现了这架德国飞机。他一声令下,3架飞机同时冲上高空。里希特霍芬处于下方,无法进攻,但他在等待着战机。

霍克的飞机俯冲了下来,机枪喷着火舌,打出了一个5发长点射。里希特霍芬向左急转弯改变航向,霍克紧紧咬住不放。

两架飞机兜起了圈子,都想进入对方后面占据有利的攻击位置,这种"咬尾"战术至今仍是一项空战原则。两位有经验的飞行员都开足了马力,绕了40圈也未找出对方的破绽。这时,里希特霍芬忽然想到,对方不是一个初出茅庐之辈,必须在飞机性能上找到突破点。他清楚地知道,霍克的飞机在机动性能和速度上是出色的,而自己的飞机爬高性能较好。于是他充分利用爬高优势,终于进入了英机后上方的位置,但里希特霍芬仍没法瞄准霍克的飞机。

双方飞机仍在兜圈子,彼此很难找到攻击的机会。飞机的高度在不停地下降,从3000米一直下降到1800米。这时,一股疾风将他们吹向了德国战线一侧。霍克知道自己已深入对方纵深很远,该退出战斗了。但他不想就此罢休,他们仍在绕着圈子,圈子越来越小,里希特霍芬总是处于霍克的上方,有几次他都能清楚地看到霍克在座舱里的动作,飞机的高度仍在下降着。

突然,霍克做了一连串的筋斗动作。当他完成这些动作并往回飞时,里希特霍芬首先开了火。

飞机已经离地面不到90米了。霍克想赶紧飞回己方战线去。但里希特霍芬紧跟在后,正在瞄准他。霍克不停地左右摆动着做曲线飞行,使敌人无法扣动枪机。当两架飞机相距30米时,里希特霍芬又射出一串子弹,其中一发击中了霍克的头部。霍克的飞机跳动了一下就坠毁了。

这次空战的胜利,使里希特霍芬名声大噪。1917年1月,他升任德国第11狩猎中队中队长,在4月进行的阿拉斯上空战斗中,该中队共击落飞机89架,其中里希特霍芬击落21架。至此,他已总共击落52架飞机,超过了其前辈、德国"空战之父"伯尔克创造的40架的记录。

大圆圈编队

自从德军伯尔克建议成立专业化歼击机部队——狩猎中队以来,大规模的机群对机群的攻击便开始了。英、法相继组建了飞行中

冯·里希特霍芬

冯·里希特霍芬(1892.5.2 - 1918.4.21),德国飞行员,被称为"王牌中的王牌"。他也是战斗机联队指挥官和"一战"击落最多敌机的战斗机王牌,共击落80架敌机之多。里希特霍芬出身名门,性格坚毅,办事果敢,技艺不凡。凭着标准的骑士风度、盖世无双的战功以及他那独特迷人的作战风格征服了无数人的心,也包括痛恨他的敌人,他驾驶着那架使他得名的"红色男爵"大红色阿尔巴特罗斯三翼战斗机席卷整个西线战场,像一团熊熊燃烧的火焰,四处滚动。里希特霍芬奇特而巨大的魅力使他成为人类空战史上最负盛名的空战英雄之一。

▲激烈的"一战"空战

▲"一战"空战图

队。法国和德国一样,也把最优秀的飞行员集中起来使用。而英国则将其优秀飞行员分散在各个中队,以便使新来的飞行员学习老飞行员的战斗技能。

随着航空部队的兵力不断扩大,德国组建了几支狩猎联队,以取代狩猎中队。编队空战的战术也在战争中发展着。从伯尔克与殷麦曼的双机发展到3机、5机、6机甚至12机的大编队,逐渐形成了以3机为基础的模式。1916年夏末,德国开始以6机组成"大圆圈编队",这是一种大规模的战斗机编队。它既有很强的防御能力,又有一定的反击能力。

法国人拉弗伯雷对德国的"大圆圈编队"战术作了改进,使参加编队的飞机不但能保持在一个水平面上飞行,而且可绕圆圈盘旋爬高。这样就可以利用防御队形进行盘旋以取得高度优势而伺机进行攻击。这就是著名的"拉弗伯雷大圆圈"。后来在第二次世界大战期间,英国人和日本人都曾运用过这种方法。

1917年7月,英国皇家飞行队第45中队6架索普威恩"一个半支柱"式飞机,奉命去德军防区执行照相侦察任务。当机群深入德军纵探25千米上空时,遇到了德国机群。德军飞机组成4个双机编队,在英国飞机的左前、右前、左后、右后分别占位,将它们团团围在中心,并取得了高度优势。

▲"一战"战场上的俄军

一颗红色信号弹腾空而起,德国带队长机发出了攻击信号。

于是,德军飞机凌厉凶猛而又井然有序的攻击开始了。德机第一个编队从英国机群的左后方进入,向下俯冲,在目标机尾后下方,实施小迎角上升攻击。当英机飞行员注意力放在下左侧的时候,德机第二个编队紧接着又从右上方尾后俯冲下去。头两个编队攻击刚刚结束,第三个编队便从左前上方实施攻击,第4编队则从右前方实施水平攻击。

英国机群被折腾得阵脚大乱。带队长机命令解散编队仓促迎战,但是惨败的命运早已逃脱不掉,英机被击落3架,其余的落荒而逃。

在大机群作战中,走运的并不总是德国人。1917年9月23日傍晚,英德之间一场不期而遇的机群混战发生了。

由哈默斯利中尉率领的英国第60飞行中队的"A"小队,首先和德国赫赫有名的飞行员沃斯相遇。哈默斯利中尉对德机实施了小角度俯冲,从正面进行攻击。沃斯却像泥鳅一样从他的下面滑了过去。哈默斯利迅速拉起飞机急跃爬升,但沃斯的三翼机已经占据了高度优势,并在盘旋机动中不停地向英机射击。子弹击中了英机的发动机和机翼,哈默斯利盘旋下降企图逃脱,另一架英机则准备救援哈默斯利。但沃斯一个急转弯便绕到了这架英国飞机的后方,打坏了其方向舵,迫使它退出了战斗。

▲"一战"战场上的奥匈军队

接着,英国第56中队"B"小队在大詹姆斯·麦卡登率领下对德国三翼机编队的另一架飞机进行攻击。麦卡登向右,里斯·戴维茨向左,实施大速度俯冲,占据了这架三翼机的尾后位置。德国飞行员惊慌失措,不顾一切地转弯逃避。由于势单力薄,德机不可避免地陷入了英机重围,但德国飞行员仍在应战,并在混战中打穿了麦卡登的机翼。另一架红色机头的德国阿尔巴特罗斯侦察机不知从何处钻了出来,拼命保护那架三翼机突破了重围。

这时,鲍曼率领的英国第56中队"C"小队也赶来了,他们放弃了正在逃跑的两架德机,集中力量对付德国很著名的空中勇士的沃斯飞机。

高度已降到了600米,沃斯在英国3个飞行小队的重围中左突右杀,不仅毫无逃跑的意思,而且还一次次地追回来拼命。最后,当他从鲍曼机头前面飞过准备实施攻击时,里茨·戴维茨正好进入他的尾后盲区。沃斯的三翼机受到了致命的打击,坠地而毁,沃斯也结束了他的一生。

编队空战大大促进了歼击机的发展和空战战术的演变,为后来发展大机群空战理论打下了基础。

第六篇 ★幕落下

随着协约国节节胜利,德国由于内外交困,不得不提出"结束战争"的建议。最终,交战双方签订《贡比涅森林停战协定》,德国投降。战后双方又签订了《凡尔赛和约》,这又埋下了第二次世界大战的种子。

战争最后结束的日子

　　11月11日凌晨5时,在贡比涅森林中的一节火车车厢里,德国代表满含泪水,在苛刻的停战协定上签字,第一次世界大战结束了。停火的消息传到前线,一位战前是作家的战士写道:"解下绷带,写一首颂扬和平的诗。"一位英国军官说:"炮火终于停止了,战争结束了,人们又可以规划未来了。"一位记者写下了这样一段话:"可怕的战火熄灭了,我作为战地记者写好了最后一条新闻,感谢上帝!"

突破德罗古防线

　　战争进入尾声,协约国在西线正在向前推进,德国人兵败如山倒。

　　8月27日,英军统帅道格拉斯·黑格说:"我们使德军遭到了一次沉重打击。我认为我们取得了英国军队所取得的最伟大的一次胜利。下列事实说明了这一点:我们大约抓了4.7万名俘虏,缴获了六七百门炮,还占领了大片地盘。但是,我们还没有彻底搞垮德国人,我估计不久还会捉到更多的德国俘虏,这是因为德军已彻底厌战,我们的进攻还会继续下去。"

▲德国人兵败如山倒

　　同一天,道格拉斯·黑格向法将斐迪南·福煦发出信件,要他立即使现在驻在法国的140万部队做好准备,以便能毫不延缓地发动一次重要的进攻。

　　德国人正在慢慢退回到兴登堡防线。

　　9月2日,英国第1集团军和加拿大军队对兴登堡防线往北延伸的德罗古一克万特阵地发起进攻。

　　上午11点左右,德军德罗古一克万特阵地的两条主要战线已被摧毁。这意味着兴登堡防线的南端遭到了严重的破坏,德国人将不得不大举撤退。

　　道格拉斯·黑格高兴地说:"我认为结束战斗的时刻就为期不远了。今天的战斗确实取得了巨大、辉煌的胜利。"

▲德国皇帝威廉二世

▲ 美军胜利在望

歇斯底里的德国皇帝

英国人突破德罗古防线的消息传来,德皇威廉二世暴跳如雷。

他用拳头敲着桌子,大声说道:"现在我们输掉了这场战争,可怜的祖国!"

他继续说:"第17集团军遭到了严重的挫折,其两翼正受到敌人的骚扰。突出地带被迫放弃。这种失败以及丢失如此多的地盘在政治上造成的影响是灾难性的。"

他显然十分激动,开始数落起他的将军们以往的失败:"我不知道他们在阿韦纳都干了些什么! 在7月15日开始进攻马恩河时我确信,法国的后备部队不超过8个师,英国也许不超过13个师,不料敌人在维莱-科特雷森林还集结了几个师,我们却没有察觉。敌人发起了进攻,在突破了我们的右翼后迫使我们后撤。自那以后,我们接二连三地遭遇了失败。我们的陆军正处于山穷水尽的境地。高级军官都阵亡了。"

他几乎到了歇斯底里的程度:"这不折不扣地意味着我们已输掉了这场战争!"

这天,德国元帅保罗·冯·兴登堡发表了一项声明:"我们正在同敌人进行一场激烈的战斗。如果单是数量上的优势就能保证胜利的话,那么,德国早就被彻底摧垮了。不过,敌人懂得,单靠武器是不能征服德国及其盟国的。"因此,敌人正力图动摇德国老百姓的意志。"敌人想毒化我们的灵魂,并认为,如果德国人的灵魂被腐蚀了,他们手中的武器也将失去光芒。"

兴登堡还说协约国飞机在向德国部队投掷炮弹时散发大量宣传品,协约国这不计其数的"毒箭",对这次战斗的状况散播谎言,这些谣言席卷德国全国。

兴登堡又说:"这种毒素在休假的军人身上产生了影响,并通过信件传播到前线。我们的敌人再次得意忘形……因此,德国的军人和德国国内的人民必须记住,如果你们听到或看到哪怕是一点点这些以传单或谣言形式传播的有毒的东西,都是从敌人那里来的,从敌人那里来的东西对德国是有害的,要提高警惕,我们那些德国的军人和德国国内的人民。"

▲ 德国士兵顽强抵抗

拔掉肉中刺

9月10日早上,道格拉斯·黑格在英国陆军部告诉米尔纳勋爵,过去4周中英军取得了惊人的胜利,俘获7.7万名俘虏,夺取将近

800门大炮,这在英国历史上是从来没有过的胜利。

他让勋爵放心,德军的斗志正在迅速瓦解。"在我看来,这是完结的开始。如果我们现在采取有力的行动,就能在最近的将来取得结果。"

当道格拉斯·黑格在说服自己的上司尽快进行最后的决战时,美国远征军司令约翰·潘兴正在备战,准备对这条漫长曲折的防线的另一端发起进攻。

▲联军突破兴登堡防线

自1914年以来,位于凡尔登以南长约40千米的德军圣米耶勒突出地带始终直指巴黎。这个突出地带依然是对法国军队的公然挑战。

8月30日,约翰·潘兴接过了整个圣米耶勒防区的指挥权。

9月12日早上5点钟,美军向圣米耶勒突出地带发起了攻击。

这天凌晨1点,狂风大作,暴雨如注。差不多在同一时间,美军几乎所有2800门大炮开始轰击。

几天来,德国人一直预料敌人会发动一次重大进攻,并准备好一旦进攻来临就撤出圣米耶勒突出地带。但当进攻真的来临时,他们还是感到很突然。

此时,美军司令约翰·潘兴正在吉隆维莱古堡的一个高高的瞭望台上观察战况。炮弹爆炸发出的光亮、空中照明弹以及熊熊燃烧的军需堆集处和村庄,映红了战场上空,呈现出一派壮丽而可怕的图景。

"我们欣喜若狂,在这里,经过了17个月的努力之后,美国军队终于在自己的旗帜下战斗了。与此同时,我们也意识到这会给双方都带来牺牲。然而,这是命运的安排,我们必须战斗到底。"

一位美军少校军官也回忆说:"从西到东,目光所及之处,真是横扫千军如卷席,其力量之大,不可阻挡。这种景象简直如一幕特意安排的壮举,而不像一次重要的战役。这就像一幅壮丽的图画。"

当这天夜幕降临时,圣米耶勒突出地带已全部被美军攻克了。4年来,它一直是法国一翼的肉中刺。现在这根刺终于拔掉了,而且只用了1天时间。

一位德国将军说:"在长达5年的战争中,我经历了许多事情,取得的胜利也不少,但是我必须把9月12日列入我的为数很少的黑暗

▲德军不甘灭亡

▲签订《贡比涅森林停战协定》

的日子之一。"

鲁登道夫在得知这一消息时被惊得呆若木鸡。在8月的那场大溃退后接踵而来的这次惨败,使他"完全绝望了"。

兴登堡防线被突破

9月26日,协约国对德国兴登堡防线展开了最后的总攻。

美国军队将在位于默兹河和起伏不平的阿戈讷森林西部边缘之间长达38千米的战线上发起进攻。

一位名叫佩顿的坦克指挥官对这场战斗已经迫不及待。

"就给你写几句话吧,我就要前去参加一场也许是战争史上或迄今为止世界上最大的战役。"他在给妻子的信中写道。"我将率领两个营和一批法国坦克去参加战斗。在这样的时刻我总是感到紧张不安,就像在马球或足球场上的比赛快要开始时那样。不过,到目前为止,我一切都好。"

9月26日凌晨两点半,万炮齐鸣,协约国3800门大炮一起开火。

一位协约国飞行员这样描述他看到的景象:"透过黑暗,整个西方地平线被无数跳跃的闪光照得透亮。这番景象使我想起了巨大的配电盘。随着一双无形的手操纵着插头,配电盘上放射出数以千计的电火花。"

同一天,道格拉斯·黑格率领的英军第1集团军和第3集团军对西部战线,即兴登堡防线的最坚固的防御工事发动了一次强攻。

自8月8日之后,英国人在布满战壕、弹坑和铁丝网的长达60千米的战线上,把德军击退了将近40千米。但英军的代价也是巨大的,他们伤亡了18万人,但是他们终于打到了兴登堡防线。

▲"一战"中的美军士兵

在一天的时间里,道格拉斯·黑格率领的英军两个集团军就俘虏了1万名俘虏和200门大炮。更为重要的是,他们已突破了兴登堡防线的北部防线,进入了开阔的农村地区。

"从此以后,那种讨厌的、传统的壕堑战已成为过去,新的阶段开始了。"道格拉斯·黑格说。

9月28日,德军统帅鲁登道夫收到了坏消息:位于康布雷前面的兴登堡防线被突破了。

他怒不可遏,摇摇晃晃地站起来,开始咒骂起来,不是咒骂敌人,而是咒骂自己的皇帝,咒骂海军,咒骂国内方面的人,特别是议会。一名参谋一看形势不对,急忙关上门。

下午6点,依然脸色苍白,气得发抖的鲁登道夫来到楼下兴登堡的房间里。两人面面相觑,无言以对。兴登堡说:"我从他的脸上可以看出他给我带来了什么消息。"

鲁登道夫吞吞吐吐地说:"必须要求立即停战。"

兴登堡眼里充满泪水,点头表示同意。他们被迫接受这一痛苦的事实。"现在战争已经失败,没有任何东西能改变这一事实。假如我们有力量在西部扭转战局,那当然我们还没有输掉任何东西,但是,我们已经无能为力了。如果我们继续采取消耗我们在西部战线的部队的做法的话,我们只能等待一次又一次地被击败。这样局势只能越来越糟,而不可能越来越好。"

永载史册的 11 月 11 日

到9月的最后一天,法军斐迪南·福煦元帅得意至极,因为他的协调一致的总攻势终于正在得到实现。

从佛兰德到凡尔登,人人都在战斗。在遥远的北方,比利时人在他们国王的领导下,正在向德军发起进攻。在伊普雷,协约国的军队以雄伟的气势向前推进。英国人已经突破和正在接近兴登堡防线,斗志昂扬的美国部队,正在重新组织在默兹－阿戈讷地区的另一次重大攻势。

对斐迪南·福煦来说,梦想变成了现实,1918 年就能取得胜利。

他意识到,"一战"就快结束了……

11 月 11 日凌晨 5 时,在贡比涅森林中的一节火车车厢里,德国代表满含泪水,在苛刻的停战协定上签字。

然而时势弄人。法国人没有想到,20 年后,这一幕会在另一次世界大战中重演。在不同的时间却是相同的地点,轮到法国人落泪德国人高兴了,而那个可恶的希特勒,更是令人作呕地在此跳起了欢乐的快步舞。

停火的消息传到前线,一位战前是作家的战士写道:"解下绷带,写一首颂扬和平的诗。"一位英国军官说:"炮火终于停止了,战争结束了,人们又可以规划未来了。"一位记者写下了这样一段话:"可怕的战火熄灭了,我作为战地记者写好了最后一条新闻,感谢上帝!"

战争结束啦! 这消息如同烈火燎原,迅速传遍法国、英国、美国……引起了人们通宵达旦的狂欢。

凡尔赛体系，埋下仇恨的种子

　　"一战"结束后，战胜国召开了巴黎和会，在全球范围内建立起帝国主义重新瓜分世界、维护战胜国利益和维护战后和平的新秩序，即凡尔赛体系。

巴黎和会的召开

　　第一次世界大战结束后，战胜国需要召开一次会议，来讨论对战败国的制约和安排战后的世界，巴黎和会就是在这样的背景下召开的。从本质上说，巴黎和会是"一战"战胜国的帝国主义分赃会议。

　　1919 年 1 月 18 日，巴黎和会在法国巴黎的凡尔赛宫召开。参加巴黎和会的各国代表有 1000 多人，其中全权代表 70 人，但起主导作用的是美国总统威尔逊、英国首相劳合·乔治、法国总理克里孟梭和意大利首相奥兰多，

▲巴黎和会"三巨头"

其实只是"四人会议"。后因意大利在"一战"中作用不大，国家又没有什么实力，被英、法、美冷落在一边。所以，实际上又成为"三人会议"。巴黎和会只有三个巨头，代表着三个国家：美国、英国和法国，他们主宰着会议，也主宰着世界。

　　可是在整个会议过程中，三个巨头却各怀鬼胎。

　　英国希望得到海上霸权，继续它的殖民霸权。又因为英国领土不在欧洲大陆，为了自身的安全，英国希望通过这次分赃会议，达成使欧洲大陆各个国家实力均等的目的。

　　法国和据有英伦三岛的英国不同，它是欧洲大陆的主要大国，一直希望能得到欧陆霸权，为此它苦苦等待时机，巴黎和会正是法国谋取欧陆霸权的好机会。

　　美国作为帝国主义国家的后起之秀，在"一战"中美国本土没有燃起战火，经济得以发展，又因为它是"一战"后期才宣战，战争损失也很少，所以美国的野心很大，它希望通过此次会议，获得世界霸权。

　　三巨头各有各的打算，无法达成一致，每一个国家都与另外两个国家互为对手，而又能与另外两个国家的其中一个联手，这场会议注

▲巴黎和会的操纵者们

▲巴黎和会足足开了五个月

定成为一场争吵不休的会议。

英国首相和法国总理为了战败国的赔款吵得不可开交。

"你们法国拿50%,我们英国得30%,怎么样?"

"不行,绝对不行!这次大战,法国损失最大,我们应该得58%。"

"你太过分了,我们不同意。"

"那我们也不同意。"已经78岁的法国总理克里孟梭,虽已满头白发,但仍像只野兽般凶猛,真不愧"老虎总理"的称号。而英国首相劳合·乔治也百般纠缠,一点儿都不牺牲自己的利益。

美国总统威尔逊只好在英法之间周旋,忙着打圆场:"我们美国一分钱都不要。你们两国都少得点,让别的国家也得些好处,法国得56%,英国得28%,这样可以吗?"

法国总理厉声喊着:"可以。但法德边界得以莱茵河为界:除阿尔萨斯-洛林归还法国外,德国的萨尔区也归我们!"

这一招很厉害,如果法国得到萨尔区,就意味着他控制了欧洲最重要的军事工业区,将来可以在欧洲大陆称王称霸。对这点,英国和美国当然不同意。

就这样,他们从1月吵到4月,谁都不肯让步。三个人经过无数次的争执和讨价还价后,终于有了结果,英国得到了1000万人口的领土;法国得到750万人口的地区,包括阿尔萨斯、洛林、萨尔,但有规定,法国只许占有萨尔15年,之后就得归还德国;日本也得到了德国在太平洋上的属地,而美国想得到的"门户开放"原则也得以通过,这样一来,美国的商品与资本就可以进入这些地区,实行"利益均沾",大家都有好处分享。

除分赃外,巴黎和会还有以下几个方面议程:

第一,密谋扼杀新生的苏维埃俄国,决定对苏俄实行经济封锁。

第二,筹组国际联盟来反对列宁创建的共产国际。

第三,国际联盟指挥各国反动派向革命人民进行血腥镇压,同时重新瓜分德国原有的殖民地。

就这样,经过激烈的讨价还价后,主要战胜国拟定了对德和约。战胜国以最后通牒的方式迫使德国无条件接受和约。德国代表哪里敢不从,乖乖地签署了《协约及参战各国对德和约》,即《凡尔赛和约》。

中国的利益被出卖

1919年6月28日是巴黎和会的最后一天,也是全体战胜国在《凡尔赛和约》上签字的一天。但作为战胜国的中国代表并没有出席会议,因为他们拒绝签字。

原来中国代表对于《凡尔赛和约》里关于中国的条文不满,内容是:战前德国侵占的山东胶州湾的领土,以及那里的铁路、矿产、海底电缆等,统统归日本所有。

本来中国当时参加了协约国,对同盟国作战,曾支援协约国大量粮食等物资,还派出17.5万名劳工,牺牲了2000多人。中国作为战胜国,索回被德国强占的山东半岛的主权,这本是顺理成章的事。但英、美、法三巨头却擅自做主,把山东半岛送给了日本。

这是中国代表绝对不能接受的。可是,当时中国的北洋军阀政府却卖国求荣,准备签字承认这个丧权辱国的条约。于是,中国人民忍无可忍,终于爆发了轰轰烈烈的五四运动。

在全国人民的声援和支持下,中国代表团向"和会"提出两项提案:

第一,取消帝国主义在中国的特权。

第二,取消日本强迫中国承认的"二十一条",收回山东的权益。

▲巴黎和会中国代表顾维钧

但中国的提案被否决了,卖国的北洋军阀不但不全力支持中国代表,而且还命令中国代表团在和约上签字。

6月27日清晨,在巴黎的华工和中国留学生举行了声势浩大的抗议活动。6月28日,三万多名华人齐集在中国代表团的住所外面。

"不能签字!"三万人发出了一个共同的呼声。

"谁签字,就打死谁!"十五名敢死队的青年已经做好了准备,要以自己的鲜血和头颅去捍卫祖国的尊严和权利。

中国代表团也发表了一项声明:"山东问题不解决,我们决不在和约上签字!"

中国代表拒绝在和约上签字,挫败了日本帝国主义妄图侵吞山东的野心。

▲愤怒的中国学生游行

凡尔赛体系的建立

《凡尔赛和约》的签订,标志着凡尔赛体系的建立。凡尔赛体系是帝国主义重新瓜分世界的体系,英、法、美等战胜国通过获得战败国的殖民地,实现了它们在战前追求的主要扩张目标。

凡尔赛体系的领土安排,在欧洲引发了新的民族矛盾,并最终为纳粹德国所利用。

凡尔赛体系是反苏的工具,列强最初以消灭苏俄为目的,继而以孤立苏俄为目标。另外,凡尔赛体系加深了帝国主义和殖民地半殖民地之间的矛盾。

凡尔赛体系加深了帝国主义国家之间的矛盾,德国虽然被迫在条约上签了字,但并未承认自己的失败,随着国力的恢复和增长,德国必然要求修改条约。

法国元帅福煦事后曾说:"这不是和平,这是二十年休战。"历史无情地嘲笑了巴黎和会。1939 年 9 月,希特勒再次在欧洲掀起大战,距巴黎和会正好是 20 年零两个月!二十年后,世界大战再起,世界人民再次陷入灾难和痛苦中。